亜東経済国際学会研究叢書⑫
亜東経済国際学会創立20周年記念論文集

アジアの産業発展と企業経営戦略

原口俊道　國﨑威宣　黒川和夫　編著

五絃舎

序　文

　2008年9月のアメリカ発の金融危機によって，世界，特に東アジアの国々は甚大な影響を受け，東アジアの国々は，従来の輸出主導型経済発展から内需主導型経済発展への転換を図り，一定の成果を上げてきている。このように，経済の面だけでも東アジアの国々は共通した問題を抱えているが，さらに社会の面では格差問題，失業率の上昇問題，少子高齢化問題などの共通した問題を数多く抱えている。こうした経済や社会の諸問題は，今や各国が単独で問題解決にあたるには限界があり，相互に協力して問題解決にあたることが肝要である。

　かつてマイケル・E・ポーターが主張したように，国の競争力は産業の競争力によって，また産業の競争力は企業の競争力によって大きく影響を受けるのは事実である。東アジアの国々は，経済規模が大きい割には国の競争力が必ずしも高くはない。東アジアの国々は国の競争力を高めるためには，これまで以上に産業の発展を図り，企業経営管理の革新を図ることが必要である。

　亜東経済国際学会は，1989年に東アジアの経済経営の研究者・実務家によって結成された。爾来東アジアの大学・学会と共催して33回の国際学術会議を共同開催し，その研究成果を取り纏めて東アジアの有名出版社から下記の如く11冊の研究叢書を出版し，東アジアの経済経営の研究者・実務家に対して一定程度の影響を及ぼしてきた（詳しくは巻末の「亜東経済国際学会概要」を参照されたい）。

第1冊　1992年『企業経営の国際化』（日本・ぎょうせい）
第2冊　1994年『東亜企業経営（中文）』（中国・復旦大学出版社）
　　　　1995年『東アジアの企業経営（上）』（中国・上海訳文出版社）

           1995 年『東アジアの企業経営（下）』（中国・上海訳文出版社）
 第 3 冊　1997 年『中国三資企業研究（中文）』（中国・復旦大学出版社）
 第 4 冊　1999 年『中国対外開放與中日経済関係（中文）』(中国・上海人民出版社）
 第 5 冊　2002 年『国際化與現代企業（中文）』（中国・立信会計出版社）
 第 6 冊　2004 年『企業国際経営策略（中文）』（中国・復旦大学出版社）
 第 7 冊　2006 年『中日対照　経済全球化與企業戦略』（中国・立信会計出版社）
 第 8 冊　2008 年『亜洲産業発展與企業発展戦略（中文）』（中国・復旦大学出版社）
 第 9 冊　2010 年『東亜経済発展與社会保障問題研究(中文)』（中国・江西人民出版社）
 第 10 冊 2009 年『東亜産業発展與企業管理（中文・繁体字）』（台湾・暉翔興業）
 第 11 冊 2010 年『亜洲産業経営管理（中文・繁体字）』（台湾・暉翔興業）

　1989 年に亜東経済国際学会が設立されてから早 20 年が経過した。中国の有名な諺に，「創業は易く，守成は難し」という名言がある。これは，「始めることよりも続けることが大切であること」を説いている。亜東経済国際学会が会員諸氏のご協力により，未来永劫持続・発展することを強く念願している。

　本書は亜東経済国際学会創立 20 周年記念論文集として出版が企画されたもので，亜東経済国際学会研究叢書の 12 冊目にあたる。本書は東アジアの会員諸氏が寄稿した論文に対して，国内外の大学院博士指導教授クラスの研究者による厳格な査読審査を行い，最終的に査読審査に合格した論文を収録したものである。本書は 2 編 15 章と付録から構成される。

　第 1 編は「アジアの産業発展と企業経営」で，産業クラスターと外国直接投資との関係，日本の産業発展の主要段階，台湾の中小サービス産業の構造変化，台湾のサービス産業における人材の育成・確保，台湾のシルバー産業の展開条件，中国景徳鎮セラミックス産業の問題点，日本的経営の中国日系繊維製造業への移植，中国の環境問題に対する日系企業の対策などを取り上げ，考察している。

　第 2 編は「アジアの企業経営戦略」で，企業の強みの棚卸，量産型ものづくり企業の競争優位性の源泉強化，日本と台湾のサービス企業のグローバル化

発展戦略，ベトナム日系製造業の競争戦略・競争優位，ベトナム日系製造企業の経営現地化と現地供給企業との協調関係，BSCを導入する際の業績評価指標，BSCと報酬制度の連動方法などを取り上げ，考察している。

　付録は「2篇の英語論文」で，「国際分業を基礎とした国際貿易理論と国際直接投資理論の融合」と「企業競争優位と核心能力の理論」について考察している。

　本書を出版するにあたり，五絃舎代表取締役である長谷雅春氏から数々の貴重なアドバイスをいただいた。本書は「アジアの産業発展と企業経営戦略」を主に論じた研究書である。本書が広く江湖に受け容れられることを期待する次第である。

編著者　原口俊道　國﨑威宣　黒川和夫

2011年7月1日

6

目　　次

第1編　アジアの産業発展と企業経営

第1章　産業クラスターと外国直接投資——————19
1．はじめに　　*19*
2．産業クラスター理論の研究と進展—多国籍企業の視点から　　*21*
    (1) 外部経済理論　　*23*
    (2) 立地経済理論　　*24*
    (3) 取引費用理論　　*25*
    (4) 新競争理論　　*25*
3．FDIの立地選択の決定要素—顕著な産業クラスターの特徴　　*26*
4．FDIの立地選択と産業クラスターの相互依存と共同発展　　*31*
5．結び　　*35*

第2章　日本の産業発展の主要段階とその特徴——————41
1．はじめに　　*41*
2．国際的な産業発展の新趨勢とその影響　　*42*
3．日本の産業発展の主要段階とその特徴　　*44*
    (1) 戦後の復興期：労働集約型産業の復興　　*45*
    (2) 高度経済成長期：資本集約型産業の発展　　*46*
    (3) 安定成長時期：技術集約型産業の崛起　　*47*
    (4) バブル経済と不況時期：情報産業の崛起　　*48*
4．結び　　*50*

第3章　台湾の中小サービス産業の構造変化とその特徴 ─── 53
 1．はじめに　53
 2．サービス産業の領域とその特徴　54
  (1) サービス産業の領域　54
  (2) サービス産業の特徴　55
  (3) ペティ＝クラーク＝クズネッツの法則　55
 3．第2.5次産業と成熟社会　57
 4．台湾の国際競争力と産業構造の変化　57
  (1) 経済現況と国際競争力　57
  (2) 産業構造の変化　58
 5．台湾の中小サービス産業の特徴　60
  (1) 台湾中小企業の認定基準の変化　60
  (2) 中小サービス産業の現況とその特徴　60
 6．結び　62

第4章　台湾のサービス産業における人材の育成と確保 ─── 65
 1．はじめに　65
 2．人材育成の意義と人材確保の重要性　66
  (1) 人材育成（教育・訓練）の意義　66
  (2) 教育・訓練（研修）の手段　67
  (3) 組織における人材確保（リテンション）の重要性　68
 3．台湾の人材育成（教育・訓練）の変遷　69
 4．台湾のサービス（観光）産業の発展計画　70
  (1)『交通政策観光白書』の刊行経緯と政策　70
  (2) 訪台者統計と観光市場の現況　71
 5．企業内教育訓練（研修）を効果的に行う方法　72
  (1) 企業内研修（OJT）の目的と特色　72
  (2) 企業内教育訓練（研修）を効果的に行う方法（社内研修インストラ

クター制の確立)　　73
　6．結び　　74

第5章　台湾のシルバー産業の展開条件 ─────────77
　1．はじめに　　77
　2．先行研究の成果と問題提起　　78
　　(1)"高齢化"に関する研究課題　　79
　　(2)"ライフスタイル"に関する研究課題　　79
　3．シルバー産業の展開条件　　81
　　(1)研究課題―①「台湾がシルバー産業を確立する好機に恵まれて
　　　いるだろうか」　　81
　　(2)研究課題―②「台湾においてニューシルバーのライフスタイル
　　　の実態はいかなるものか」　　82
　4．結び　　85

第6章　中国景徳鎮セラミックス産業の問題点 ─────87
　1．はじめに　　87
　2．製造業者の問題点　　88
　3．流通企業の問題点　　90
　4．産業の外的要因　　92
　5．結び　　92

第7章　日本的経営の中国日系繊維製造業への移植 ───95
　　　　　―中国日系電機製造業との比較―
　1．はじめに　　95
　2．アジア（中国を除く）の日系企業への日本的経営の移植に
　　関する筆者の研究　　97

10

　3．中国の日系企業への日本的経営の移植に関する筆者の研究と
　　　その問題点　　　100
　　　(1) 中国の日系企業への日本的経営の移植に関する筆者の研究　　100
　　　(2) 筆者の研究の問題点　　　104
　　　(3) 筆者の研究方法　　　104
　4．日本的経営の中国日系繊維製造業への移植の実態　　　104
　　　(1) 適する経営のタイプと日本的経営に対する評価　　　105
　　　(2) 日本的経営の実施状況　　　107
　5．結び　　　111

第8章　中国の環境問題に対する日系企業の対策 ─── 117
　　　－日系貨物運輸業と日系自動車部品製造業のアンケート調査を心として－

　1．はじめに　　　117
　2．中国の環境問題に対する日系企業の対策に関連する先行研究
　　　とその問題点　　　118
　3．分析モデルと仮説　　　120
　　　(1) 研究課題　　　120
　　　(2) 分析モデルと仮説　　　120
　　　(3) 調査方法　　　120
　4．中国の環境問題に対する日系貨物運輸業と日系自動車部品
　　　製造業の認識　　　122
　　　(1) 中国の重要な環境問題　　　122
　　　(2) 中国の環境問題に対する日系貨物運輸業と日系自動車部品製造業
　　　　　の認識　　　122
　5．中国の環境問題に対する日系貨物運輸業と日系自動車部品
　　　製造業の対策　　　123
　　　(1) 環境対策への取り組み姿勢　　　123

(2) 取り組んでいる環境対策の内容　　*123*
　　　(3) 環境対策に費やしている年間の金額　　*124*
　　　(4) 昨年の総費用に占める環境対策費の割合　　*124*
　　　(5) 省資源化および再資源化のための努力　　*125*
　　　(6) 環境への負荷を少なくするための削減活動　　*126*
　　6．仮説の検証と考察　　*127*
　　7．結び　　*128*

第2編　アジアの企業経営戦略

第9章　企業の強みの棚卸 ———————— *133*
　　1．はじめに　　*133*
　　2．企業の強みに関する先行研究の整理　　*134*
　　　(1) 競争上の利点とシナジー効果　　*134*
　　　(2) 市場シェア　　*135*
　　　(3) ポジショニング（外部環境）　　*135*
　　　(4) 資源ベース　　*136*
　　　(5) 知識資産　　*137*
　　3．企業の強みの棚卸　　*138*
　　　(1) 企業の強みの特性　　*138*
　　　(2) 企業の強みの棚卸プロセス　　*139*
　　4．結び　　*141*

第10章　量産型ものづくり企業の競争優位性の源泉強化 ——— *143*
　　1．はじめに　　*143*
　　2．戦略的事業システムの必要性　　*145*
　　3．優良な買い手企業と有力な協力企業の抽出　　*147*
　　　(1) 優良な顧客の層別　　*147*

(2) 有力な協力企業との事業システム　*147*
　4．戦略的事業システムにおける競争優位性の源泉　*148*
　　　(1) 優良な買い手企業に対する競争優位性の源泉　*148*
　　　(2) 有力な協力企業に対する競争優位性の源泉　*150*
　5．結び　*151*

第11章　サービス企業のグローバル化発展戦略 ―――― *153*
　　　　　―日本と台湾の外食企業を中心として―
　1．はじめに　*153*
　2．日本／台湾のサービス業グローバル化発展の現状　*154*
　　　(1) 日本から台湾へのグローバル化発展について　*154*
　　　(2) 台湾から日本へのグローバル化発展について　*156*
　3．海外事業展開の四つのモードと戦略の基本原理　*157*
　　　(1) 海外事業展開の四つのモード　*157*
　　　(2) 戦略の基本原理　*158*
　4．日本／台湾の外食企業のグローバル化発展戦略の分析　*159*
　　　(1) 外食企業のグローバル化の現況　*159*
　　　(2) 外食企業のグローバル化発展戦略の分析　*160*
　5．結び　*163*

第12章　ベトナム日系製造業の競争戦略と競争優位 ―――― *169*
　　　　　―合弁と独資の比較分析を中心として―
　1．はじめに　*169*
　2．日本におけるアジア日系企業の競争戦略と競争優位に関する
　　先行研究　*171*
　　　(1) 日本におけるアジア日系企業の競争戦略と競争優位に関する
　　　　先行研究　*171*

①岡本康雄らの研究 (1998 年)　　171
　　　②筆者の研究 (2007 年)　　173
　　　③筆者の研究 (2010 年)　　175
　　(2) 日本におけるアジア日系企業の競争戦略と競争優位に関する
　　　先行研究の問題点　　176
　　(3) 筆者の研究方法　　176
　3．分析課題と調査方法　　177
　　(1) 分析課題　　177
　　(2) 調査方法　　177
　4．ベトナム日系製造業の競争戦略と競争優位　　178
　　(1) 対ベトナム直接投資の経営戦略と現地事業戦略　　178
　　(2) 競争戦略　　181
　　(3) 競争優位　　184
　5．結び　　188

第13章　ベトナム日系製造企業の経営現地化と
　　　　現地供給企業との協調関係 ─────────195

　1．はじめに　　195
　2．ベトナムの概要　　196
　3．先行研究の整理と研究課題の抽出　　199
　　(1) 黒川和夫 (2009) の組織行動購買論　　199
　　(2) ビーモン (Beamon) のサプライ・チェーン・マネジメント　　199
　　(3) ヨシノとランガンの戦略的提携理論　　200
　　(4) 現地化に関する研究　　201
　　(5) 研究範囲と研究課題　　201
　4．研究モデルと研究仮説　　202
　5．アンケート調査の結果　　203
　　(1) 仮説1の検証　　205

(2) 仮説2の検証　　206
　　(3) 仮説3の検証　　207
6. 結び　209

第14章　BSCの導入と業績評価指標 ────────213

1. はじめに　213
2. BSCの概要　215
3. BSCの仕組み（四つの視点）　216
4. 戦略マップ　218
5. BSCの導入と業績評価指標　218
　　(1) なぜBSCなのか　218
　　(2) BSC導入の目的　219
　　(3) 業績評価指標　220
6. ヒアリング調査による業績評価指標の検討　220
7. 筆者によるBSC導入の二つの実施例　222
　　(1) A社：建材卸業の事例　222
　　(2) B社：建築業の実施例　223
8. 結び　224

第15章　BSCと報酬制度の連動方法 ────────229

1. はじめに　229
2. BSCの理論　230
3. BSCの特長　232
　　(1) 米国と日本における伝統的な評価方法とBSC　232
　　(2) BSCへの批判　232
　　(3) 批判への回答　233
4. 企業価値とBSC　234
　　(1) 業績評価システムの変容　234

(2) 報酬連動型のシステムが日本で多くの経営者の注目を集める理由　234
5．BSCと報酬制度の連動方法　235
6．結び　235

**付録Ⅰ　国際分業を基礎とした国際貿易理論と国際直接投資理論の
　　　　融合（英文）** ——————————————————————— 239
付録Ⅱ　企業競争優位と核心能力の理論（英文） ——————————— 261

亜東経済国際学会の概要 ———————————————————————— 281
索　　引 ———————————————————————————————— 285
執筆者一覧 —————————————————————————————— 289
編者紹介 ——————————————————————————————— 290

第1編
アジアの産業発展と企業経営

第1章　産業クラスターと外国直接投資

【要旨】
　経済のグローバル化は，多国籍企業の外国直接投資 (FDI) と各地域の産業クラスターを通して世界経済の発展過程に対して多大な影響をもたらした。産業クラスターの要素は多国籍企業が FDI の立地選択を行う過程で，決定的な作用を具備する主導的要素へと昇格した。故に，多国籍企業の視点から産業クラスターを検討することや，産業クラスターと外国直接投資との関係を理解することは，重要な学術的価値があり，また実践的意義もある。

【キーワード】：産業クラスター，外国直接投資，多国籍企業，FDI の立地選択の決定要素

1．はじめに

　経済のグローバル化の主な特徴と趨勢は，情報技術の急速な発展がグローバルな経済一体化の主要な推進力となっているということである。このプロセスの中で，情報産業は逐次伝統産業に取って代わり，世界経済の発展潮流を主導し，かつ新しいグローバルな経済体系形成の重要な基礎となった。ハイテク産業は，すでにグローバルな産業体系において主導的産業となり，技術製品，特に新ハイテク製品の国際貿易に占める比重が急激に増加し，知識経済は，産業の新しい国際分業体系の形成を主導するに至った。産業のクラスター化は，経済のグローバル化と市場化の新しい趨勢に適応するように産業を発展させるもので，また競争優位の創造のために形成された一種の独特な産業組織形態である。クラスター内の企業は，人的資源と大量の供給業者の共有を通じて取引コ

ストを低減させ，経済性や知識の溢出効果を享受するために外部とのネットワークを形成し，それによって有利に企業の競争優位性と協力発展の優位性を獲得し，地域産業の価値を向上させた。産業クラスターの具備する競争優位性と集積発展による規模の利益は，他の産業組織形態では比較にならない。産業クラスターは，世界経済の発展と産業の繁栄をもたらしたのみならず，一連の新しい問題をも提起し，理論的な解釈と説明を求められるようになった。産業クラスターは，一種の独特な経済現象であるが，歴史と分業の産物であり，また工業化プロセスの一般的規律でもあるので，今日普遍的に世界各地と多くの産業に存在する。経済学研究の視野からみれば，クラスターの研究には二つの重要な分析方法がある。一つは産業組織形態の面から考察することで，他の一つは地域経済発展の面から分析することである。

現在産業クラスターの形態には，大よそ以下の数種類がある。一つは産業の垂直関連により形成された産業クラスターである。クラスターの中の企業は，一つの産業の川上，川中，川下に属し，企業相互間には生産プロセスにおけるインプットとアウトプットの関係が存在し，産業チェーンがクラスターの生存と発展を維持する推進力となっており，それぞれの企業はみな産業チェーンの上で適当な位置を占めていて，合理的な分業・協力の状態を形成している。二つは産業の横向きの関連で形成された産業クラスターである。通常これは，地域内のある主導的産業が中核となり，企業間の横向き連携を通して形成された多重的産業クラスターである。これらの産業の間では相互にもたらされる外部経済効果を享受し，活気に満ち溢れている。三つは立地上の優位性によって形成された産業クラスターである。通常は同一産業，あるいは異なった産業に属する多数の中小企業によって組成され，製品の主な販売地域，交通運輸の枢軸地，原材料の生産地など立地上の優位性によって形成された各種の専門化された小型産業クラスターである。

多国籍企業は，経済のグローバル化の担い手として，現代の国際分業の深化と産業クラスター発展のミクロ的基礎や主導的な推進力となっている。多国籍企業の内部と相互間の資金，労働力，技術，情報などのグローバルな移動によっ

て，地域産業クラスターの発展は一つの孤立したプロセスではなくなった。それはグローバルな競争の挑戦に適応するために，地域産業クラスターはイノベーションの過程において，必ず外界と密接な連携を保持しなければならない。それ故に，グローバルな視野で，地域産業クラスターの発展を研究しなければならないであろう。現在の研究で明らかになったことは，産業クラスターの効果としての競争優位性から，多国籍企業の組織構造に対して新しい要求が出された。それは多国籍企業が絶え間なくそのグローバル戦略のモデルを調整し，多国籍企業の外国直接投資 (FDI) がグローバル化する中で，立地を改めて選択しなければならなくなったということである。多国籍企業の視点から言えば，産業クラスターはすでに，現代の多国籍企業のFDIにとって重要な立地優位性をもたらす資源の一つとなっていて，立地の優位性は，多国籍企業の国際化経営の持続的発展に対して積極的な促進作用を発揮している。

　経済のグローバル化は，多国籍企業のFDIと各地域の産業クラスターを通して世界経済の発展過程に対して多大な影響をもたらした。故に，多国籍企業の視点から産業クラスターを検討することや，産業クラスターと外国直接投資との関係を理解することは，すでに重要な学術的価値があり，また現実的な実践意義もある。これは理論面では，多国籍企業の現有の戦略と組織構造に関する理論の補充と発展にとっても一助となり，もう一方で，産業クラスターの発展が多国籍企業の戦略と組織構造の調整という実践面でも新しく提出された要求を理解する上で助けとなる。

2. 産業クラスター理論の研究と進展——多国籍企業の視点から

　いわゆる産業クラスター (Industrial cluster, Porter, 1990) [1] とは，ある特定産業の中で相互に関連した，地理的位置の上で相対的に集中した若干の企業と機関からなる集団を指す。国外の文献の中では，研究の視点の違いによって，その名称も違う。例えばフレキシブル生産集積体(Flexible production agglomeration, Scott, 1992) [2]，新工業団地 (New industrial district, Bagnasco, 1997) [3]，新産業

空間(New industrial space, Scott, 1998)[4]などがこれである。その名称と同じように，学者によって提出した定義もそれぞれ異なる。バーグスマン（Bergsman, 1972) は，労働力市場の視点で産業クラスターの定義を行い，同一地方に向けて位置する一つのグループの経済活動としている。その判断基準は，この一つのグループの経済活動において任意の二つの企業の就業人数の間に何らかの相関関係が存在するかにある。カザマンスキー（Czamanski, 1979）らは，産業クラスターとは，すべての産業において一つのグループが商品やサービスの連携で国民経済のその他の部門の連携に比べて強く，且つ空間上相互に接近している産業を指す。パイク(F.G. Pyke, 1992)らは，産業クラスターの定義を，生産過程の中で相互関連のある企業集積とし，通常は一つの産業内で，且つ地方団地に根づいているものとしている。シュミッツ(Schmitz, 1995)は，産業クラスターとは，企業が地理的に，部門的に集中していて，その上企業間に広範囲な労働分業が存在し，しかも現地の市場に参入するための競争に必要な専業化の革新能力を具備している企業クラスターが存在するものとしている。

　産業クラスターが最も早く出現したのは19世紀の初期，手工業時代で，地理的環境に基づく豊富な資源と歴史的・文化的原因によって形成された産業クラスターが出現している。例えば，フランスのボルドーの葡萄業，スイスの時計業，中国の景徳鎮の陶磁業等がそうである。それが，工業化の中期の大機器時代に，大企業をコアとする産業クラスターが出現した。例えば，米国のデトロイトの自動車製造業，ピッツバーグの鉄鋼工業，クロアチアのアドレア海の造船業などがそうである。また，工業化後期の情報時代には，要素市場の高度開放によって，産業クラスター化の発展はさらに顕著となった。米国のシリコン・バレーのマイクロソフト，バイオ技術，リスク資本産業クラスター，ニューヨークの金融，広告，出版，マス・メディア産業クラスター，ハリウッドの映画産業クラスターなどがそうである。イタリアではザスロの陶磁器業クラスター，プラドの毛紡業クラスター，カトラの眼鏡業クラスターなどがある。ドイツでは，フランクフルトに化学工業クラスター，ミュンヘンの自動車業クラスターなどがある。日本の中小企業庁は，1996年に日本の産業クラスターに

ついて調査をしたことがある。全日本で産業クラスターは，537箇所あって，明治維新時期以前（1868年以前）すでに存在したクラスターが36％を占め，明治維新時期（1968～1912年）に出現したクラスターは28％を占め，1945年以降に出現したクラスターは21％を占めている。

産業クラスターに関する理論研究の最も早いものは，1890年のマーシャルによる外部経済理論，1909年のウェーバーの工業立地理論，1934年のコースの取引費用理論，1991年のクルッグマンの規模の利益逓増理論，1998年のポーターの新競争理論などの研究にまで溯ることができる。本章はこれらの学者の研究をふまえた上で，筆者の考え方を提出するものである。よって簡単に現有の幾つかの産業クラスターに関する理論研究を回顧する必要があり，これを以って鑑としたい。

(1) 外部経済理論

この理論の代表的人物は，マーシャルとクルッグマンである。英国の経済学者マーシャル（A.Marchall）は，1890年に出版した『経済学原理』の中で，「現在我々は非常に重要な外部経済について継続して研究しなければならない。この経済は往々にして多くの性質が類似している小型企業であるがゆえに，特定の地方に集中している。すなわち通常いわゆる工業地区の分布によって獲得したものである。」[5]と指摘している。彼は産業集積区域を"産業区"と称し，そして，特定産業が特定地区に依存することを"現地化"と称した。産業クラスター内の企業は，地理的接近性を利用し，低生産コストと規模の経済をより多く享受することができる。学習経験によって生産コストが最低状態に接近することを通して，内部において規模の経済を獲得できなかった中小企業は，外部の協力を通じて規模の経済を獲得することができる。米国の経済学者クルッグマン（P.Krugman, 1996）は，マーシャルの理論を発展させ，"規模の報酬逓増"モデルを提起した。彼は，マーシャルの"産業区"優位の理論に対しては，現地専業化のための労働力の発展，大量に増加した関連企業と生産サービス活動によるコア産業への支持，頻繁な情報交流による革新への貢献，という三点を

提出した。これらは正に規模の報酬逓増の基礎である[6]。

(2) 立地経済理論

立地経済理論の代表的な人物にドイツのウェーバー，米国のフーバー，英国のバドンなどがいる。ウェーバー(A. Weber)は，1909年に出版した『工業立地論』の中で初めて集積の概念を提出した。彼は集積を初級と高級の二段階に分け，初級段階は，企業自体の拡大を通してできた集積で，高級段階は，各企業が相互の関連を通して形成した地方の工業化である。彼は産業集積を促進する四つの要素があると考えた。一つは技術設備の発展による生産過程の専業化であり，そして専業化の生産部門が産業の集積を要求するというものである。二つは労働力の高度分業によって，完璧でしかも弾力性のある労働力組織を要求するというもので，この組織は集積の生成にとって有利である。三つ目は市場要素で，生産コストを軽減することと生産効率を上げるために，企業はロット購買とロット販売を必要とするというもので，これによって集積の形成が促進される。四つ目は地域内の公共インフラ施設を共有することで，これによって経常費の支出を軽減し，集積の形成を促進することになる。

フーバー(E.M.Hoover)は，1948年に出版した『経済活動の立地』において，集積経済を，生産立地の一種の変量と見なし，産業クラスターをある産業が特定地区に集積することによって規模の利益を生み出す経済体であると考えた。

バドン(K.J.Badon)の1976年に出版した『都市経済の理論と政策』の中で，産業クラスター現象を討論している。彼によれば，産業クラスターは熟練工，企業幹部，企業家が発展する上で有利に作用する。クラスター内に日毎に熟練労働力が累積し，現地の産業発展に適した従業員の配置制度を導入することができ，さらに企業間の相互連携を強化することができる。バドンの貢献は，産業クラスターと革新の関係を検討したことである。地理的な集中は必然的に競争をもたらし，競争は企業を刺激し，改革と革新を促進し，同時に集積に有利な情報を伝播し，企業は市場動態を理解し，最終的には革新の生成と受け容れに繋がることになる[7]。

(3) 取引費用理論

ストラレット (Strarrett, 1978) は，同質空間の導入で Arrow-Debre モデルを分析した時に，経済の中で任意の空間競争が均衡に達した時の総取引費用は，必ず零になることを発見した。それ故に均衡時では，都市と地域の間の貿易は出現しない。すなわち，完全競争モデルは空間経済学を研究する際の基盤にならない。彼の研究の主な結論によれば，任意の経済主体の活動は必然的に一定の空間を占め，そして経済主体の複雑な相互作用，相互関連の活動には必然的に取引費用が発生する。しかし，産業クラスター内には数多の企業があり，市場参画の役割と取引頻度が増加し，環境の不確実性と取引のリスクが減少し，情報の対称性を高めることに有利に作用し，取引中の機会主義的行為が減少し，企業の市場情報と市場機会を捜す時間的なロスとコストを節約できるために，大いに取引コストの軽減につながるというものである。

スコット (A.J.Scott, 1986) は，産業組織の変遷の視点で，産業クラスターは企業を垂直分離した結果であり，柔軟化した産業組織を地域空間内で有機的に結合させた結果であるという論を提出した。産業クラスターは，企業の垂直分離 (vertical disintegration) の空間的結果である。企業は垂直分離によって企業の外部取引活動が増加し，そして関連する生産企業が空間集積に向かうことを促すことになる。同時に企業の空間集積はまた外部取引コストを軽減する。すなわち企業の垂直分離は企業の集積を強化し，企業の集積はさらに企業の垂直分離を加速することになり，良性循環を形成することになる。それゆえに企業の垂直分離の過程から，産業連合体の形成を予期することができる。こうして大量の地域企業は，相互関連の産業と部門の集積と競争と協力によって，産業クラスター形成のための組織の理論基礎を提供するものである[8]。

(4) 新競争理論

ポーター (M.E.Porter) は，産業の側面から国際競争力を最初に研究した学者である。彼が1998年に発表した"産業クラスターと新競争経済学"は，競争優位の視点から系統的に産業クラスターを論じたものである。ポーターによれば，

産業クラスターは制度的組織あるいは垂直一体化組織と異なり，効率性，収益性および柔軟性の面において競争優位を創造する一種の空間組織の形式である。クラスターの存在から明らかになったことは，企業が競争優位を実現する潜在力が往々にして企業の外部に存在し，甚だしきに至っては企業が所属する狭義の産業外に存在するということである。立地要因は一国（あるいは地域）のミクロ経済能力（会社の経営，戦略および環境品質）の向上を通して，実際に生産性の向上と企業の競争優位に影響を与える。産業クラスターによる競争優位の形成原因は次の三項目によって説明できる。一つは産業クラスター内で地理的位置によって容易に専業人材市場が形成され，企業間で容易に協調や情報が確立され，関連する市場，技術，人材流動などに関する情報がクラスター内で迅速に伝播され，企業と従業員の間の募集・応募の相対的コスト，製品の取引コストや輸送コストなどの軽減につながり，機会主義行為が減少して生産効率を向上させる。二つ目は，クラスター内の企業間で相互比較し，競争圧力によって革新能力を持続的に高め，製品の補完と共同販売を促進し，同時に企業間の相互学習によって技術，工芸，設備などの活用を通じて，サービスと市場理念の改善を促進することができる。三つ目は，産業クラスターは企業参入のリスクを下げることができる。それは新生企業がクラスター内で比較的低コストで原材料，労働力，生産技能などを獲得することができるからである。こうして新生企業にとって参入障壁が低いので参入が容易になり，元来の旧企業はクラスター内の他企業と比較して自己の製品，技術，サービスなどのギャップを理解することができ，全ての企業はクラスター内部でさらに多くの競争と協力の機会の獲得に参加することができる。その結果，往々にして適者（最も競争優位を具備している企業）は生存することができる。

3. FDIの立地選択の決定要素——顕著な産業クラスターの特徴

　21世紀になって以来，外国の直接投資は高度な空間の不均衡状態を呈し，外国の直接投資の流出地であれ，あるいは流入地であれ，ともに高度に集中す

るという趨勢を呈しており，地理的集積の特徴が顕著にみられる。同時に外国の直接投資も，産業構造において相対的に集中の趨勢を呈し，多国籍企業の外国直接投資における立地選択の影響要素も変化し始めた。伝統的立地要素の作用は正に下降中である。一方では伝統的自然資源，単純な生産要素の賦存，所在国の政策環境などの地理的な優位性に代わって，知識要素と戦略的な資産がFDIの立地選択の決定的要素となっている。また，一方では産業クラスター地域は良好な投資環境を具備しているので，投資の不確定性とリスクは非集積地域よりも大幅に低くなり，多国籍企業が直接的に投資するコストは大いに低減することになる。これと同時に，産業集積地域の中に集積経済効果が存在し，強烈に外国の直接投資を引き寄せる。これゆえに，産業クラスターの要素は多国籍企業がFDIの立地選択を行う過程で，決定的な作用を具備する主導的要素へと昇格した。

　一つの多国籍企業が某地域の投資で成功すれば，その他の同業の多国籍企業を相次いで同じ地域へ投資するように吸引することができる。なぜなら，大手の多国籍企業は，往往にして競争相手に追随する戦略を採るからである。これはリスクの減少のためのみならず，競争のニーズのためでもあり，またその国内外市場におけるリーダー的地位の獲保のためである。一般的な情況下では，外国の直接投資は通常製造業が比較的に発達し，集中している地域に引き寄せられる。なぜなればこれらの地域は，産業の附帯的条件が比較的に整っていて，外国の会社がそこで投資すれば比較的容易に産業に関連した附帯的問題が解決され，そして且つ専業化された分業の協働が容易に開拓される。研究の中で我々は，外国直接投資の立地決定要素の中で，地域経済の開放度の影響は地域産業の関連度の影響より大であり，そして地域産業の関連度の影響は，また地域政策優遇の影響より大であることを発見した。かつては優遇政策は外国の直接投資を吸引するのに重要な作用があったが，今日ではもはや外国の直接投資に対する吸引力は日毎に弱くなり，かくして一つの地域の産業基盤，産業の関連度，地域の投資環境などの綜合的な要素が，外国投資家や多国籍企業などから重視されるようになった。

ダニング (Dunning, 1973, 1998) は，立地優位は外国直接投資の立地選択のキー要素であると述べている。外来者として，熟知していない環境と予測不可能な不確定性に対面して，多国籍企業はリスク回避のために，往々にしてインフラ施設条件の良いところや，各種の集積経済効果の具備した地域を選択して投資する。産業クラスター地域が外国直接投資に対して吸引力があるのは，このような比較的完備したインフラ施設があるからで，比較的容易に特定のサービスや熟練労働力などを獲得することができるからである。しかし，一旦外来資本が産業クラスター地域に参入したら，その師範効果によって更に多くの外来資本を吸引し，自律的循環のメカニズムが形成される。大量の実証的研究で，産業クラスターが生起させた集積経済効果は，外国直接投資の立地選択に対し，決定的な影響作用があることが明らかになった。アゴド (Agodo, 1978) はその研究の中で，FDI と対象国の地方政府の発展企画で創造された組織的な経済環境との間には密切に相関のあることを発見した。ルガーとシェティ (Luger & Shetty, 1985) は，三桁数の産業（標準の産業分類）の研究を通して，集積経済は外国会社の立地選択に対して重要な影響があることを実証した。ヘッド (Head, 1995) などは，集積経済は FDI の製造工場立地選択に対してプラスの影響があることを実証した。スウエンソンら (Swenson & Braunerhje, 1996) は，1974～1990年のスエーデン単独の多国籍企業および，その18国の製造工場の統計を利用し，同様に集積経済はスエーデンの外国投資家の直接投資を吸引したこと，特にハイテク産業の投資があったことを実証した。

　産業クラスターの中で，協力と競争は一種の生物の生態系に類似したもので，クラスターは一種の有機的な相互作用，相互依存の社会である。正に生物種群と同様に，競争は企業群落の中に普遍的に存在し，競争によって企業の個体は始終十分な推進力と高度な警戒心と敏感性を保持し，そして企業の個体は競争の中で発展し壮大となる。しかしながら群落の中での競争は，命に係わる死活的な闘争でなく，更に多くの協力関係であり，競争相手は敵ではなく，パートナーである。ゆえに協力と競争は産業クラスターの一つの顕著な特徴であり，その最終目的は共同発展の達成にある。専業化による生産と分業には二つの形

態がある。一つは規模が比較的大きい企業で各種の専業生産の内部化であり，すなわち垂直方向の一体化の合併を通して，企業は供給業者やサービス業者との取引行為が減少し，企業が市場上で競争優位を増強することによって，その結果一定の範囲内で独占が形成される可能性があるが，産業クラスターは形成されない。他の一種は企業内部の各種生産部門の充分な発展を経過して，最終的に完全な独立の企業を形成し，これら独立の企業と，その製品やサービスを必要とする企業との間は完全に等価の市場取引関係であり，この種の形態の分業と企業間取引の結果，産業クラスターの現象が生じるのである。

　産業クラスター内で，仮に最終製品に従事する企業が一社に止まらないとき，その中間製品企業やサービス業と最終製品企業の間に複雑な競争関係が存在し，中間製品企業の専業化のレベルも高くなる。それは市場規模が，このような一種の分業レベルが更に高い専業化の生産を支持するからである。産業の空間集積と分業は，専業化経済と密接な関連があり，一地域の集積レベルが高ければ高いほど，集積規模は大きくなり，その分業はさらに深化し，専業化レベルも高くなり，それによって生じた報酬の逓増効果もより強くなる。正にこのような高度な専業化の産業分業が，産業クラスターに対して往往にして最大の外部経済効果と専業化生産効率を創造する。

　一種の生産モデルが競争優位を具備する一つの重要な条件は，それが分業のレベルを向上させるか否か，もう一つの重要な条件は分業を協調することによって取引コストの軽減につながるか否かである。産業クラスターは，正に一つの分業レベルを向上させるだけでなく，また分業を協調することによって取引コスト費用を減少させる。産業クラスターの基本的特長は市場によって分業生産を協調することである。これは特に製品が不変であるか，あるいは変化が少ない生産企業に適合する。もし製品が不変であるか，あるいは変化が少ないことを維持すれば，市場のメカニズムを利用した分業の協調による生産モデルは高度な安定性を得ることができる。この情況下で，分業に参画した企業は中間製品の地理的な輸送コストを重視するようになる。なぜならその輸送コストは生産量と正比例するからで，産業クラスターの生産モデルは相対的に競争優

位を示すからである。正にこのようなことから，伝統的加工製造業の中で産業クラスターは充分な発展をすることになる。

　産業クラスターがなぜ産業の競争力を向上させることができるかは，以下の三つの特性があからである。一つは共生性，すなわち産業クラスター内の多くの企業が地理的位置で接近していて，共同の地方歴史と文化を具備していること，企業間，企業と地方政府機構の間に共生効果があること，産業要素を共同利用できることなどを指す。この種の産業上における関連性は，クラスター内の企業が資源を共同利用することを実現させ，優位性のあるものを相互補完することを可能にし，単独企業では革新を行うには資源が不足するという欠陥を克服することを可能にする。彼らはインフラ施設，市場，専業人材，技術，情報などを共同利用することができ，共同でリスク基金を負担することができ，相互に相手の革新の特長を利用することができる。二つ目は相互作用性である。すなわち，産業クラスター内の企業は競争がありまた協力もあること，分業でありまた協働でもあることなどである。このような相互作用によって形成された競争圧力はクラスター内の企業の革新推進力を誘発し，クラスター内部の知識革新速度を加速するのに有利であり，これによって産業のグレードアップや世代交代の加速を促進させる。この効果は相互推進作用を形成し，産業クラスター内の顧客，供給業者，関連企業の間におけるネットワークのニーズと頻繁なコミュニケーションによって，産業クラスター内の相互作用チャネルが自然に形成され，この種の産業チェーンの補完は垂直連結あるいは水平連結の企業の協力と信任の空間を創造する。三つ目は柔軟性と強靭性である。これは，次のようなことを指している。すなわち，産業クラスター内に集積された大量の経済資源を多くの企業に資源配分する効率を向上させ，企業の取引コストを軽減させ，企業の効益を最大化させ，産業クラスターの外界変化への適応能力を増強させ，一般の経済形態や産業組織形態に無い柔軟性と強靭性を具備させ，企業に内在する惰性と固執性の克服を援助し，競争が永久的に活力を維持できるようにし，産業クラスターに持続的発展によって競争優位が形成されるようにする，などである。

4. FDIの立地選択と産業クラスターの相互依存と共同発展

　上述を綜合すれば，FDIの立地選択と産業クラスターとの間の相互作用関係は非常に顕著であり，多国籍企業のFDIは経済グローバル時代の下で，多くの産業クラスターの形成と発展に対して重要な影響を及ぼしているのみならず，また現下の産業クラスターも多国籍企業のFDI行為，戦略および組織構造に対して重要な影響を及ぼしている。多国籍企業は産業クラスターの重要な参画者として地域経済システムの中に融合し，クラスター地域に対して資金，技術，情報，人材などを投入し，相応の供給業者と市場ニーズを生み出し，産業クラスターの形成と現地企業の成長を促進した。また，自己のグローバルネットワークを通してクラスター地域と外界との連携のための橋渡しをし，経済のグローバル化とクラスター地域の紐帯となり，クラスターを動態的でオープン・システムになるようにし，国際分業のネットワークに組み入れるようにした。産業クラスターが，外国直接投資の地域集積の内在的作用を促進する原理は次のような点にある。まず，産業クラスター地域内の企業には規模の効果が存在し，クラスター地域内の企業の生産コストを軽減し，企業の資本投資効率が向上される。次に，産業クラスター地域内の同一産業内部で，異なる産業間との連携には強烈な吸引効果が存在し，この地域に外国の流動資本が投資され，外国資本の集積が形成される。更に，産業クラスター地域内には分業と専業化の効果が存在し，労働力市場を共有できる効果，公共インフラ施設を共有できる効果，技術と知識の溢出効果，地域学習効果など，全てクラスター地域に参入する外国企業は，産業内と産業間の規模の効果を得ることができる。その中にあって，産業クラスター地域内で異なる産業間に前後方向の連携効果が存在し，これが外国直接投資の立地選択に影響を及ぼす重要な要素である。産業間の前後方向の連携効果は，外国の流動資本にとって強烈な吸引力になり，外国資本の流れを産業クラスター地域に向けさせ，かくして外国投資家の直接投資の集積を形成することになる。

産業のグローバルな供給チェーンの角度からみると，ある産業クラスターの形成と発展は，外国直接投資行為の結果であり，多国籍企業のグローバルな供給チェーン戦略に基づく具体的表現である。多国籍企業がある特定地域に投資した後，自分がかつて習熟していた，すなわちグローバルな統一的な商業モデルをこの地域にコピーするかも知れない。これは一連の国際業務や，多国籍企業と安定した業務の協働関連のある企業をもたらす。それらには中間製造品を提供する生産業者，物流業者，倉庫業者，購買業者，情報・会計・金融などのサービス業者が含まれる。これらは全てグローバル企業であり，彼らは多国籍企業に追随いしてその周りに投資しようとするので，いわゆる"多国籍企業のコピー群チェーン"である。周知の如く，産業クラスターに参画している多国籍企業にとって，クラスター地域内の多国籍企業はグローバル経営実体の一部分であり，任意の一地域は多国籍企業にとって経営する一部の地域に過ぎない。相対的に言えば，多国籍企業の現地定着性は現地企業には遠く及ばない。ゆえに，多国籍企業の地方定着性の向上が地域産業クラスター発展の鍵となる。しかし，多国籍企業の子会社の地方定着性は二重的である。それは一方で，多国籍企業の子会社はグローバル経営の一つの有機的組成部分であり，地域産業クラスターの発展と成熟に伴い，多国籍企業の子会社の能力も逐次増強され，多国籍企業全体に対する子会社の貢献はますます顕著となり，その地域の定着性もますます大になる。しかし一方で，多国籍企業の子会社は地方産業体系の成員であり，現地企業との連携はますます多くなり，産業の関連度もまたますます大になり，相互間の往来もますます頻繁になって，彼らの現地企業の促進と師範作用もますます大になれば，地域経済の吸引力と対外輻射能力が強化されて，これにより地域産業クラスターの動態的進化と産業のグレードアップに有利となる。

　世界経済の成長に対するFDIの主な貢献は，経済成長に対する直接作用のみならず，生産に対する効率を向上させる。長期的な角度からみれば，生産効率の向上は短期的な経済成長よりももっと重要である。なぜなれば，多国籍企業が地方の産業クラスターにFDIの形態で参入すれば，旧来の競争的局面と独占体系は打破され，多国籍企業と産業クラスター内のその他の企業との間に

新しい競争，あるいは協力体系が構築される。このような動態的な進化のプロセスから，"溢出効果"が生まれ，市場は更に競争性を具備するようになる。産業クラスター内の企業は多国籍企業を師範として，もっと更に好ましい制度，技術と管理，更に限られた資源を有効に使用する方法などを学習し，かくして"後発優位"を実現することができる。伝統産業の地域集積は産業の関連効果と結合してこそ，FDIに対する吸引作用が発揮される。市場の革新ニーズが絶えず増強するのに伴い，産業クラスターを加工製造から製品革新転移型に転向させる際に直面する問題は，市場，企業，中間組織の間の選択よりも更に解決が困難となることである。その原因は，仮に一つの地域で市場規模の優位もなく，また企業制度の優位もなければ，このような基礎の上に構築された中間組織が競争優位をもつ可能性は無いからである。

　産業クラスターの優位性が充分に発揮されるか否は，人間関係のネットワークの強化を通して市場メカニズムと企業組織を維持するためのコストを節約できるか否かが鍵となる。産業クラスターの競争優位は人間関係のネットワークの基礎上で確立され，この人間関係のネットワークは地理的位置に接近している同郷関係で更に強化され，これによって形成された情報コミュニケーション効果は一般の市場取引関係より更に高い。この人間関係のネットワークが発展すればするほど，産業クラスターの競争優位は顕著になる。当然，これにより，強大な製品革新を要求される市場への移転に向う阻害力が形成される。言うまでもなく，この種の移転コストはますます高くなっている。産業クラスターの成長モデルの移転も，次の二つの市場動態の発展に伴って発生する移転型コストである。一つは過剰生産能力で，もう一つは工芸革新に用いられる設備と人的資源に対する専用投資である。この二種類の移転型コストは，いずれも市場における製品革新の実際ニーズに対し，産業クラスターの発展を滞らせることが考えられる。それぞれの産業部門で産業クラスターを発展させる時には，ある一つの産業部門の単独発展に限らず，多数の産業間の関連性を重要視し，優位のある産業あるいは特色のある産業を核心とし，共同で複合的産業クラスターを組成すべきである。

国際的な産業競争の激化に伴い，多国籍企業はもはや伝統的産業の移転段階を経ずに投資を進めている。それは主動的に関連企業の投資や，業種が近接する企業の投資をもたらし，その海外供給業者と共に対象国への投資を奨励し，部品供給の現地化程度を拡大し，その附帯的産業クラスターの発展と形成をもたらすものである。外資参入の成功と師範作用，巨大な輸出市場のニーズおよび内地より続々不断に供給される廉価な農村の余剰労働力は，産業クラスターの発展にとって重要なキー要素となっている。多国籍企業による産業クラスター地域に対する新しいハイテクの投入およびその関連技術の溢出効果によって，クラスター内の企業は低コストの情況下で，急速な学習と模倣の手段を通し不断に自己の更新とグレードアップを実現し，これが最終的には産業クラスター全体の技術の更新とグレードアップの促進につながる。多国籍企業は各国の経済発展において，産業のグレードアップと産業クラスターの形成・発展で十分に重要な役割を演じ，今後とも継続的にこの役割を演ずるであろう。我々は継続的に外国投資家，特に大手の多国籍企業の投資を奨励すると同時に，これを産業クラスターの育成・発展と緊密に結合させ，特に国内企業と外資企業の間に産業協働の附帯的なネットワークの構築を奨励し，多国籍企業が現地で定着性を向上させ，国内企業と外資企業の協調・共同発展を促進させなければならない。

　地方の伝統産業クラスターは，基本的には全て企業が市場において力量を発揮して自発的に形成されたものである。そこでは，企業間の関係は比較的に薄く，協調性に欠け，発展のビジョン企画や歴史的使命感は欠乏し，産業クラスター内には自律的調節や自律的適応能力が不足し，産業クラスターの推進メカニズムの欠陥・未熟さを引き起し，クラスター内の企業の資源配分効率は低く，国際競争力は弱い，などの問題が発生している。そのために外国の力を借りて投資対象国の地域産業クラスターを育成することが十分に必要であることは明らかである。地域産業クラスターを育成する上で，地元政府と外国の直接投資の作用が非常に重要な鍵となる。産業クラスターは，伝統産業であればあるほど明らかにその優位が顕著であり，新規産業であればあるほど競争の劣勢が顕

著である。産業発展の過程の中で，もし早急に産業クラスター現象の理論的研究の強化が無ければ，未来の経済成長のモデル転換で非常に受動的局面に対面しなければならなくなるであろう。産業クラスターの発展には，一方で外国直接投資企業が産業クラスター内で新規事業に投資できるような措置を採用して誘致することが必要である。なぜなら，彼らには国際化の視野があり，彼らは世界の先進技術と管理経験を掌握しており，産業クラスター内の企業の全体的発展にとって重要な作用を具備しているからである。また一方で，グローバル産業チェーンの中で，意識的に産業クラスターをグローバル経済体系と融合させることが必要である。これは国外の関連する重要なパートナーと戦略的協力関係を構築するのに有利である。

5. 結 び

経済のグローバル化プロセスの加速に伴い，産業活動の分離と統合は更に大きな空間で進行し，地域産業のネットワークは，産業クラスターの形式を通して正に違った形でグローバルな価値連鎖に組み込まれつつある。産業クラスターの発展は動態的で，その発展趨勢は生産クラスターから革新クラスターへと変化しようとしている。そしてグローバルな価値連鎖の一環として，価値連鎖の低い所から高い所へ変化することも将に実現されようとしている。いま多国籍企業は自体の競争優位向上のために，主動的に関連企業に対する投資の説得や指導を開始し，多国籍企業の海外供給業者に対して現地国への投資を奨励し，部品調達の現地化の割合を増大させ，付随産業の発展や関連する産業クラスターの構築や，産業チェーン全体を発展途上国へ移転することを奨励し始めた。多国籍企業は伝統的な製造業の海外移転の他にも，その他の生産経営の一部を発展途上国へ移転し始めた。例えば，研究開発，設計，実験，会社本部などは，多国籍企業がグローバルな範囲内で優位な産業チェーンをもつところで形成され，加工，製造，組み立てなどの一部や研究開発，設計，ブランドなどの一部も空間上で分離し始めた。この新しい趨勢は，多国籍企業による企業規模の不

断の拡張と外国直接投資の決定要素の変化に伴い出現したものである。これは多国籍企業の資源配置効率の向上に有利であり，総体的に国際競争力の向上にも有利である。

　産業クラスターの発展を促進させるために，我々は以下の幾つかの戦略を提案する。

　第一に，セクショナリズム的な行政体制を必ず打破し，政府は推進と誘導の作用を発揮しなければならない。そして情報・資本・人材などの要素が自由に流動することを調整できるメカニズムを構築し，制度を革新することによって，地方と部門と企業の間に合理的な分業と協働を促進すれば，産業クラスターの発展に良好な相互作用が有利に形成される。要素供給方面で優遇されるためには政府の政策的な支持が必要であり，更に技術の支持と産業の支持が必要である。優遇政策を用いて産業クラスターの発展に重要な影響のある公共物品への投資を誘導し，これによってインフラ建設を強化し，特に産業発展に不可欠な基礎インフラの建設が必要である。その他に，政府は産業クラスター総体の構築を指導するという思想の下で，産業クラスターの発展をもたらし，産業連動効果のある外国直接投資案件を優先的に導入するという意識をもつ必要がある。

　第二に，国家は産業クラスターの革新ネットワークを発展させ，官，産，学，研の有効な協力の促進を強化しなければならない。産業クラスターの形成は，単一産業自体の発展によるだけでなく，更に政府部門，その他の産業，学術機構などの相互開放・相互学習・相互浸透によって形成された革新ネットワークによっても決定される。全国で産業・大学・政府の三者間の連携と産業間での相互作用モデル・協力ネットワークを構築し，地域革新の促進を通して新しい産業と投資案件をつくる。国際競争の中で自主発展するために，日本は産業競争力を強化し，地域経済の独立性を促進させた。国家の産業発展政策のニーズと産業クラスターの実際情況によって，2001〜2005年に，日本政府は約20ヵ所の産業クラスターの発動を企画した。2004年8月から2005年4月までに，産業クラスターの研究グループを成立させた。当該研究グループは，

民間の地域経済と産業政策領域内の局長クラスのメンバーで組織されている。当該研究グループは，前期で取得した成果の総まとめを基礎として，中期計画を制定した。それは，2006～2010年を産業クラスター発展の時期とし，この段階の目標を企業の管理改革と新企業の創立を促進させることに置き，実際のニーズによって，継続的にネットワークの形成を推進させると同時に特色のある商業とサービスを発展させる。2010～2020年を，産業クラスターの自由成長期とし，その目標は政府財政の支持の下で，産業クラスター活動の独立性と自由発展を求める。また新しい形勢下で産業発展を図る国家戦略の一つとして，地域内で重要な新しい主導産業の育成と発展を図り，これによってクラスター形式による地域間と産業間の協力発展による協同効果の強化を図り，産業クラスターの帰属意識を形成させ，更に多くの人的資源と企業投資を吸引することによって国家，地域および企業の経済効果の加速と向上を図るというものである。

　第三に，完備した社会サービスの支持システムを構築し，健全で規範のある市場での競争と協調のメカニズムの確立に早急に着手すべきである。産業クラスターの形成は実際には，市場の力によって推進されながら，企業は自身のコストダウンと生産性向上のため，または競争優位のために確立された一種の産業組織形態である。市場メカニズムが健全な地域であればあるほど，産業クラスターの効果は顕著である。換言すれば，自発的に形成された産業クラスターの競争力は，人為的に組成された産業クラスターよりも大である。産業クラスターの発展は，要素供給指向から市場化運営へと転換するよう推し進める。産業クラスターがサービスする社会機構の確立を通して，クラスター内の企業に市場の情報を提供し，企業製品の宣伝を支援し，クラスターの知名度を上げる。市場化運営のメカニズムの確立を通して，クラスター自身の組織機能と競争優位を強化する。そのために，仲介組織を大いに発展させ，各種の商業組合は，各種の活動を通してクラスター地域内の企業間の交流と協力を促進させる。そして,新しいハイテク産業クラスターの発展を促進できる地域文化を構築する。一つの成功した新ハイテク産業クラスターは，地域文化によって支持されるこ

とが必要となる。また，良好な地域のソフト環境が必要であり，外国直接投資企業が成長するのに有利なソフト環境の形成が必要であり，多国籍企業の地方定着性の強化が必要である。同時に相互信頼と協力の文化構築を特に重視しなければならない。なぜなれば，相互信頼と協力によってのみ，現下の激烈な競争環境の中で情報と資源の迅速な統合がなされ，これによって生産コストの軽減と投資リスクの低減が可能になるからである。

【引用文献】

(1) Michael E. Porter (1990), *The Competitive Advantage of Nations* [M], New York, The Free Press.
(2) A. J. Scott (1992), The Collective Order of Flexible Production Agglomeration: Lessons for Economic Development Policy and Strategic Choice [J], *Economic Geography* 68.
(3) R. Rabellotti (1997), *External Economies and Cooperation in Industrial Districts: Comparison of Italy and Mexico* [M], Macmillan Press Ltd.
(4) A. J. Scott (1998), *New Industrial Space* [M], London, Pion.
(5) [英] 馬歇尔(1965), 『経済学原理』商務印書館, p. 284。
(6) P. Krugman (1996), *Development, Geography and Economic Theory*, Cambridge, MA: MIT Press.
(7) K.J. 巴顿(1984), 『城市経済理論与政策』商務印書館。
(8) A. J. Scott (1986), Industrial Organization and Location: Division of Labor, the Firm and Spatial Process[J], *Economic Geography*, Vol.62, No.3, pp.215 ～ 231.

【参考文献】

[1] Catheriene, J. M. Paul & Donald S. Siegel (1999), Scale Economies and Industry Agglomeration Externalities: A Dynamic Cost Function Approach, *The American Economic Review*, March.
[2] Fujita, M. J., Thisse, F. (1996), Economics of Agglomeration [J], *Journal of the Japanese and International Economies*, 10: pp. 339 ～ 378.
[3] Humphrey, J.& H. Schmitz (2002), How Does Insertion in Global Value Chains Affect Upgrading in Industrial Cluster [J], *Regional Studies*, 36 (9),

pp. 1017～1027.
[4] Krugman, P. (1991), Increasing Return and Economic Geography [J], *Journal of Political Economy*, 99(3): pp.483～499.
[5] Krugman, P. (1998), Space: the final frontier, *The Journal of Economic Perspectives*, 12(2), pp.161～174.
[6] Williamson,O. (1991), Strategizing, economizing, and organization, *Strategic Management Journal*, 12, pp.75～94.
[7] Martin, Philippe & Gianmarco I. P. Ottavino (2001), *Growth and Agglomeration International Economic Review*, 42 (4), November. S. A. Rosenfeld (1997), Bring Business Clusters into the Mainstream of Economic Development [J], *European Planning Studies*, 5 (1), pp.3～23.
[8] Scott, A. J. (2002), Competitive Dynamics of Southern California's Clothing Industry: The Widening Global Connection and its Local Ramifications [J], *Urban Studies*, 39(8).
[9] Scott, A. J. (1986), Industrial Organization and Location: Division of Labor, the Firm and Spatial Process [J], *Economic Geography*, 62(3) pp.215～231.
[10] 科斯(1990),『企業的性質』,『企業,市場与法律』中国・上海三聯書店。
[11] 阿尔弗雷 韋伯(1997),『工業区位論』[M] 中国・商務印書館。
[12] 楊小凱(1998),『經済学原理』中国・社会科学出版社。
[13] 楊小凱・黄有光(1999),『専業化与経済組織・一種新興古典微観経済学框架』中国・経済科学出版社。
[14] 克鲁格曼(2000),『発展,地理学与経済理論』中国・北京大学出版社,中国人民大学出版社。
[15] 威廉姆森(2002),『資本主義経済制度・論企業簽約与市場簽約』中国・商務印書館。
[16]【澳】Dodgson, Mark & Roy Rothwell (2000),『創新聚集』[M] 中国・清華大学出版社。
[17] 陳継祥主編(2005),『産業集群与複雑性』中国・上海財経大学出版社。
[18] 羅長遠 (2005),『外国直接投資,国内資本与中国経済増長』[M] 中国・上海人民出版社。
[19] 威廉姆森 (2006),『生産的縦向一体化：市場失霊的考察』,陳郁編『企業制度与市場組織・交易費用経済学文選』中国・上海三聯書店,上海人民出版社。
[20] 呉徳進(2006),『産業集群論』中国・社会科学文献出版社。
[21] 江激宇(2006),『産業集聚与区域経済増長』中国・経済科学出版社。
[22] 袁奇 (2006),『当代国際分工格局下中国産業発展戦略研究』[M] 中国・西南財経

大学出版社。
- [23] 張元智・馬鳴蕭(2006),『産業集群獲取競争優勢的空間』中国・華夏出版社。
- [24] 張輝(2006),『全球価値鏈下地方産業集群転型和升級』中国・経済科学出版社。
- [25] 徐康寧(2006),『産業集聚形成的源泉』中国・人民出版社。
- [26] 張聡群(2007),『産業集群互動机理研究』中国・経済科学出版社。
- [27] 任勝鋼(2007),『跨国公司与産業集群的互動研究』中国・復旦大学出版社。
- [28] 芮明杰主編(2008),『復旦産業評論(第1輯)』中国・上海人民出版社。
- [29] 安豊春・涂彬・楊玉玲(2008),『多重産業集群戦略』中国・石油工業出版社。

(俞 进・原口俊道)

第2章　日本の産業発展の主要段階とその特徴

【要旨】
　経済のグローバル化と知識経済は，伝統的工業経済モデルに対して挑戦した。産業の競争優位を決定する主な要素は，過去の自然資源の条件と廉価な労働力から，革新能力，科学技術および管理の優位性へと転換したのである。経済のグローバル化に順応するという条件の下でのみ，各国の産業構造は不断に外部指向化，即ち国際化するという客観的発展の趨勢がある。グローバル資源を基点とし，世界市場を指向して，追い越せ意識を具備した動態的調整を通してのみ，産業構造は世界と地域の空間で格上げが実現される。

【キーワード】：経済のグローバル化，世界の産業発展，日本の産業発展，主要段階とその特徴

1．はじめに

　経済のグローバル化が進展する過程において，情報技術が飛躍的に発展した結果，新しい国際的な産業の分業体系が形成され，情報産業は逐次伝統産業に取って代わり，世界の経済発展の潮流を主導するようになり，新しいグローバル経済の体系が形成される重要な基礎となった。経済のグローバル化の担い手として，多国籍企業は現下の国際分業を深化させ，産業を発展させるミクロ的基礎となり，主導的パワーとなった。多国籍企業の内部および相互間の資金，労働力，技術，情報などのグローバルな移動によって，各地域の産業発展はすでに一つの孤立した過程では済まなくなった。グローバルな競争という挑戦に適応するために，各地域の産業が革新を行うためには外部との緊密な連携を維

持する必要がある。経済のグローバル化を通して多国籍企業の直接投資と各地域の産業は世界経済の発展に対して，深刻な影響を与えるようになった。ゆえに，グローバル化の視点から各地域の産業発展を研究しなければならない。

世界の産業経済の発展に伴って，加工製造業の生産モデルはすでにその元来の競争優位性を失い，エネルギーの高消耗，低付加価値，国際市場での代替製品の出現などの問題がすでに顕著に現れている。しかし，国際市場のニーズと生産条件の変化に臨んでも，産業が自己の力で相応のモデルへと変革することは困難であり，あるいは仮に相応の調整ができても，産業の全体的効果やコストの採算性などを考慮するために，転換時機の妥当性，転換方式の適合性などの問題によって産業の発展が制約される。また，製品の革新がもたらす収益が中間製品の調整に要する市場取引コストより小さければ，産業は一つの全体として製品の更新的変化を抑制するために，市場において製品の多様化ニーズがあっても，産業の生産モデルは原状維持したり不変の可能性もでてくる。しかし，成功している産業はその発展進化の過程で絶え間なく自己の発展戦略を調整する。これは産業内のリーダー企業が更に迅速に外部との連携によって情報と知識を獲得し，そして自社の所属している地域および企業の特性によって，逐次産業の価値連鎖において幾つかの優位な事業に専心するか，あるいは弱体化した非核心業務を放棄するかなど，その核心競争優位を一歩向上させている。これによって産業内のその他の企業の追随と模倣を引き起こし，産業全体は逐次価値連鎖のある"戦略的な事業"に専心するようなことが出現し，弱体化した業務あるいは非核心的業務を移転し，逐次自社の所属する産業をできる限りグローバルな産業の価値連鎖の中に組み入れることができるようになる。

2. 国際的な産業発展の新趨勢とその影響

人類社会は今日に至るまで発展してきたが，経済の形態から言えば，大体農業経済と工業経済を経て，知識経済はその端緒が見えてきたばかりである。各種の経済形態の変遷過程では，各々の産業の地位と働きは必ずしも同様でない。

農業を主とする農業経済形態が工業を起点とし決定的な作用をする工業経済形態へと進化した過程は相当に長く，9000年近くの時間を要し，一つの歴史的な転換が成し遂げられた。そして工業経済が発展してから今日に至るまでにも既に250年近くの歴史があるが，この進化の趨勢は将来どのようになるだろうか。

　周知の如く，工業経済の発展は大量の自然資源を消費し，環境汚染と生態破壊を代価とし，尚且つこの代価はますます大きくなっている。これは工業経済が既に苦境に陥ち入っていることを示している。一方，人類は自己の生存と発展のためには，一日もはやく苦境から離脱しなければならず，新しい知識，技術および管理手段によって現有の自然資源を節約し，正に枯渇に直面している希少資源を代替する新しい資源を開発し，環境を保護し生態の均衡を図らなければならない。一方で，高度に発展した工業経済の下では新しい科学技術の研究と開発に対しては十分な資金が提供された。そのため新しい思惟，新しい理論，新しい技術，新しい管理方法などが続々と生まれ，今日の知識大爆発という時代的特徴を形成した。正にこの両方面の要素は知識経済の発展の可能性と必要性を促がした。経済のグローバル化と知識経済は伝統的な工業経済モデルに対して挑戦を挑み，産業の競争優位を決定づける主な要素を，過去の自然資源条件と廉価な労働力から，革新能力，科学技術および管理の優位性へと転換させた。

　経済がグローバル化する21世紀において，世界の各国と地域との間における経済の相互依存関係と分業にはともに新しい変化が起こった。その一つは先進国が発展途上の国と地域に伝統的な産業と技術を移転することが加速したことである。その二は経済の後れている国家と地域は後発的優位を利用し，不断に産業構造を調整し向上させ，経済の加速度的発展を促進させた。現下の産業構造発展の状況によれば，一国の産業構造の変動と周辺国家・地域の産業構造は相互作用的に進化するけれども，同時に域外の各国の産業構造変動の影響を受けるようになった。また，グローバル化の波と平行して地域化の波と世界経済の構造は"板塊状(かたまりが板のようになった状態)"を現したことなどが原因

となり，往々にして同一地域内のある国家と地域の産業構造には更に緊密な相互依存・相互連携の関係が存在するようになり，一つの動態的な国を越えた地域圏が形成された。どの歴史的段階と比較しても，この連携関係の強度は持続的に増強され，更に連携形式は日増しに多様化し，国際的な地域の産業構造へと総体的に進化し，産業構造に関連した相互作用型産業政策や，国際協力型産業政策が出現した。

これと同時に，国際的な産業発展も新しい発展趨勢となり，過去とは異なる特徴が現われた。産業集積の発展，産業相互間の滲透・融合，産業の持続的スパイラル的発展という三大趨勢を構築し，現在のような国際的な産業発展の主旋律となった。そして如何にして国際的な産業発展の新趨勢を把握し，更に各国産業の国際競争力を向上させるか。如何に産業の融合を通して産業革新と産業育成を促進し，新しい経済成長をもたらす産業を創出させるか。如何にして環境との友好を維持し同時に更なる持続的経済発展を促進させるか。これらは現下の各国の産業発展にとって重要な課題となっている。

産業構造は一国家(地域)の労働力，資本およびその他の資源を各産業部門に分配し，そしてこれによって形成された各産業部門の生産量あるいは付加価値の比重で示される。現下の大多数の国家は通常国内総生産額(GDP)に占める第三次産業の生産価値の比重と就業総人数に占める第三次産業の就業人数の比重における変化に基づいて産業構造の変化を描写している。最近の数年間，日本経済は十数年に及ぶマイナス成長が終焉に近づき，逐次成長の軌道に乗りつつある。日本経済新聞の報道によれば，日本の2006年度[1]の名目的GDPは509.8兆円で，前年比の成長率は1.3%となっている。実質的GDPは550.9兆円で，前年比の成長率は1.9%[2]となっている。

3. 日本の産業発展の主要段階とその特徴

歴史的発展の視点から観察すれば，経済発展の過程における日本の産業発展の主要段階とその特徴を明らかにすることは，日本の産業発展の動脈を理解す

る重要な方法である。戦後から今日に至るまでの日本の産業発展の過程は下記の幾つかの主要時期に分けられる。

(1) 戦後の復興期：労働集約型産業の復興

日本の工業生産は19世紀末の製糸業に始まり、その後欧米諸国の先進技術の導入を通じて綿紡績工業を中心とする産業構造が形成されるに至った。1937年以降、"軍事工業化"の影響下で、戦前には後れていた機械工業、鉄鋼工業、重化学工業などの技術が急速に発展した。戦後の初期、国際市場に高度に依存していた日本は国際分業の中で比較優位があったのは、主に労働集約型産業であった。国内資源条件の制約を受けていたために、日本の戦後は政府が直接的、あるいは間接的に関与する市場経済体制を採用した。すなわち、具体的には政府は産業政策や、法律、金融、徴税などの手段の運用を通して、産業発展と市場秩序に対し規範を示し、統制を進めた。例えば、1950年代の石炭産業政策と電力産業政策、60年代の自動車産業政策がそれである。当時日本の産業発展と国際市場との関連度は非常に高く、産業発展とその変化は輸出貿易の影響を大きく受け、このために日本政府は「貿易立国」の産業発展戦略を提出した。

当時の日本の産業構造形態の基本的特徴を概括すれば、次のようになる。第一は不均衡発展型である。すなわち、歴史の異なる時期には異なる主導産業を発展させた。明治時期の"産業立国"、戦後復興期の"貿易立国"、更には1980年代以降の"技術立国"などのように傾斜的・重点的・集中的な産業の発展戦略を実行し、これ相応の資源配置を確保し、重点的な産業の育成によって全体的に日本経済を発展させた。第二は外部追い越せ指向型である。すなわち、日本の国内市場は狭小であり資源は乏しいため、また経済技術は欧米よりも後れている現実に鑑み、"生産至上"、"輸出第一"などの方針を採り、これらは欧米諸国を追い越すという目標を実現するための手段となった。第三は政府主導型である。すなわち、産業発展において政府が直接的、あるいは間接的に関与し、そして調整作用を充分に発揮した。その主要な手段は明確な産業政策を提出

し，物質統制を採り，金融面での優遇措置，財政援助などの方式を採用した。日本の産業政策は主に政府が長期的な経済発展のニーズと可能性を考慮してから提出された。基幹産業を重点的に育成することによって，産業発展の盲目性と無秩序な市場競争による破壊を防止し，政府のマクロ的な調整と統制によって各々の産業に対して秩序のある安定的発展を保証した。戦後の日本が政府主導や，官民協力の下での財政援助などを通じて日本の産業を発展させる方法を採ったのは，当時の日本が置かれていた政治的，経済的および社会的な環境によるものであった。この時期の主な任務は戦争によって破壊された産業基盤を回復し，戦争にサービスしていた産業設備を可能な限り民生用品の生産にサービスするように転換することであった。

(2) 高度経済成長期：資本集約型産業の発展

1945〜1955年の10年間，回復と発展を経過し，日本経済は1955年より現代経済の発展史上でも稀な飛躍的な段階，すなわち高度経済成長期に入った。この時期に日本は工業偏重型の産業発展から転換し，設備投資主導型，米国依存型の産業発展の道を歩んだ。1956〜1970年の15年間，日本の実質的GDPの年平均成長率は10%近くであり，その主導産業は鉄鋼，石油化学工業などの資本集約型産業であり，旺盛な製造業の設備投資がこの時期の高度成長の主要動力となった。その他に，自動車，家電，機械などの業種もこの時期に前後して量的発展と質的進歩を見せた。高度経済成長初期の1955年，日本のGDPに占める第一次，第二次，第三次産業の比重は大体において17.3%，20.9%，61.8%であった。その中で第一次産業に属する農林・水産業のGDP中に占める比重は16.7%で，鉱業は0.6%を占め，第二次産業に属する製造業のGDP中に占める比重は12.6%で，建設業は8.3%を占め，第三次産業の中でGDPに占める比重の比較的大きいものは公共サービス業（政府，非営利部門が提供するサービス業務）は22.0%であり，サービス業は16.5%，金融業は13.6%であった。当時の日本の第一次，第二次，第三次産業の就業構成比は大体において41.1%，23.4%，35.5%であった。高度経済成長期には，

製造業と建築業が核心であり，第二次産業は充分な発展を遂げ，高度経済成長期終了後の 1975 年，日本の第一次，第二次，第三次産業の GDP に占める比重は 4.8％，35.9％，59.3％へ と発展し，就業の構成比は 13.8％，34.1％，51.8％となった[3]。1960 年に，当時の日本の首相池田勇人は"所得倍増計画"を発表した。この計画が日本経済に及ぼした影響は大きく，設備投資が更に活発になったのみならず，各産業の技術革新をも促進し，日本経済が高度成長期に迅速に突入した。この時期の日本経済の高度成長の原因には，政府が主導した"所得倍増計画"がもたらした効果以外にも,以下のような五つの重要な原因がある。すなわち，(1) 日本の産業政策の二重構造，すなわち対内的には競争を促進し，対外的には競争を規制したこと，(2) 高い設備投資率と貯蓄率を維持し，比較的安定した為替レートを維持したこと，(3) 高度な教育水準と高品質の労働力によって企業競争力を増強させたこと，(4) 急速に国外の先進技術を導入すると同時に，タイムリーに伝統産業に対し技術設備の改革・革新を進めさせたこと，(5) 経済政策上の観点から将来重要となる産業を支援・保護し，企業間の再編成を奨励し，合併と良性競争をもたらしたこと，などがこれであった。この時期の主要な任務は産業の構造転換を進めることであった。その主要な変化は第一次，第二次，第三次の産業構造における良好な転換という形で現れた。その結果，基幹産業の更新と変換は促進され，主要産業の内部構造はうまく調整され，重点産業の規模拡大と重点企業の大型化が推進された。

(3) 安定成長時期：技術集約型産業の崛起

　一般的に言って，1973 年に発生した第一次世界石油危機は日本経済が高度成長期から安定成長期へと転換した分水嶺となった。当時石炭，紡績，造船などのエネルギー消耗型産業は，資源が枯渇したために，労働コストの上昇とエネルギー危機になって，前後して斜陽産業となった。しかし，自動車，家電，機械，半導体などの技術集約型組立加工業は，石油危機の後に迅速に崛起し，成長産業となり，新しい基幹産業となった。一つの国家・地域の産業の発展はその資源条件の制約を受ける。1970 年代の二回に亘る世界石油危機を契機と

して,日本の産業構造は過度にエネルギーに依頼する"重厚長大"型から,より高い技術を必要とする"軽薄短小"型へと転化した。そして"技術立国"の産業発展戦略を主導思想として,日本企業は国外からの先進技術の導入を基礎として,これを模倣・消化し,これに革新を加えた。その結果,日本の製品が世界市場で強力な競争力をもつようになり,これが日本経済の安定成長を保証することになった。この時期の日本の産業構造と就業構造の変化を総体的に見れば,第一次産業が縮小し,第二次産業と第三次産業が拡大に向けて転換した時であった。安定成長期が終った1985年には,日本のGDPに占める第一次,第二次,第三次産業の比重は大体において3.2%,35.1%,61.6%になった。就業構造の比重は大体において9.3%,33.1%,57.3%になった。このような産業構造の変化の中に,二つの顕著な特徴がみられた。第一は全体の産業発展の過程で,第三次産業(特にその中のサービス業)の比重と就業者の比率が不断に上昇したことである。すなわち,産業構造のサービス化である。これは現在の産業構造と就業構造に現れているだけでなく,また消費構造(国民の消費は物質消費からサービス消費に転換)と貿易構造(対外貿易の中で技術移転,特許サービス,観光などのサービス貿易の比重の増加)にも現れている。第二は製造業の中でも付加価値の高い製品が不断に増加したことである。すなわち,産業構造の高付加価値化である。高エネルギー消耗の重化学工業などのプラント型製造業は石油価格上昇の衝撃を受け,その上周辺の国家・地域との競争が激しくなり,日本は次第にこの方面の国際競争優位性を喪失し,これに代わって省エネルギーの加工組立型産業が加速度的に発展したことである。

(4) バブル経済と不況時期:情報産業の崛起

1980年代以降,日本の産業発展には構造的な変化が起こった。1986年より日本の製造業においては日本の経済成長の副作用が次第に顕著になり始め,その平均成長率は全国産業の平均成長率より低くなり,実質GDPに占める比重も下降し始めた。1990年代は日本経済は尚不況とデフレの中にあり,金融危機,失業率の上昇,消費不足,通貨緊縮などの各種の矛盾が相互に織りなし,

総体的に日本経済は悪性循環の中に陥ち入った。しかし，経済のグローバル化，情報化，サービス化などの環境の大きな変化の圧力の下で，日本の産業発展には同様に新しい特徴が顕わになった。(1) 産業構造のサービス化と産業構造の情報化である。情報技術の急速な発展と，IT 関連の製造業における生産と貿易は成長活力を維持し，産業構造の中での比重は安定的に拡大した。情報技術は新しい産業発展を提供するだけでなく，新しい市場機会を提供し，そして伝統産業にも革新・改造の機会を提供した。コンピューター，携帯電話，インターネット，デジタル化技術などが普及し，情報技術は新旧産業において広範囲に活用され，事務の情報化，サービスの情報化など情報化は社会全体に滲透した。これらは更に日本の産業の IT 化程度を向上させ良好な基礎を築いた。(2) 斜陽産業は海外移転の速度を加速させ，新旧基幹産業は多元化へ指向した。斜陽産業が海外移転したことは日本の産業発展にとって必要な道であった。国内の競争力のない産業を移転させたことの意義は，新しい産業発展の空間を準備するためであったという点にある。日本の伝統的基幹産業は，家電を除き正にその基幹的意義を失ったが，その他の基幹産業，例えば自動車，鉄鋼，光学機器，機械製品などの生産と輸出貿易は今でもなお重要である。これらの産業は社会の就業者数と GDP 成長の維持において，尚基幹的地位にある。ゆえに 21 世紀の初期において，成長の勢いが旺盛な情報通信，生物技術，新型材料などの新興産業は正に原有の基幹産業と共同で多元的基幹産業を組成する状況にある。(3) アジア投資において大幅な成長があり，各国間の相互作用関係は更に複雑になった。日本のアジアに対する投資の増加に伴って，日本とアジア各国との間で産業の分業が更に密接になった。日本企業が比較的多い地区では，最終製品の生産を東南アジア地区に移転したことによって，日本と東南アジア地区との間で中間製品の貿易が拡大した。日本とその他のアジアの国々との関係は，投資と貿易の相互作用の中で更に密接不可分になった。

　21 世紀に入ろうとしている時期に新しい経済成長をもたらす産業をできるだけ速く探求し，基幹産業を確定するために，日本政府は 90 年代末に産業発展戦略に対して重大な調整を行った。1997 年 5 月 16 日，日本の内閣議で

確定した「経済構造の改革と創造のための行動計画」の中で，情報通信，物質流通，住宅，医療福祉，人材の育成・交流，省エネ・新エネの開発，環境保護，新製造技術，生物工程，宇宙航空，海洋開発，サービスの国際化，商務補助サービスなどの15の業種を明確にし，21世紀初めの経済成長をもたらす産業となした[4]。また，日本は"IT立国"という産業発展の新戦略を提出し，情報通信産業が伝統産業の構造変革を誘導し，促進する"機関車"とした。これと同時に「情報技術法(基本法)」を制定し，「情報社会化草案」を通過させ，IT産業が5年で米国を追い越し世界をリードするという戦略的構想を提出し，"知的財産権立国"のスローガンを掲げた。いわゆる知的財産権立国とは，科学技術研究の成果，あるいは製品とサービスの改革・革新活動の成果を戦略的観点から知的財産権として保護・活用し，製品とサービスの高付加価値化を推進し，本国産業の国際競争力を強化し，国の経済発展を図ることを戦略的目標とするものである。

4. 結び

一国の経済制度はその国の産業経済発展の基盤であり，産業発展の方向と業績を決定し，経済成長の源泉となる。戦後，日本の産業経済の発展は日本の経済制度の変化を反映し，日本の各々の歴史的段階において，各々の時代の政府が制定した異なる経済制度は日本の産業発展に対して大きな影響を与えた。現在，日本の産業国際競争力を如何に強化し，そして新しい経済成長をもたらす産業を育成することが，日本経済を長期的苦境から離脱させる鍵となる。また，政府は有効な措置を採ってマクロとミクロの両面で経済の調節的機能を強化する必要があり，制度面では相応の指導勧告を行い，現在の市場の自発的調節による不公平な利益分配の状況からの転換を促進させなければならない。便利で素早く，リスク対して融通が効く資金供給を可能とする資本市場の運営を確立し，合理的に労働力市場を整合し，創造的な研究開発を推進させるなど，これらは日本の産業発展に対する時代の要求であり，同時に日本の政府と企業が早

急に解決しなければならない重要な課題でもある。

　長期的発展からみれば，日本の産業構造の絶え間ない格上げと世代交代に伴って，生産拠点は絶え間なく海外へ移転し，輸入製品の絶え間ない増加などで，日本国内の産業構造もそれに対応した調整が必要となっている。産業構造の格上げと消費構造の格上げは因果関係にあり，経済発展水準の向上は社会の消費ニーズに変化をもたらし，社会の消費ニーズの変化も必然的に産業構造の変動を伴う。近年来日本経済は一度蘇生したかにみえた。しかし，この蘇生は主に輸出入への依存によるものであり，安定的なものではない。それゆえに，日本の産業発展は内需指向型と資本輸出型への構造転換が必要であり，挑戦に向かって勇敢に立ち向かわなければならない。日本は取捨選択し，人材と産業の国際競争力を向上させながら，国家の富と就業機会を創造し，国民全体の生活の質を向上させなければならない。

【注釈】
(1) 日本の2006国民経済計算年度は2006年4月1日～2007年3月31日までを指す。
(2) http://rank.nikkei.co.Jp/keiki/gdp.cfm（日本経済新聞社 NIKKEI NET）。
(3) 日本経済企画庁綜合計画局編(1997)，『日本の経済機構』東洋経済新報社，pp.33～37。
(4) 日本通商産業省産業政策局編(1997)，『日本の経済機構改革』東洋経済新報社，p.28。

【参考文献】
[1] 薛敬孝・白雪潔等(2002)，『当代の日本産業構造の研究』中国・天津人民出版社。
[2] 無畏・王振主編(2003)，『中国産業発展が直面する諸問題』中国・上海人民出版社。
[3] 田中景(2004)，『日本経済の過去，現状及び未来』中国・中国経済出版社。
[4] 幹春暉主編(2004&2005&2006)，『中国産業経済評論(第二，三，四巻)』中国・上海人民出版社。
[5] 唐海燕・原口俊道・黄一修主編(2006)，『経済のグローバル化と企業戦略』中国・立信会計出版社。
[6] 顧強主編(2006)，『中国の産業クラスター(第4巻)』中国・機械工業出版社。
[7] 牛強(2006)，『イノベーション発展戦略』中国・経済科学出版社。
[8] 上海財経大学研究プロジェクト(2006)，『2006中国産業発展報告』中国・上海財経大

学出版社。
[9] 上海上東投資管理有限公司編(2006),『中国産業の手引き2006年』中国・上海人民出版社。
[10]林峰(2006),『持続可能な発展と産業構造の調整』中国・社会科学文献出版社。
[11]蒋選・楊萬東・楊天宇主編(2006)『産業経済管理』中国・中国人民大学出版社。
[12]胡昭玲(2006),『経済のグローバル化と中国産業の国際競争力の向上』中国・中国財政経済出版社。
[13]中国国務院発展研究センター産業経済研究部主編(2006),『2006　中国産業発展報告』中国・華夏出版社。
[14]原口俊道(2007),『アジアの経営戦略と日系企業』学文社。

(國﨑威宣・原口俊道)

第3章　台湾の中小サービス産業の構造変化とその特徴

【要旨】
　21世紀に入って台湾のサービス産業の純生産額が，75%を超えた。サービス産業は複雑且つ多岐に及んでいる。日本の製造業ではサービス経済化が進展し，日本のサービス産業では工業技術の導入が多くなった。したがって，第2.5産業化の成熟社会になった日本は，クズネッツ法則の優等生[1]と言われる。台湾は80年代に産業構造の変化をスタートさせ，21世紀初頭を産業の高度化と第三次産業の整備の時期と位置づけたが，10年が過ぎようとしている。本章は，台湾の産業構造に変化があったかどうかを検証するものである。
　内容は「ミニ・ジャパン」といわれた台湾の中小サービス産業の構造変化とその特徴に焦点をあてる。サービス産業の領域と特徴，台湾の国際競争力と産業構造の変化，中小企業の基準・貢献・特徴，ペティ＝クラーク＝クズネッツの法則，第2.5次産業などについて述べる。

【キーワード】：第2.5次産業，クズネッツの法則，顧客満足，従業員のロイヤリティ

1. はじめに

　台湾の経済発展の過程で，中小企業は始終重要な役割を演じてきた。中小企業の特性は，小回りがきくことである。戦後，台湾の産業再建においては，農村の過剰労働力による家庭内工業が発生し，これが中小企業の雛型となったといわれている。50年代〜70年代には中小企業は当時の余剰労働力に支えられ，

労働集約型企業であったが，国際貿易の支援下で経済は大きく発展した。これが台湾経済に構造変化をもたらしたのである。そして80年代には，サービス産業が5割を占めるに至った。ここに，サービス産業の収益性と成長性に関する三段論法がある。

①サービス産業の収益性と成長性の原動力は，顧客ロイヤリティである。②顧客ロイヤリティの原動力は，顧客満足である。③顧客満足の原動力は，サービスの価値である。④サービスの価値は，従業員の生産性を高めることで創造される。⑤従業員の生産性の原動力は，従業員のロイヤリティである。⑥従業員のロイヤリティの原動力は，社内サービスの質である。⑦社内サービスの質は，従業員同志がお互いに対して示す態度と組織内部の接し方によって特徴づけることができる[2]。

本章は，サービス産業を取り上げるにあたり，地域経済の活性化に貢献することを前提に焦点を中小サービス産業に絞った。また，サービス産業で重要なのは，上述のように「顧客満足」であるので観光産業を想定してまとめた。

2. サービス産業の領域とその特徴

(1) サービス産業の領域

サービス産業の主な産業は，卸売業，小売業，金融・保険業，不動産業，運輸業・通信業，電気・ガス・水道業，サービス業，公務などで，サービス産業は多様な産業群から構成されている。これを一般にサービス産業と称している[3]。この中の「サービス業」では，旅行関連が大きな部分を占め，レジャー(leisure)産業といわれる。レジャーは，レクリエーション(recreation＝再創造や再活性の意味を含む)や観光を包括する概念であり，レジャーには①休息，②気晴らし，③自己啓発という三機能がある。

観光はレジャーの三機能をすべて充足することが可能な産業[4]であるといわれ，旅行業，宿泊業，輸送業，飲食業，土産品業などがあるが，実際には旅行業が中心の産業構造である。観光の語源は『易経』の「観国之光，利用賓于王〔国

の光を観(しめ)す，もって王に賓たるに利(よろ)し〕」からきたもので，国の優れた景観・文化などを見せるという意味であるという[5]。中国では「旅遊」と称しているが，英語では「travel and tourism」あるいは「sightseeing」，「trip」などが詳細に定義づけられている。本章では，広義の意味で一般的な概念であるツーリズム(tourism)とする。しかし，観光学は比較的若い学問である[6]。そのために，観光関連の著書の出版は2000年前後に集中している。

(2) サービス産業の特徴

観光産業や外食産業などサービス産業に共通する特徴は，次のとおりである[7]。

① 選択性が高い。競争企業が多く，提供されるサービス商品の品質に差はあまりないため，ホテルやレストランを自由に選択できる。
② 代替性が高い。気候やその他の理由で，容易にサービス商品を変更できる。例えば，映画の代わりにビデオやテレビで過ごす。和食でも，洋食でもかまわない。
③ 必需性が低い。そのサービス商品を絶対に消費するという必要はない。取り止めても別にかまわないし，代替品が必ず有るはずである。
④ 緊急性が低い。例えば，海外旅行やその他のレジャーなど，今すぐ享受する必要もなく来月でも，来年でもかまわない。
⑤ 感覚の影響が大である。提供されるサービス商品の感じが悪ければ，止めてしまう。

サービスの提供は，接客担当者と顧客との人間的接触や協働によって，また人的・物的環境要素との相互作用によって顧客欲求を満足させるプロセスである。したがって，対人的サービスは一方的に提供されるものではない。サービス商品には①在庫不能である，②品質を高めるためには要員と顧客の協力が必要である，③ 無形性がある，④変動性がある，⑤ 消滅性がある，などの特性がある[8]。

(3) ペティ＝クラーク＝クズネッツの法則

司馬遷 (B.C.145) は，約2000年前の漢王朝の史官(『史記』の著者)であった。

当時の社会において裕福になりたいならば,「夫用貧求富,農不如工,工不如商(農は工に如かず,工は商に如かず)」[9]と記述していた。「商」とは,今日でいうサービス業とは違うかも知れないが,台湾の『国内外の経済統計指標』や『経済白書』の産業の分類は,「農業」「工業」「服務業」となっている。ゆえに商はサービス業と言い換えてもよいと考える。服務業とは文字通りサービス業である。当時の社会状態は「漢興りて70余年の間,国家事無く,一府庫貨財を余す」と,平和な状態であった。そして,「商」とは「四方の物を通ず」とあるが,明らかに流通を指し,今日のサービス産業と同義であろう。「農・工不如商」ということは,「商(サービス)」が付加価値を創造することを意味する。

これを1700余年後の17世紀,ウィリアム・ペティは「農業よりも製造業,製造業よりも商業によるほうが利得が多い」と述べた。更にこれをコーリン・クラークは,経済の進歩に伴って,第一次産業から第二次産業へ,第二次産業から第三次産業へと資本,労働力,所得が移動して産業構造の相対的比重が高まる歴史的法則と指摘した。

サイモン・クズネッツは,各国の諸統計をもって最初にこれを実証した。この産業構造の趨勢を体系的に実証しノーベル経済科学賞を受賞した[10]。司馬遷は,「農不如工,工不如商」を最初に記録したが,ノーベル賞的な発見をした最初の人ではないかと思われる。

社会が成熟するに伴って第一次産業から第二次産業,そして第三次産業へと発展していく状況が日本に当てはまる[11]という。しかし,これは台湾にも同様に当てはまると考えられる。これがサービス産業の経済化であり,サービスが経済発展の動因であることの論拠になると考えられる。第一次産業とは,自然に働きかけて価値を生産する産業である。そして,第二次産業がこれらの一次資源を加工して商品生産を行う産業であり,第三次産業は,これらの産業にサービスを提供して付加価値を増幅させる労働を指す。この第三次産業をサービス産業と称することもある。サービス産業が,付加価値を創造するということである。正にウィリアム・ペティの農業(第一次産業)よりも製造業(第二次産業),製造業よりも商業(第三次産業)によるほうが利得(富の追求)が多いことと一致する。

3. 第 2.5 次産業と成熟社会

「経済の進歩に伴って第一次産業から第二次産業，そして第三次産業へと資本，労働力，所得が移動する」という歴史的経験則をもって「成熟社会」の指標とすれば，前述のように日本経済は，ペティ＝クラーク＝クズネッツの法則の優等生だという。

コーリン・クラークの分類によれば，第一次産業は自然採取産業で，農林，牧畜，水産，鉱業を含み，第二次産業は加工業的製造業で，第三次産業はこれら以外の雑多な産業，運輸，通信，建設，電気，ガス，水道，商業，金融，自由，公務員などである。この分類は今日でも広く使用されている。そしてクラークは各国の統計を分析し，第一次産業は生活必需品であるため所得に比例して需要は伸びないこと，第二次産業は生産量が増加するに伴って収益が逓減すること，第三次産業は第二次産業の発展に伴って発展すること，などを導き出した。そして，「1. 第二次産業 (製造業) の第三次産業 (サービス産業) 分野への進出や第三次産業の第二次産業分野への進出，2. 第二次産業で知的サービス部門が拡大し，第三次産業分野で第二次産業的経営手法が大幅に採用され製造業化が進展すること，などを第 2.5 次産業化」としている。すなわち，今日のサービス産業は「工業化」し，製造業は逆に「サービス化」して，産業間の区別が必ずしもはっきりしなくなってきている。サービスと工業生産は相互依存の関係になったといえる[12]。言い換えれば，製造業はサービス精神を重視し，サービス産業は収益性や生産性を考えなければならない。これが第 2.5 次産業であるという[13]。

4. 台湾の国際競争力と産業構造の変化

(1) 経済現況と国際競争力

台湾の経済体質は良好で，国際競争力を具備している。国際競争力や経済力の判定はいろいろあるが，GDP，GNP，外貨の保有高などの数値が説得力が

あると思う。

　各機構の発表した台湾の経済現況や国際競争力は，次のとおりである。2010年6月末の台湾の外貨保有高は，3623億ドルで世界第4位である。第一位の中国は2兆4471億ドル，第二位の日本は9876億ドルで，第三位はロシアの4188億ドルとなっている。その他アジアの小4竜といわれた韓国は2698ドル，ホンコンは2486億ドル，シンガポールは1949億ドルである[14]。台湾は2009年のGDPでは世界第26位であり，同じく貿易総額では世界18位である。台湾は投資環境（BERI）の評価では世界第5位で，アジアでは第2位である。台湾は米国伝統基金会の「2010経済自由度指数」による経営環境の適宜度の評価では，第35位から第27位に進展している。台湾は世界銀行の「2008年グローバル知識経済指数(KEI)の評価」では，世界で第17位，アジアで第1位となっており，知識経済力ではアジアの冠となっている。

　台湾の2010年の経済成長率に関してIMFは3.7%と予測しているのに対し，Global Insightは5.0%と予測している。台湾の2007年の1人当たりの平均GDPは17294ドルとなっている。

(2) 産業構造の変化

　台湾の経済体質は良好であるといわれるが，経済のグローバル化の進展に伴い産業構造を再調整しなければならない。立法院は経済政策として産業創新，新興産業，政策自由化などを3大主軸として立法化する方向で準備を進めている。立法化によって促進する重点項目として，永続的経営としてのグリーン産業の発展，各種の類型型産業団地によるクラスター化の発展，六大新興産業や知的産業の発展などが挙げられている。六大新興産業とは生物科学産業，観光産業，医療産業，グリーン・エネルギー産業，精緻農業，文化創意産業などである。

　観光産業関連においても各種の政策が進められている。特に観光産業の発展では，魅力ある拠点の創造，産業経営体質の改善および国際観光人材の育成を掲げている。観光産業の2008年の生産高は3,713億元(約12億ドル)で，就

業者数は 36.6 万人であったが，2012 年には生産高は 5,500 億元になり，就業者数は 40.7 万人に達すると予測されている[15]。注目に値することは，政府主導で観光産業政策として「国際観光人材の育成と産業クラスター化による地域活性化」の考え方を提示したことである[16]。

台湾の経済構造を理解するためには，先ず台湾経済の時代的背景，政策の変化，産業構造の変化を理解した上で取りかからなければならない。下記のとおりである。

① 50 年代—民間企業の萌芽時代。大戦後破損した旧設備を利用して民需品を中心に，生産を開始した。規模は小さく，零細企業であった。
② 60 年代—工業化基礎固めの時代。世界経済の拡大期で，規模が大型化し，輸入代替から輸出指向への転換に成功した。
③ 70 年代—輸出指向の時代。加工区の創設，労働集約的産業構造から，資本集約的産業育成や技術集約的産業育成に向けて準備を進めた時期であった。
④ 80 年代—産業構造転換期。中小企業の重要性を認識し，経済部所属下に中小企業処を設置して，政策の実施や指導に当たらせた。外貨の保有高が西ドイツを抜き，日本に次ぐ世界第二位になり，産業構造は本格的に工業化へ脱皮した。
⑤ 90 年代—亜太営運中心（アジア・太平洋オペレーション・センター）計画。上記の勢いに乗り 21 世紀に向けて，高付加価値工業，専業サービス産業などの産業構造の調整に入った。外貨の保有高も，約 890 億ドルになった。
⑥ 21 世紀—産業の高度化と第三次産業の整備の時期。21 世紀の初めを産業の高度化と第三次産業の整備の時期とした。サービス産業では，外国観光客の倍増計画や研究開発の強化が計画された。

5. 台湾の中小サービス産業の特徴

(1) 台湾中小企業の認定基準の変化

　台湾政府が中小企業を重視し始めたのは，日本よりも 20 数年遅れた。中小企業の標準を決めたのは 1967 年であり，中小企業を政府レベルで指導(当初は指導で現在は支援)するために経済部(日本の経済産業省に当たる)管轄下に「中小企業処(日本の中小企業庁に当たる)が設立されたのは 1982 年である。『中小企業白書』の出版も，1992 年よりである。しかし特筆すべきは，この時期に日本的経営を積極的に移植したことである。

　台湾の中小企業の認定基準は図表 3-1 の如くである(当初は「標準」とし，2009 年に「基準」に修正)。

　中小企業の認定基準は，産業発展のニーズに伴ってタイムリーに修正しなければならない。業種の多元的発展の趨勢を考慮し，50 人から 99 人のサービス業の生産性が大幅に向上したことに鑑み，製造業・建築業・鉱業及び土石採取業を除くこれら以外の事業で，前年度の営業額が 1 億元以下であれば中小企業と見なした。

(2) 中小サービス産業の現況とその特徴

　台湾の中小企業は約 123 万 5 千事業所で，企業全体の 97.70% を占め，その 80.28% がサービス業(台湾では「服務業」と称する)である。その内の 52.51% が卸売業と小売業である。また，その中の 57.72% が自己資本経営である。

　GDP に占める中小企業の生産高は 29.69% であるが，就業者に占める比率は 76.58% で，雇用に貢献していることがわかる[17]。中小企業の生産高は 3 割であるが，その 50.09% は工業部門で，サービス業が 49.75%，農業は僅か 0.16% である[18]。もう一つの特徴は，2008 年の企業経営者のうち 35.43% が女性企業家であり，10 年以上継続しているのが 42.63% で，約 6.5 割が自己資本で，サービス業が 85.88% を占め，その中の 5 割以上が卸売業と小売業

図表 3-1　台湾の中小企業の認定基準

(単位：NT$ 万元)

	製造業・建築業・鉱業及び石採取業	農林魚牧業・水電ガス業・サービス業
1967.9	資本額が 500 万元以下，或いは常雇用（略称）従業員が 100 人以下。	年営業額が 500 万元以下，或いは従業員が 50 人以下。
1973.3	登記資本額 500 万元以下，総資産額 2000 万元以下。或いは登記資本額 500 万元以下で，従業員①縫製・製靴・電子 300 人以下，②食品業 200 人以下，③その他各業種は 100 人以下。	
1977.8	実際資本額 2000 万元以下，資産総額 6000 万元以下，或いは従業員 300 人以下（製造業）。実際資本額が 2000 万元以下，従業員 500 人以下（鉱業及び土石採取業）。	年営業額 2000 万元，或いは従業員 50 人以下。
1979.2	実際資本額 2000 万元以下，資産総額 6000 万元以下，或いは従業員 300 人以下（製造業）。実際資本額が 4000 万元以下（鉱業及び土石採取業）。	年営業額 2000 万元，或いは従業員 50 人以下。
1982.7	実際資本額 4000 万元以下，資産総額 1 億 2000 万元以下（製造業・建築業）　実際資本額が 4000 万元以下（鉱業及び土石採取業）。	年営業額 4000 万元以下。
1991.11	実際資本額 4000 万元以下，資産総額 1 億 2000 万元以下（製造業・建築業）　実際資本額が 4000 万元以下（鉱業及び土石採取業）。	年営業額 4000 万元以下。
1995.9	実際資本額 6000 万元以下，或いは従業員 200 人以下。	前年営業額 8000 万元以下，或いは従業員 50 人以下。
2000.5	実際資本額 8000 万元以下，或いは従業員 200 人以下。	前年営業額 1 億元以下，或いは従業員 50 人以下。
2005.7	実際資本額 8000 万元以下，或いは従業員 200 人以下。	前年営業額 1 億元以下，或いは従業員 50 人以下。
2009.8	実際資本額 8000 万元以下，或いは従業員 200 人以下。	前年営業額 1 億元以下，或いは従業員 100 人以下。

(出所：台湾経済部『中小企業白書』2009 年 9 月より)。

である。大企業に占める女性企業家は 18.12% であるが，中小企業に占める女性企業家は 35.81% である[19]。

中小企業の女性企業家がサービス業に多いのは，なぜかという分析はない。また，男女別の統計が容易に取れたのは，名前ではなく「国民身分証明書」である。男性は奇数の 1 の番号から始まり，女性は偶数の 2 番号から始まる。

6. 結び

企業の利益と成長は，主として顧客ロイヤリティが原動力となり，顧客ロイヤリティは顧客満足によってもたらされる直接的な結果である。更に顧客満足は顧客に提供されたサービスの価値に強く影響され，サービスの価値は有能な従業員によって創造される。従業員が満足感を感じれば，その従業員のロイヤリティは高い。従業員の満足は主に，社内向けと顧客向けの双方に対する質の高いサービスの提供を実現するための方策に影響される[20]。

サービスの提供過程で，期待通りのサービスがなければ悪評を招くので，ホスピタリティ・マインドが重要な鍵となる。ホスピタリティのあるサービスは真のサービスであり，ホスピタリティ・マインドはサービス産業において重要な意味をもち顧客満足につながる。

「1. はじめに」で挙げた三段論法の対応を，括弧内で示した。

①サービス企業の収益性と成長性の原動力は，顧客ロイヤリティである(サービス産業資源の開発で，ホスピタリティあふれるサービスを商品として確立した企業が生き残れる[21])。②顧客ロイヤリティの原動力は，顧客満足である (サービスの提供は，接客担当者と顧客との人間的接触と協働によって，また人的・物的環境要素との相互作用によって顧客欲求を満足させるプロセスである)。③顧客満足の原動力は，サービスの価値である (サービス提供場所の雰囲気的な環境要素や，人対人的サービス行為の提供方法が品質的要素となり，サービス財の精神的な感じが品質となる[22])。(ホスピタリティが付加価値を増幅する)。④サービスの価値は，従業員の生産性を高めることで創造される (ここに動機づけが重要な課題となる)。⑤従業員の生産

性の原動力は，従業員のロイヤリティである（日本的経営の3種の神器が効果的であろう）。⑥従業員のロイヤリティの原動力は，社内サービスの質である（企業文化，風土が問題となる）。⑦社内サービスの質は，従業員同志がお互いに対して示す態度と組織内部の接し方によって特徴づけることができる（日本人の挨拶の習慣，帰属意識などである）。

　台湾の企業経営は，日本からもっと多くを学ばなければならないであろう。

【引用文献】

(1) 鶴田俊正編 (1985)，『成熟社会のサービス産業』有斐閣選書，p.225。
(2) 鶴田俊正編 (1985)，前掲書，pp.7～15。
(3) 鶴田俊正編 (1985)，前掲書，p.6。
(4) 長谷正宏編著 (2006)，『観光学辞典』同文舘，p.3。
(5) 長谷正宏編著 (2006)，前掲書，p.2。
(6) 長谷正宏編著 (2006)，前掲書 はじめに，p.2。
(7) 鶴田俊正編 (1985)，前掲書，pp.6～8。
(8) 長谷正宏編著 (2006)，前掲書，p.186。
(9) 司馬遷『史記』(五)「貨殖列伝」大申書局 (1977年)，p.3273。
(10) 鶴田俊正編 (1985)，前掲書，pp.2～4。
(11) 鶴田俊正編 (1985)，前掲書，p.5。
(12) 福永昭・鈴木豊編著 (1986)，『ホスピタリティ産業論』中央経済社，p.3。
(13) 鶴田俊正編 (1985)，前掲書，pp.225～227。
(14) 台湾中小企業処処長，19期高級コンサルタント養成講座講演，2010年5月2日。
(15) 台湾観光協会 (2010)，『台湾』観光月刊6月号。
(16) 台湾中小企業処処長，前掲講演。
(17) 台湾経済部 (2009)，『中小企業白書』，p.38。
(18) 台湾経済部 (2009)，『中小企業白書』，p.44。
(19) 台湾経済部 (2009)，『中小企業白書』，pp.15～16。
(20) 台湾経済部 (2009)，『中小企業白書』，p.55。
(21) 力石寛夫 (2003)，『ホスピタリティ』K.K.商業界，6月，pp.50～58。
(22) 持本志行 (1993)，『顧客満足学』産能大学出版部刊，pp.122～126。

【参考文献】

[1] 福永昭・鈴木豊編著(1986),『ホスピタリティ産業論』中央経済社。
[2] 原口俊道(1995),『動機づけ―衛生理論の国際比較』同文舘。
[3] 飯盛信男(1998),『規制緩和とサービス産業』新日本出版社。
[4] 上間隆則(2000),『ローカル企業活性化論』森山書店。
[5] Harvard Business Review Anthology (2005),『How to Make Service ― Driven Profitable Company』DIAMOND ハーバード・ビジネス・レビュー編集部・編・訳, ダイヤモンド社, 8月。
[6] 長谷正宏編著(2006),『観光学辞典』同文舘。
[7] 台湾経済部(2009),『中小企業白皮書』9月。

(劉成基・劉水生)

第4章　台湾のサービス産業における人材の育成と確保

【要旨】
　サービス産業が台湾経済の3分の2を占めるようになり，サービス精神を具備する人材の育成と確保が今まで以上に必要となっている。その中でも特に台湾経済の発展にとって重要性が増している台湾のサービス（観光）産業において，人材の育成（教育・訓練）と確保（動機づけ）を効果的に行うにはどうすればよいかが重要な課題となっている。そこで本章では，台湾の人材育成の意義と人材確保の重要性，台湾の人材育成（教育・訓練）の変遷，台湾のサービス（観光）産業の発展計画などについて検討した上で，台湾の企業内教育訓練を効果的に行う方法として，OJT・社内講師制度の確立が急務であると主張している。

【キーワード】：ホスピタリティ，サービスの付加価値創造，OJT，リテンション，観光産業

1. はじめに

　良質な「人材」を確保するためには効果的な育成（教育・訓練）と環境の整備が不可欠であり，その上で系統的な管理がなされることではじめてその効果が上がる。台湾では「進才，育才（育成），用才（活用），留才（確保），展才」などという。展才は才能の発揮であり，一種の動機づけであり広義の確保でもある。
　台湾のサービス産業の純生産額が経済に占める比率は，1990年代に50%を超え，2009年には73.16%となった。このような中でサービス産業も国際

化が進み，その国際競争が激化してきたので，優秀な人材をうまく登用し，確保することが企業の至上命題になった。そのためにサービス精神を具備した良質な労働力の確保が必要になった。「モノ」はサービスの心がなければ売れなくなった。サービスの本質はホスピタリティであり，サービスが付加価値を創造する時代である。力石寛夫は「ホスピタリティがあるサービスがまことのサービスであり，今後はホスピタリティあふれるサービスを商品として確立した企業が生き残れる」[1]という。

ホスピタリティを台湾では「客製型服務」[2]と訳しているが，顧客が望むサービスを提供することを意味する。台湾の社会はすでに成熟しており，マニュアル化したサービスの提供では顧客の満足が得られない。サービス精神を具備した人材の育成と確保を効果的に行うことが課題となる。

本章では，台湾経済の発展にとって重要性が増しつつあるサービス（観光）産業において，人材の育成（教育・訓練）と確保（動機づけ）を効果的に行うにはどうすればよいかという課題に対する解答を導き出したい。

2. 人材育成の意義と人材確保の重要性

(1) 人材育成（教育・訓練）の意義

企業は「人」・「技術」・「金」によって成り立つ。しかし，技術や金があっても，良い「人（材）」がいなければ企業経営を成功させることはできない[3]。企業目的を効率よく遂行するためには，経営活動を支える人材の能力やスキルを向上させることが必要である。それによってさまざまな経営課題を解決するための基本能力を強化することができる。加えて組織風土の醸成が重要になる。これが人的資源管理の目的でもある。このために従業員に対する動機づけなどの人的資源開発が重要な課題となる。一般的に理解されている教育・訓練の目的は人材育成である。人的資源の開発の特徴は，時間とともに職業能力の水準や内容，あるいは潜在能力などによって変化する点にある。その開発は，能力開発機会だけでなく，人的資源の保有者である従業員自身の職業能力開発意欲に

も依存している。それゆえに，動機づけ（motivation）となる誘因（incentive）についての研究が必要となる[4]。

しかし，「教育」と「訓練」は同義ではない。教育は「なぜ物事がそうであるのかに関して理解を深めること」であり，訓練は「なにかをする方法を学ぶこと」である。そして，研修すなわち教育・訓練は，直接的目的が人材育成であり，間接的な目的が経営課題の解決である。このような目的達成の意図から，1950年代から行動科学が発達し，1960年代は行動科学の時代となる。

マグレガーのX理論やY理論，マズローの人間の欲求五段階説，ハーズバーグの動機づけ―衛生理論などがある。これら行動科学を活用した現実の具体例として，職務拡大（job enlargement），キャリヤ・プラン（career plan program）などがある。前者は，従業員の仕事が単純で能率の落ちるのを防ぐために行われ，後者は，企業の労務管理で従業員の人生計画を企業内の仕事を通じて実現させるために行われる。

(2) 教育・訓練（研修）の手段

今日のように変化の激しい社会では，多様化する能力開発の方法として，プロジェクト制，社内公募制，社内ベンチャー制度，関連企業への出向，派遣制度，自己申告制度などがある。しかし，教育・訓練（研修）の手段としては，OJT（on the job training），Off・JT（off the job training）および自己啓発が「企業内研修の3基本型」である。

OJTは，職場内訓練と呼ばれ，一言で説明すれば，非熟練者に「できない可能性もある仕事をやらせて，途中でフォローしながら，その人を育てる」ことである。ここでは，「やらせてみる」と「フォローする」の2つの要素がある。筆者が2010年3月に行ったアンケート調査でも，この方法が主であった[注-1]。

Off・JTは，職場での業務を離れて行う人材教育で「業務外訓練」と呼ばれて，多くの場合，講師などによる集合研修である。このほか，講習会，通信教育などがある。

自己啓発は，従業員の意思で知識，技能，経験などを身につけようとする行

動を指す。その支援として環境整備，資金援助，動機づけなどの方法が考えられている[5]。

また，企業において人間成長を図る上で重要なことは，従業員それぞれの欲求の高次化と能力の高度化という二つのプロセスである。能力開発や育成などは，OJTと各自の自己啓発によるのが基本である。更にそれを促進する手段として自己啓発援助制度，計画的なジョブ・ローテーションなどがあり，その能力開発のシステムとして人事情報システム，CDP (career development program) などがある。そしてこれらが活発に導入されつつある[6]。

(3) 組織における人材確保（リテンション）の重要性

企業が成功するためには，最も重要な経営資源である「ヒト」が協力してよく働かなければならない。しかし，D.Quinn Millsによると，最も困難なことは「ヒト」の管理と「ヒト」を企業資産として形成させることである[07]。企業が新入社員を採用する理由は，総数を増やすためと，欠員の補充のためである。人材の採用は，時間とコストが多くかかるなど煩雑であるので極力避けたほうが良い。それゆえ優秀な従業員を会社に「引き留め」なければならない[08]。人的資源を形成させて定着させることは，企業にとって大きな課題となっている。しかし，企業では優秀な人材ほど先に辞めていくと言われている。高い業績を上げている従業員が退職すると，企業にとってマイナスになるのは当然のことである。

ドラッカー(P. F. Drucker)は，「組織は，人々を引きつけ，引き留めて，更に人々を認め，報い，動機づけ，そして彼らに仕え，満足させる」と述べて，組織にとって従業員の定着とリテンション (retention) は，最近の重要課題となってきていると指摘した[9]。

リテンションには，一般的に「保持」・「保留」・「継続」・「引き留め」などの意味がある。マーケティング論では，顧客を維持する意味であるが，経営学的には，従業員を組織内に確保することを意味している。すなわち従業員の勤続期間を長期化させることであり，定着させることである。人的資源管理論では

「個人の能力と仕事に見合うようにマッチさせて企業に留めさせようとする施策」としている。

組織にとって価値がある「高い知識や技能」を有する人材は,企業にとって重要な競争優位の源泉である。それゆえ人的資源管理におけるポイントは,人材の定着を図ることである。すなわち,組織におけるリテンションとは,「マッチング等によって,能力のある優秀な従業員が,長期間組織内でその能力を発揮することができることを目的とした人的資源管理・施策（practice）全体を指す」ことである[10]。リテンション管理には,能力開発管理（教育訓練管理）や福利厚生管理も含まれ,優秀で高業績を上げている従業員の退職を防止することと密接に関連している。退職とは現職を退くことであり,通常は事業主との雇用関係が終了し,労働契約の終了を意味することで「離職」と同義である[11]。

3. 台湾の人材育成（教育・訓練）の変遷

台湾が人的資源の統計を開始したのは 1962 年 4 月である。しかし,正式に労働力の調査に着手したのは,1963 年 10 月である。1966 年 7 月労働力調査研究所が設立され,政府は,人的資源企画の重要性に鑑み,1977 年に初めて台湾の労働力調査業務を実施することにした。翌年 1 月に正式に調査を開始したが,比較的詳細な資料は 1978 年以降のものである。その調査内容は,人的資源の活用,仕事の経験,住宅状況,婦女の婚姻・育児・就職,障害者の医療・就職,住民の移動,職業訓練,青少年状況,老人状況,時間活用,国民のレジャー生活,仕事に対する期待,国民文化活動のニーズ,国民の生活形態・倫理などである。それ以来,婦女の婚姻・育児・就職,青少年の状況,住民の移動などについては,3〜4 年に一度調査することにしている[12]。

以前台湾の中小企業の多くは,進出してきた外国資本企業の人的資源管理と教育訓練を踏襲してきた。しかし,その後日系企業で勤務した現地人（台湾人）が創業し,「日本的経営方式」を修正しながら台湾の文化や社会的環境に適合した人的資源管理を実施することが一般的となった。台湾は,国内市場が小さ

く地下資源が少ない国であるので,人材の能力だけが国の豊かさを支えている。先発国は技術の独占が国際的優位性を獲得することになるが,他方後発国は低コストと高品質の生産能力が産業の競争力の源泉となる。生産能力を向上させる人的資源は,自らの努力で養成しなければならない。従業員の技能などの養成は,学校教育,訓練所などでの職業訓練,企業内でのOJTなどによって行われる。台湾では1966年に「第一期人材発展計画」が策定され,1970年代に対象が拡大し,1980年代には訓練者の総数は20万人に達した。これが2001年10月の統計によると,就職者936万2,000人のうち職業訓練を受けた者は,132万7,000人で,全就職者の18.1%になる。この中で私企業の職業訓練を受けた者は15%で,政府雇用者で職業訓練を受けた者は35.9%になっている[13]。

1966年頃から台湾政府は,就業者数の増加を図るために,公営事業,民間事業,政府機関,学校,民間団体などを通じて,職業訓練を始めた。これが台湾企業の職業訓練の始まりと推察される。1984年の職業訓練の対象者には,事務員,生産作業員,運搬設備オペレーター,肉体労働者,専門職,技術職などであり,全就業人口に対する職業訓練を受けた者の比率は,24.4%であった[14]。

4. 台湾のサービス(観光)産業の発展計画

(1)『交通政策観光白書』の刊行経緯と政策

台湾の『交通政策観光白書』の刊行経緯を見ると,観光産業は,その発展が地域と経済を活性化させ,住民の生活品質を向上させること,外交と経済貿易に次いで重要であると位置づけられていることなどがわかる。

2001年から2010年を「デジタル・ディケード(digital decade = 10年)」とし,観光産業もこれに沿って国際競争優位を向上させることになった。台湾の交通部は,2000年を「観光企画年」と称し,「21世紀の台湾観光産業発展新戦略」を策定した。そして,長期運営の目標を「観光の島」とし,2001年を「観光

推進年」とした。また短期，中期，長期などの具体的な計画を策定した。短期は2003年に，中期は2006年に，長期は2011年に完成させることを目標に運輸，郵政，電信，気象，観光などの構成で，各部門の政策との整合を図る目的で『交通政策白書』の編集を2002年に完成させた。また，産・官・学から意見を取り入れ，国際的感覚の民意に沿う「21世紀の台湾観光産業発展新戦略」を主軸として，これを各部局や関連団体で着実に政策として実施するために『観光政策白書』を編集した。

『観光政策白書』の内容は，①多元的永続を含む供給面の政策（a.観光内容の多元化政策，b.観光環境の国際化政策，c．観光商品の質向上化政策），②良質なマーケティングを含む旅行市場面での政策（a.観光市場の開拓発展政策，b.観光イメージ確立政策）で構成され，地方色彩の特色ある観光商品を地方ごとに創造し，有効なマーケティング・プロモーションを展開させる[15]。以上の政策に基づいて，短期，中期，長期の計画では156項目が詳細に挙げられている。

(2) 訪台者統計と観光市場の現況

台湾には観光を促進させるために，観光学会や観光協会という組織ができている。台湾観光協会は民間組織であるが，外交が微妙な時代であるので政府に代わって果たすべき役割は重大である。同時に台湾観光協会は産業界と政府との仲介としての役割も有している。

2009年の訪台者総数4,395,004人で，そのうち日本人は約100万人である。台湾からの出国者数は8,142,946人で，そのうち日本向け出国者数は約136万人で，日本人訪台者を36万人と大きく上回っている。観光局は，日台観光交流の促進目標を双方で300万人とし，「台湾旅行・感動100」を基本コンセプトとして策定し「何度訪れても新たな感動を，そして100％の感動を体感できる」というキャッチフレーズを設け，プロモーション「2010年〜2011年日台交流年」を強化している。

2003年から始まった教育旅行は，2009年47校，7,141人になった。因みに，2002年に教育旅行が始まった。2002年10月，教育部（日本の文部科学省に相

当）が高校生の国際教育旅行を発動した。計画当初，台湾と歴史的・文化的関係が深く，距離的にも近い日本を主な訪問先として選んだ。最初は，参加高校は5校が5泊6日で九州を中心に回った。その旅行期間の中で，他校との交流，生活文化体験，大自然体験，重要な産業の施設見学などのスケジュールが組まれていた。その後，国際教育旅行を実施する学校は年々増加している。また，日本から台湾を訪問する高校生も，2003年の9校577人から2009年には47校7,141人に増加している。

その他，2009年10月30日に第23回台北国際トラベルフェア（Taipei International Travel Fair）が台北市で開かれた。それは，アジア・パシフィック地区において最大規模を誇る旅行博覧会であった。この旅行博は1987年に始まった台湾観光協会主催の産業博覧会で，台湾および各国の関係当局や業者が結集した。展示ブース（1206箇所）では，旅行商品，宿泊券，航空券が優待価格で即売された。旅行博は，一般市民や消費者への情報提供・販売促進という利便性だけでなく，業者間の出会いをバックアップしており，取引を促進する効果も大きかった。2008年度は215,125人の来場者があった。その商機に世界から注目が集まった。

一方政府は，1989年にOTOP（one town one product）プロジェクトを推進した[注-2]。更に中小企業処（日本の中小企業庁に相当）が主導して2年前から温泉郷のクラスター化に着手した。景観としては北投温泉郷，金瓜石の民宿，台南市内の史跡などが，食品では日月潭魚池郷の紅茶，坪林の包種茶，金門の高粱酒，大渓の豆腐干などが，工芸品の分野でも鶯歌の陶磁器，三義の彫刻団地の木製品・竹製品という伝統産業を生かした作品などが続出している[16]。

5．企業内教育訓練（研修）を効果的に行う方法

（1）企業内研修（OJT）の目的と特色

OJTの定義によれば，「職場の中で，具体的な仕事に即して上司が部下に対して直接に個別指導を行う教育訓練である」という。企業内で研修が必要であ

る理由は，次のとおりである。
　①新規採用者を迅速に自然に自社の雰囲気に溶け込ませ，且つ各人の職務内容を理解させるため。
　②時代の進展と共に現れる新しい機械の操作，組織の変更，その他に対処するための知識と技術を習得するための再訓練のため。
　③職務・職階を変更するときの再訓練のため。
　しかし，研修を受講してすぐ能力やスキルが向上するわけではないので，人材育成（目に見える結果が出るまで）には時間がかかる。そのために研修はOFF・JTではなく，実際の実務に直結したOJTの方がより効果が上がると多くの企業が認識している[17]。企業内研修であるOJTは，日常の仕事の中で上司が部下を個別に指導することであり，企業における部下育成の中心的な方法でもある。また，OJTは人事考課と連動させると効果が上がりやすい。現実には実務直結の指導が重要であるが，上司自身が繁忙のために積極的に実施することが困難である場合が多い。

(2) 企業内教育訓練（研修）を効果的に行う方法（社内研修インストラクター制の確立）

　一般的には非正式的で，且つ無意識的にOJTが実施されていることが多い。日常的に従業員は上司や同僚から指導を受けている。これを正式な研修計画として位置づけることが重要なことである。D.Quinn Millsが提唱するように，企業内研修を効果的に行う方法として，自社OJTの講師（ベテラン・インストラクター）制度の確立が望まれる。換言すれば，OJTの場で業務を完全に習得したことを示す正式な認定を与えることである[18]。

　OJTは本来形式的なものでなく，日頃の業務の状況に応じて臨機応変に指導・教育することが基本である。そして，インストラクター（instructor〔教師，教官，指導者〕）は，時にトレーナー（trainer〔調教師〕）であり，リーダー（leader〔指導者〕）であり，コーディネイター（coordinator〔調整係〕）などと言われることもある。

しかし，ここでは，インストラクターとは教育訓練や講習会などの指導者を指し，また企業内研修のインストラクション（instruction〔教授，教育〕）業務に従事している者を指す[19]。インストラクターの主な任務は，①研修の目的や計画を明確にする，②効率的な教育効果を上げるよう充分な学習と思考の体験を獲得する，③全員に研修内容を理解させる，④多くの技法を身につけ，適時的確にこれらを駆使する，⑤受講者に効果的学習習慣を身につけさせる，⑥学習テーマだけでなく態度や取組み姿勢の面でも率先垂範し，受講者に好ましい影響を与える，⑦学習成果を測定評価し，フィードバックする，などである[20]。

企業内研修インストラクターは二つのタイプに大別でき，それぞれ長短がある。すなわち，訓練団体に所属する外部の専門インストラクターは，固定給であるので生計は安定し，営業活動の必要がないが，サラリーマン・インストラクターであり，職制の上下関係の制約を受け，能力と収入は比例的でない。一方，企業の教育担当部署のインストラクターは，自己のマネジメントの勉強の場として，また自己成長の場として理想的であり，報酬も安定しているが，問題として社内評価は必ずしも高くない。しかし，企業の教育担当部署のインストラクター制度を確立すれば，企業における人材を確保する有効な一つの手段になると考える。

6. 結び

台湾では，人材ではなく「人才」であり，「才」は才能のことである。企業経営のプロセスは，進才（採用）→育才（教育・訓練）→用才（適材適所）→留才（リテンション）→展才（パフォーマンス）である。「材」は材料のことであり，「元の物の質を変えるような加工を受けずに使われる，何らかの主材料（木材，鉄材，石材等）である」と辞書に載っている。また，日本や台湾の研修でよく見かける用語として「人財」があるが，「人材」が企業の財産になるように願っていると思われる。サービス産業は，小規模企業が多く，人材に関する問題も深刻である。主な問題は，人材が集まらないこと，定着率が低い（離職率が高い）こと，

企業を支える技能者の退職率が高いことなどである。特に台湾の場合はこのほかにも問題が山積している。

　サービス産業・観光産業が国際的大競争時代を勝ち抜くためには，サービスの本質である「ホスピタリティ・マインド」の形成は欠かせない。企業にとっては「ホスピタリティ・マインド」が不可欠であり，特に人材の「確保（リテンション）」が重要であり，これを目的とした人材育成（教育・訓練）方法としては戦略的OJT制度の設計や導入が不可欠であると確信している。これによって人材が確保され動機付けられて企業文化も伝承されていく。

【注釈】
(注－1)「観光産業人材の教育訓練に関する日・台比較研究」の目的で，2010.3.1.～3.30の一ヵ月，日本と台湾の旅行社を対象にアンケート調査を行った統計結果より。
(注－2) OVOP(One Village One Product 大分県元知事平松守彦，1979年)に由来。

【引用文献】
(1) 力石寛夫(2003)，『ホスピタリティ』商業界，p.59。
(2) 浦郷義郎(2007)，『ホスピタリティ』同友館，中国語訳(2007)，「客製型服務」経済部中小企業処。
(3) 鈴木敦子(2001)，『人事・労務がわかる辞典』日本実業出版社，p.128。
(4) 佐藤博樹・藤村博之・八代充史(1999)，『新しい人事労務管理』有斐閣，p.5～7。
(5) 鈴木敦子(2001)，前掲書，p.129。
(6) (社)日本産業訓練協会(1993)，『企業と人材』，p.8。
(7) D.Quinn Mills, スコフィルド素子訳(2007)，『人的資源管理「入門」』ファストプレス，p.73。
(8) D.Quinn Mills, スコフィルド素子訳(2007)，前掲書，p.71。
(9) 寺沢弘忠(2008)，『OJTの実際』日本経済新聞社，pp.10～17。
(10) 山本寛(2009)，『人材定着のマネジメント』中央経済社，p.14。
(11) 山本寛(2009)，前掲書，p.15。
(12) 日本労働協会編(1987)，『台湾の労働事情』日本労働協会，pp.97～98。
(13) 日本労働協会編(1987)，前掲書，pp.62～78。
(14) 谷浦孝雄編(1978)，『国際加工基地の形成』アジア経済研究所，pp.2～10。
(15) 台湾交通部観光局(2002)，『交通政策観光白書』。

(16)台湾観光協会(2010),『台湾』観光月刊,6月号。
(17)三崎雅明(2009),「企業内研修の効果的方法」『企業診断』第2008巻10号,pp.23〜24。
(18)D.Quinn Mills,スコフィルド素子訳(2007),前掲書,p.77。
(19)小橋邦彦(1992),『研修インストラクター入門』産能大学出版部,p.2。
(20) 日本経営士会専門委員会編(1990),『会社のすべてがわかる本』PHP研究所,pp.124〜125。

【参考文献】
[1]谷浦孝雄編(1978),『国際加工基地の形成』アジア経済研究所。
[2]鶴田俊正編(1985),『成熟社会のサービス産業』有斐閣。
[3]福永昭・鈴木豊編著(1986),『ホスピタリティ産業論』中央経済社。
[4]日本労働協会編(1987),『台湾の労働事情』日本労働協会。
[5]小橋邦彦著(1992),『研修インストラクター入門』産能大学出版部。
[6]台湾交通部観光局(2002),『交通政策観光白書』。
[7]長谷正宏編著(2006),『観光学辞典』同文舘。
[8]山上徹(2008),『ホスピタリティ精神の深化』法律文化社。
[9]寺沢弘忠(2008),『OJTの実際』日本経済新聞社。

(劉水生・劉成基)

第 5 章　台湾のシルバー産業の展開条件

【要旨】
　シルバー産業の発展の必要条件は"高齢化"である。そして先行研究では，シルバー産業展開の主要な要因を"ライフスタイルの把握"であると指摘している。そこで，本章では，台湾における高齢化の研究を整理した上で，台湾においてライフスタイルの実態を研究した。これらの研究を通じて得た知見をもって，シルバー産業の発展に関する提言を行った。

【キーワード】：シルバー産業，少子高齢化，ライフスタイル，シルバー，ニューシルバー

1. はじめに

　台湾の行政院経済建設委員会の推計報告によると，台湾では，総人口に占める 65 歳以上の高齢人口の割合が 2004 年の時点で 10％であったが，2014 年には 13％，2049 年には 37％へと上昇すると予測されている。更に 75 歳以上の後期高齢者に限ってみると，2004 年の 95 万人から 2049 年の 369 万人へと，約 4 倍になると予測されている。こうした高齢化の傾向は今後も持続し，2050 年頃には 3 人に 1 人が高齢者になると予測されている。
　また，1970 年代に台湾で生まれた世代は，今から 28 年後の 2035 年から 2040 年の間に 65 歳を迎える。それに加えて合計特殊出生率が世界中で一番低くなることを考慮すると，台湾は速いスピードで高齢化が進行しつつあると言える。2050 年には日本に次いで世界第 2 位の高齢国になると，台湾の『人口政策白書』が指摘している[1]。

台湾は日本に次いで急速な高齢化が進行する社会である。近年，台湾は高齢化の進展に伴い，社会面でも問題が増えている。例えば，人件費の高騰による輸出競争力の低下,製造業の東南アジアへの海外進出の拡大による産業空洞化，失業率の上昇などの問題がここ数年顕在化している。

　確かに今日の台湾では,人口の高齢化が急速に出現してきた。しかし一方で，この状況を踏まえて，高齢者層を改めて新市場として見直し，その市場を将来的に有望視する気運が高まりつつある。いわゆるシルバー産業に関連する企業は，そのターゲット市場を従来の「シルバー」イメージではくくりきれない「ニューシルバー」に置き，その市場を将来にかけて単に拡大するだけでなく，新しいライフスタイルの担い手として時代の脚光を浴びる存在になるではないかと考えはじめている。

　マーケティング分野では，新市場を発見するためにライフスタイルの研究がよくなされている。それらの結果からこれから高齢期を迎える「ニューシルバー」のライフスタイルが変化していると言われている。そして，この変化がシルバー産業に影響を与えると考えられる。したがって本章では，まず台湾のシルバー産業の展開条件として台湾における高齢化の研究を整理し，次に「シルバー」（現在の高齢者層）と「ニューシルバー」（将来の高齢者層）のライフスタイルの差異を実証する。

2. 先行研究の成果と問題提起

　台湾では，出生率が長期間にわたり低下している。それに伴って高齢化が急速に進んでいる。確かに高齢化の問題は複雑で多岐にわたっており，その問題を全面的に捉え，検証する必要性を認識しつつも，哲学的，文学的，医学的な側面については十分に触れることができない。本章ではそれらの問題の一面を捉えることにする。そのため，問題提起として高齢化の経済的な影響に焦点を絞ることにした。高齢化が経済へ与える影響は，鉄道，旅行，教育などの需要を縮小させることである。しかしながらプラス面をみると，高齢者が急増する

時代こそ，高齢市場の拡大が期待でき，シルバー産業を発展させるチャンスである。

シルバー産業に関する先行研究の成果を整理した結果，本章では二つの研究課題を提起する。

(1) "高齢化"に関する研究課題

堺屋太一（2007）の見解によると，年少人口の減少と高齢人口の増加の影響を受けて人口構造が大きく変わると，世の中の仕組みや雰囲気が変わってくる。単に，現在，若者が何人で，高齢者が何人という比率が変わるだけではなく，世の中の考え方や将来に対する見方も変わってくる。同時に，高齢者というものに対する考え方と扱い方も変わる。高齢者の増加に伴い，多額の貯蓄と様々な経験と時間的ゆとりをもつ人々の消費市場が拡大することにより，新たな経済を確立する好機に恵まれている[2]。日本において，そうであるとすれば，台湾ではどうであろうかと言う疑問が生じる。そこで，「台湾がシルバー産業を確立する好機に恵まれているだろうか」を本章の第一の研究課題とした。

(2) "ライフスタイル"に関する研究課題

少子高齢化の影響で，今や大企業から中小企業，そしてベンチャー企業に至るまでが，シルバー産業を21世紀の有力な成長産業であると認識して，その分野へ参入しはじめている。シルバービジネスは，第4の産業革命とも言われ，今後の「超高齢社会」を生き抜かねばならない企業にとって成長を左右する重要なマーケットになるので，企業の叡智が求められるのである[3]。

ここで，1990年頃のシルバービジネスの動向を振り返ってみると，当時もシルバーブームがあった。少子高齢化への対策が叫ばれ始めた頃で，さまざまな企業がシルバー市場へ参入を試みたが，そのほとんどが失敗に帰した。この失敗の原因は二つ挙げられる。

ひとつは企業側の取組み姿勢である。とりあえず高齢者（65歳以上）が増えてきたから，高齢者向けに何かやろうということで，明確な方針ももたずに，

そのうえ専門組織を作らなかったので現実のニーズをつかめぬまま始めたため，その参入方法を間違ってしまった。特に，シルバー世代をお年寄りとして捉えてお年寄りくさい人たちとして一握りにしてアプローチをしてしまったことが主要な原因と言える。

　もうひとつは，当時の65歳以上の世代が，企業が予測した"高齢期を迎える世代"の意識と明らかに異なっていたという事実である。当時の高齢者は，"清く貧しく"を美徳とする世代であった。消費は贅沢という意識があり，自分たちの財産を子や孫に残していくという考え方をもち，消費より貯蓄という発想が強かったのである。事実，50代に比べて60代後半の世代は，消費自体が減っている。当時の高齢者のニーズが乏しかったということが指摘されている[4]。

　その失敗があるため，今でも企業は「高齢者は難しい」と考えている。しかし，過去にあったシルバーブームと，これから盛り上がりつつあるシルバー産業の状況は全く違うものである。すなわち，これから高齢期を迎える世代（ニューシルバー）は，「自分たちの財産は自分たちで好きに使おう」，「そのかわり子供たちに迷惑はかけない」という意識をもっているので，シルバー産業が対象とする世代のライフスタイルが違うことを，まず知っておく必要がある。

　前述のように，生活や人生において以前のお年寄りとこれから高齢期を迎える世代とは明らかに違うことが先行研究で指摘されている。ライフスタイルについて以前と現在を同じように論じることはできない。したがって，シルバー産業の展開条件を理解するもうひとつのポイントとして，現在の高齢者（本章では「シルバー」と言う）と将来の高齢者（本章では「ニューシルバー」と言う）のライフスタイルの変化に焦点を当てることが重要だと考える。そこで「台湾においてニューシルバーのライフスタイルの実態はいかなるものか」を明らかにすることを本章の第二の研究課題として取り上げる。

第5章 台湾のシルバー産業の展開条件　81

3．シルバー産業の展開条件

(1) 研究課題－① 「台湾がシルバー産業を確立する好機に恵まれているだろうか」

第一の研究課題を検証するため，台湾における高齢化がどのように進んでいるかを把握しなければならない。そこで，その現状を次のように整理した。

台湾の平均寿命は，生活水準，医療水準，公衆衛生水準などの向上により，次第に伸びている。2006年には男性の平均寿命が74.5歳，女性の平均寿命が81.2歳である。平均寿命の伸長の結果，ますます高齢社会への移行は必然化することになった[5]。もうひとつ注目しなくてはならないことは，ひとりの女性が一生に生む子供の数が4人から1人へ減少するという少子化によっ

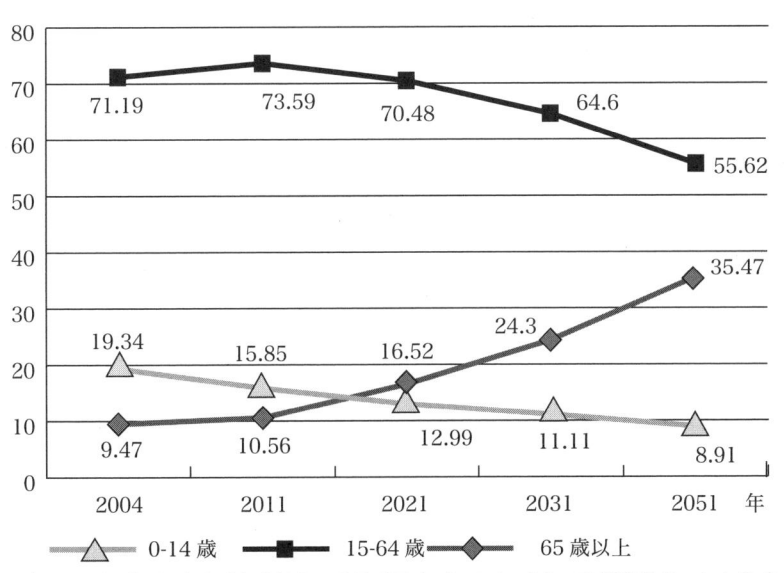

図表5-1　台湾における人口構成の割合

年	0-14歳	15-64歳	65歳以上
2004	19.34	71.19	9.47
2011	15.85	73.59	10.56
2021	16.52	70.48	12.99
2031	—	64.6	24.3
2051	8.91	55.62	35.47

（データ出所）台湾地区内政部人口政策委員会（2005），『人口政策資料集』から作成。
（注1）2004年までは事績，2011年以降推計。
（注2）年少人口は0-14歳。
（注3）生産年齢人口は15-64歳。
（注4）高齢人口は65歳以上。

て総人口が減少に転じていくことである。平均寿命の伸長と少子化によって高齢者の割合が増加を続けているという事実である。

すなわち,台湾において高齢化の状況をみると,台湾では65歳以上の高齢人口が総人口に占める割合は,2004年に9.47％であった。それが2011年には10.56％,2021年には16.52％,2031年には24.30％,2051年には35.47％まで上昇すると予想されている(図表5-1)。このことは,総人口に占める高齢人口の割合が10％から20％に上昇するまでの期間が,わずか20年でしかないということを示している[6]。また,40年後,すなわち2050年頃には3人に1人が高齢者だという老人大国になることが予測されている。

以上の内容をまとめると,台湾において高齢者の人口が非常な速さで増加していることがわかった。したがって,第一の研究課題に対しては,「シルバー産業の成長が期待されている」ということを検証した。

(2) 研究課題－②「台湾においてニューシルバーのライフスタイルの実態はいかなるものか」

これまで述べたように,高齢化はシルバー産業の発展の必要条件ではあるが,十分条件ではない。先行研究からもわかるように,シルバー産業の発展には,更に「ライフスタイル」という要因を加えることが不可欠である。しかも,将来を予測するには,シルバーの状況を理解できただけでは不十分であり,ニューシルバーの状況の解明が必要である。そこで実態調査を通じて台湾においてニューシルバーのライフスタイルを分析する。

ここでは,調査サンプルである20歳以上59歳以下の300人のニューシルバーがどのようなライフスタイルを持っているかを検証する。図表5-2は,ニューシルバーがどのような生活行動をし,あるいはどのような生活意識を持って過ごしているかを表わしたものである(図表5-2は,5段階評価による回答結果の得点を平均値化し,その平均値の大きさで順位を表わしている)。

ニューシルバーのライフスタイルに関する28設問項目の中で,平均値が上位にある項目から順に並べると次のとおりである(M＝平均値,SD＝標準偏差)。

1. 「老後には配偶者と一緒にお互いに面倒をみながら生活するべきだ」（M = 4.53, SD = 0.82）。
2. 「年を重ねるにつれて，体力が弱くなる傾向がある」（M = 4.45, SD = 0.98）。
3. 「いろいろなことに興味をもつようにしている」（M = 4.38, SD = 0.86）。
4. 「生・老・病・死の宿命を素直に受け入れることができる」（M = 4.31, SD = 0.93）。
5. 「どこかに行く時，一緒に行く人がいなくても一人で行く」（M = 4.3, SD=1.01）。

一方，平均値が下位にきている項目を見ると，次のとおりである。

1. 「定年後は積極的に仕事を探す必要はない」（M = 2.64, SD = 1.4）。
2. 「男性は働き，女性は家の中で家事をするという考えに賛成する」（M = 2.69, SD = 1.38）。
3. 「自分の資産を子供に残したい」（M = 3.15, SD = 1.29）。
4. 「買物したら満足感がある」（M = 3.15, SD = 1.43）。
5. 「親子三代で生活するのは一番理想的な老後の送り方だ」（M = 3.4, SD = 1.24）。

以上の調査結果を考察すると，台湾におけるニューシルバーのライフスタイルの状況には次のような特徴のあることが判明した。

設問の「老後には配偶者と一緒にお互いに面倒をみながら生活するべきだ」，「どこかに行く時，一緒に行く人がいなくても一人で行く」の平均値が高いが，「親子三代で生活するのは一番理想的な老後の送り方だ」，「自分の資産を子供に残したい」の平均値は低いという結果から，台湾におけるニューシルバーには自立志向の傾向が読み取れる。

台湾の社会でも核家族化の進行と単身者の増加により，本来，家族がもっている機能が弱まっている。また，儒教を背景にした「敬老」「親孝行」の思想の影響で，三代同居志向の意識は親側でも子供側でも強いものの，子供側の仕事の事情が優先されるので親子の別居が多い。このような事情の影響を受けて，

図表 5-2　ニューシルバーのライフスタイルの回答結果表

設問内容	平均値	標準偏差	順位
1.少し体の調子が悪いと思えば,すぐ病院に行く。	3.86	1.23	15
2.年を重ねるにつれて,体力が弱くなる傾向がある。	4.45	0.98	2
3.お年寄りの考えはなかなか変えられない。	4.09	1.11	9
4.毎日楽しく生きている。	3.70	1.15	18
5.地球温暖化や環境問題などに関心がある。	4.19	0.92	7
6.生・老・病・死の宿命を素直に受け入れることができる。	4.31	0.93	4
7.「男性は働き,女性は家の中で家事をする」という考えに賛成する。	2.69	1.38	27
8.定年後は人生の大チャンスだ。	4.04	1.12	11
9.どこかに行く時,一緒に行く人がいなくても一人で行く。	4.30	1.01	5
10.定年後は積極的に仕事を探す必要はない。	2.64	1.40	28
11.買物したら満足感がある。	3.15	1.43	25
12.いろいろなことに興味をもつようにしている。	4.38	0.86	3
13.やったことがないことにチャレンジする。	3.96	1.02	14
14.将来の社会は福祉社会だから,老人の生活は面倒見てもらえる。	3.48	1.34	22
15.子供が親にお金を与えたり面倒を見るのが当然だ。	4.00	1.16	13
16.老後には配偶者と一緒にお互いに面倒をみながら生活するべきだ。	4.53	0.82	1
17.親子三代で生活するのは一番理想的な老後の送り方だ。	3.40	1.24	24
18.老後には有料老人ホームに住むのがいやではない。	3.53	1.28	20
19.老後には自立して生活したい。子供と一緒に暮らす気はしない。	3.46	1.11	23
20.自分の資産を子供に残したい。	3.15	1.29	26
21.子供が成人したら,子供の事はあまり心配しない。	4.19	1.03	6
22.子供にお金をもらって,老後の生活を送るのは好きではない。	3.85	1.15	16
23.老人団体旅行などの活動に参加する。	4.07	1.06	10
24.団体旅行をするよりも,自由な個人旅行の方が好きだ。	3.53	1.23	21
25.休暇にはいつも旅行やレジャーなどをする。	4.17	0.94	8
26.趣味は一人でする方が好きだ(例:テレビをみる,園芸,読経など)。	4.01	1.08	12
27.同じ年代の人と一緒に余暇を過ごすのが好きだ。	3.74	1.11	17
28.社会的活動に積極的に参加する。	3.60	1.05	19

(注)5段階選択肢「いいえ」「どちらかと言えばいいえ」「どちらとも言えない」「どちらとか言えばはい」「はい」の回答に,それぞれ1点,2点,3点,4点,5点を与えて加重平均した数字を表示したものである。

ニューシルバーは子供に頼らず，夫婦や一人でのんびりと生活を送ることを理想であるという意識をもっている。

　また，設問の「いろいろなことに興味をもつようにしている」，「生・老・病・死の宿命を素直に受け入れることができる」の平均値が高いが，逆に「定年後は積極的に仕事を探す必要はない」の平均値が低い。これらの結果からみれば，台湾におけるニューシルバーには積極的・活動的なタイプが多いと判断できる。

　ニューシルバーが高学歴化すると，幅広い知識をもち，情報に対して敏感になる。今後は，彼らの価値観がいっそう多様化して定年後も働きたいというような生き方を目指す人も増えることが予測される。

　以上をまとめると，台湾のニューシルバーは，ライフスタイルに「自立志向・積極的・活動的」といった特徴をもっていると言える。

4．結び

　先行研究を整理した結果，高齢化であるという理由だけではシルバー産業が発展するとは限らないことがわかった。すなわち，シルバー産業の発展に関する研究には高齢化のほかライフスタイルを加えることが重要である。そこで，本章では，高齢化にライフスタイルを加えて，第一の研究課題と第二の研究課題を設定した。

　第一の研究課題に対しては，「シルバー産業の成長が期待されているので，シルバー産業を確立する好機に恵まれている」ということを検証した。また，第二の研究課題に対して，台湾においてニューシルバーのライフスタイルは「自立志向・積極的・活動的」といった傾向があることを実態調査の結果から実証した。

　以上をまとめると，台湾は"高齢化の成熟"と"ライフスタイルの変化"が同時に進む社会である。現時点を，シルバー産業を新たに確立する好機と捉え，「自立志向・積極的・活動的」というコンセプトを有するサービスをニューシルバー市場に提供することができれば，「台湾のシルバー産業を発展させるこ

とができるであろう」と結論付けた。

【引用文献】

(1) http://tw.news.yahoo.com/article/url/d/a/080530/69/109j4.html，2008年5月30日。台湾内政部(2008)，『人口政策白書』台湾内政部，pp.65〜68。
(2) 堺屋太一(2007)，『これからの十年日本大好機』日本経済新聞出版社，p.70。
(3) (社)くらしのリサーチセンター(2000)，『21世紀高齢社会に向けての企業・行政の対応』，pp.4〜6。
(4) 山崎伸治(2001)，『シニア世代のこころをつかむ7つの法則』青春出版社，pp.24〜26。
(5) 台湾行政院経済建設委員会(2007)，『台湾95年から140年人口推計』，pp.66〜68。
(6) 台湾地区内政部人口政策委員会(2006)，『人口政策資料集』，pp.23。

【参考文献】
日本語文献
[1] 菅原真理子(1989)，『ニューシルバーの誕生』東洋経済新報社。
[2] 金子勇(1995)，『高齢社会何がどう変わるか』講談社現代新書。
[3] さくら総合研究所(2000)，『100兆円のニューシニア市場をつかむ』中経出版。
[4] 松谷明彦(2004)，『人口減少経済の新しい公式』日本経済新聞社。
[5] 渡辺利夫・朝元照雄(2007)，『台湾経済入門』勁草書房。
[6] 大和田順子・水津陽子(2008)，『ロハスビジネス』朝日新聞社。
[7] 石田浩(1999)，『アジアの中の台湾－政治・経済・社会・文化の変容－』関西大学出版部。
中国語文献
[08] 朱岑樓(1988)，『變遷社會與老年』巨流圖書。
[09] 陳肇男(2001)，『快意銀髮族』張老師文化。
[10] 李文龍(2003)，『抓住3000億老人商機』知本家文化事業。
[11] 王月魂(2007)，『閃耀中的銀髪市場：亞洲老年消費力報告』財訊。
[12] 呂文慧(1985)，『台湾地区人口高齢化の予測と医療費用の影響に関する研究』台湾国立政治大学大学院。

(林雅文)

第6章　中国景徳鎮セラミックス産業の問題点

【要旨】
　市場経済の時代に入ると，景徳鎮セラミックス産業は，市場の変化に対応できず，次第に競争力を失いつつある。一つの古いブランドは激しい市場競争の中で「連戦連敗」し，衰えている。現在，景徳鎮セラミックス産業は如何に持続的に，かつ健全に発展するかという深刻な問題に直面している。そこで，景徳鎮セラミックス産業にまつわる問題点を抽出した。
　その結果，経営者の理念欠如，人材の確保と育成の仕組みの欠如，悪循環の価格競争，品質保証の基準の欠如，時代遅れの経路方式，販促の遅れ，原料価格の上昇などの問題を抱えていることを明らかにした。

【キーワード】：景徳鎮セラミックス産業，景徳鎮セラミックス産業の問題点

1. はじめに

　景徳鎮は「中国の陶磁器の都」とうたわれていた。この呼称のお陰で，景徳鎮の魅力は確かに何百年も続いた。この都市は陶磁器によって隆盛を極め，その陶磁器はかつて「白さは玉の如き，薄さは紙の如き，明るさは鏡の如く」といった独特の風格で，地名と製品名を併せもったようなブランドに成長した。
　景徳鎮市統計局の資料によると，2008年度の陶磁工業総生産額は70.2億人民元で，90年代の中ごろと比較すると5倍となった。特に，2008年1月から11月までの期間において，全市の大中型陶磁工業生産額は33.92億人民元で，前年より91.41％にまで増えた。それは全市の産業において，もっとも

急速に発展した産業のひとつである。大中型陶磁企業は全市工業成長への貢献率が11.91％である[1]。

一方，中国広東省潮州市統計局の統計データによると，潮州セラミックス工業総生産額は，1980年には0.35億人民元であったのに対して，28年後の2008年には217億人民元に達し，619倍にその規模が拡大した。潮州セラミックス産業の総生産額は全市の工業の28％を占めた。そして，2008年1年から11月までの全市の大中型企業の生産額は112.9億元で，その年間成長率は10.34％である。その中で大手企業の生産の増加額は33.95億元であり，前年と比べて11.24％に伸びた。その伸びた製品の販売量を見ると，日用品の陶磁器が26.4億件であり，また衛生陶磁器が1169.3万件であった。それぞれの成長率は2.5％，10.1％であった。潮州セラミックス産業は著しく成長してきた[2]。

近年，中国の伝統的な陶磁器産地の景徳鎮は，生産規模が拡大したとともに，高い成長を遂げた。しかしながら，新興の潮州と比べて，生産規模ははるかに下回っており，更にその格差は拡大傾向にある。特に，2008年に入ると，景徳鎮のセラミックス産業と潮州のセラミックス産業との格差は大きく拡大している。景徳鎮は潮州との競争がもっとも激しいと言える。加えて中国がWTOに加盟した後，海外の大手企業が次々と中国に進出してきて市場シェアを奪い合って，セラミックス市場は大混戦の状態となった。

本章では，景徳鎮のセラミックス産業において，その振興対策を検討するために製造業者と流通業者の二つの視点から問題点を整理した。

2．製造業者の問題点

経営理念とは「経営者によって公表された企業経営についての信念体系であり，企業の人間・社会における役割を明らかにするもの」[3]であると言える。一言で言えば，「企業経営に対する経営者の熱き思い」であり，「なんのために事業をするのか」を，すなわち経営者自身の人生における企業経営を通しての

使命感を端的に表したものと言える[4]。

　景徳鎮セラミックス製造企業の経営者多くは，国有陶磁器工場を離職した人や経済力をもつ現地農民である。これらの経営者は，経営理念または長期的な視点をもたずに直面のことだけに注力したり，市場の状況を理解しないで生産現場だけを重視したり，経営戦略を立てないで販売だけを行ったりしている。彼らは目の前の利益だけを追求して，顧客ニーズや顧客満足度に応えるわけではない。

　中国におけるマーケティングコンセプトは，現在,「製造志向」段階から「顧客志向」段階に入っている。急速に商品を販売し,売上をアップするためには，製造業者が消費者とコミュニケーションをする必要がある。そこで，業者の知名度やイメージなどの機能がますます増大している。中でも広告の企画はマーケティング戦略の中で重要な役割を占める。ブランドを樹立するために商品の宣伝などの効率的な情報発信が必要である。景徳鎮セラミックス産業は，新聞やテレビなどのマス・メディアを通じて，製品の販売促進に向けた多様な広告をしなければならない。しかし，今までマス・メディアで景徳鎮のブランドを十分に宣伝してこなかった。特に，販売前に「Watch, Hear, Touch, ask」ということを宣伝していなかった。また，販売中も販売後もサービスの提供を欠いている。

　民営の陶磁器企業の経営者の多くは，現代管理知識が欠けている。その上，それらの企業が一定の規模に発展して財産を蓄積すると，革新意識をもたなくなる。

　多くの景徳鎮セラミックス企業は，元の国有企業，郷鎮企業，家庭工場などから発展してきた。これらの企業は陶磁器の人材育成の面では，ある程度の成績を収めたが，有能な人材を確保・育成するシステムがないので，人材を大量に流出させてしまった[5]。すなわち，人材育成と奨励制度が欠けており，有能な人材が流出してしまっている。

　更に，後述のとおり，流通業者（代理店）経由で商品を販売しているので，市場状況や販売状況を直接把握することができない。また，末端の流通業者の

スタッフの教育訓練と代理店の標識を統一することができていない。大多数の店員は，職場を離れた労働者あるいは失業した若者であり，彼らの文化レベル（素質）が低いので，企業のマーケティング理念を十分に理解できない。

一部の経営者は，利潤を追求するために廉価な労働力を雇って手抜き作業をさせて粗製濫造している。その結果として品質が低下した。特に日用品の陶磁器の製品には品質の低いものが多く，高級な（付加価値の高い）ものが少ない。加工規格と標準が一本化されておらず，また製品のデザインと製造技術が古い。

また，零細企業は，品質を保証できなく，また陶磁器の標準を統一できないので販売において消費者から信用を得にくい。その上，ロットサイズ（販売数量）が小さい。

以上をまとめると，経営者が優秀な企業家の理念や革新意識が欠いていること，有能な人材が確保できていないこと，および統一した品質保証基準がないことである。これらの局面は，景徳鎮ブランドが衰退する原因になっており，景徳鎮セラミックス産業の持続的な発展にとって障害となっている。

3. 流通企業の問題点

景徳鎮セラミックスの中堅企業は地方代理店（流通業者）のネットワークを構築することが主である。流通業者の多くは，陶磁器の業界で多年に亘って経営を行ってきたベテランだけでなく，新規に参入した人もいる。大八車をひいた人だけでなく，露店を開いた人もいる。都市の人だけでなく，田舎の人もいる。工場や豊富な資金をもっている事業者だけでなく，多額の負債をもつ事業者もいる。父子・兄弟関係などの小グループだけでなく，夫婦や個人もいる。高級な陶磁器を販売する，芸術レベルの高い商人だけでなく，日用品などの普通の陶磁器を流通業者もいる。このように多種多様の人が参加しており，情況が非常に複雑である。更に，景徳鎮陶磁器を販売する流通業者は，特殊な販売方式を採用している。すなわち，全国各地で景徳鎮陶磁器の展示会を開催し，移動式の大量販売方式をとる。展示会の場所はおよそ30の省，市，自治地域およ

び東南アジアにまで及ぶ。この特殊な販売を行う流通業者の業者数がますます拡大している。それに加えて景徳鎮の陶磁器の70％以上は露店の方式で販売している。

　製造業者と流通業者の経営者は共同の価値理念をもつべきである。具体的には，ブランドを保護する理念，企業がブランドと一緒に成長する理念などである。これらの理念に基づいて，好循環をもたらすような活動を行うべきであるが，大手企業や中堅企業である製造業者ですら経営理念を十分に理解しておらず，ましてや流通業者は製造業者の経営理念など理解できているはずはなく，また，流通業者自身が製造業者に代わって経営理念を策定することはあり得ない。その結果，次のような問題が生じている。

　大多数の流通業者が前回の展示会に基づいて次回の展示会の商品の種類と数量を決定するので，彼らが選択した製品は，多くの場合，差別性がないので，価格競争の局面になることは免れない。陶磁器の包装費と輸送費は非常に高いので，全国で展示会を開催する場合，費用を圧縮することは困難である。更に，完売できないことが予測された場合には輸送費や展示費などの回収を考えて，展示会の後半には投げ売りをする。次回の展示会では早めに完売しようとして正規の価格よりも安い値付けをして販売するようになる。このように，悪循環の価格競争の局面に陥り，多数の出展者に損失が発生している。このような損失のケースと金額は急速に増えている。

　前述したように，悪循環の価格競争は販売方法にも影響している。すなわち，多くの消費者は，陶磁器の良し悪しを識別する知識や経験をもっておらず，販売している製品に関する情報も収集していない。そこで，流通業者の中には消費者よりも製品の情報を多くもっていて，劣悪な商品を優良品と偽る詐欺行為を行う者がいる。消費者は陶磁器を買った後，その陶磁器について多くの情報を入手するのに長い時間がかかる。消費者は展示場所の流動性に起因する流通業者のスタッフの詐欺動機に容易に気づかない。流通業者は，もし感づかれても処罰の代価も低い。このような状態の下では，詐欺動機が詐欺行為に転化しやすい。

露店方式の流通業者は，一般的に素質（文化レベル）が高くないので，販売中に消費者の利益を損なうような行為を頻繁に発生させ，景徳鎮ブランドを傷つけていることが多い。これは景徳鎮ブランドの持続的な発展を妨げるだけでなく，景徳鎮の経済繁栄を毀損するものである。

以上をまとめると，景徳鎮セラミックス製造業者の流通業者同士が価格競争の陥っていること，信用を失うような販売方法をとっている流通業者がいることなどである。

4. 産業の外的要因

原材料，燃料石炭，陶器工の人件費，陶器機械などの直接経費は大幅に上昇している。それに加えて，工業用の電力不足でコストアップし，輸送費も高騰している。これらのコスト増は約30%–50%である。これは陶磁器産業に大きな圧力をもたらしている。更に，不動産マクロコントロール政策，交通規制による貨物制限，輸出障壁の増加，人民元の為替レートの変動などは，業界の利益と売上の拡大に影響を及ぼしている。これらは，景徳鎮セラミックス産業に限ったことではないが，産業発展のためには解決すべき問題点である。

5. 結び

本章では，景徳鎮セラミックス産業において，製造業者の問題点として，経営者が経営理念や革新意識が欠いていること，有能な人材が確保できていないこと，および統一した品質保証基準がないことなどを抽出し，流通業者の問題点として価格競争の陥っていること，詐欺的な販売方法をとっている業者がいることなどを抽出した。

どのような良いブランドでも，優れたマーケティング理念と経路がなければ，顧客を失うだけでなく，ブランドや企業イメージも損なわれる。そこで，本章にて抽出した問題点をベースに，次稿では，景徳鎮セラミックス産業の具体的

な発展戦略の構築およびその実施方法について考察したい。

【引用文献】
(1)中国江西省景徳鎮統計局。
(2)中国広東省潮州市統計局。
(3)岡本康雄編著(2003),『現代経営学辞典』同文舘。
(4)時岩(2008),「企業ネットワーク組織と中国の伝統的な陶器」『産業の発展』江西社会科学第01期。
(5)王凱風(2010),「景徳鎮セラミックス産業におけるマーケティング人材問題の研究」『景徳鎮陶器』第6期, pp. 86～88。

【参考文献】
[1]田中信彦は「中国ブランド構築の難しさ：景徳鎮はなぜ衰退したのか」(2009年8月3日)の報告の中で「中国企業, 特に製造業にいま最も必要なのは, 広範な視野で技術力を向上させていくことである」と提案する。
[2]洪斌(2009),「景徳鎮セラミックス産業のSWOT分析と対策」亜東経済国際学会研究叢書⑩『東亜産業発展与企業管理』台湾暉翔興業出版。
[3]陳莎莉(2005),『景徳鎮陶器に関する発展戦略の研究』2005年報12月。
[4]王凱風(2010),「景徳鎮セラミックス産業におけるマーケティング人材問題の研究」『景徳鎮陶器』第6期, pp. 86～88。
[5]呉晨(2010),「景徳鎮セラミックス産業に関する競争力の研究と研究」『中国陶器工業』第4期, pp.67～70。
[6]施国卿(2010),「景徳鎮セラミックス産業構造を改良することにう対する思考」『景徳鎮陶器』第3期, pp.1～2。

(洪斌)

第7章　日本的経営の中国日系繊維製造業への移植
―中国日系電機製造業との比較―

【要旨】

　日本的経営は中国日系繊維製造業においてかなり受容されている。特に中国日系合弁繊維製造業は，企業に長期雇用を促す「労働契約法」が2008年1月より施行されることを見越して事前対応しており，生涯雇用・終身雇用の実施率がずば抜けて高い。総合的に判定すると，中国の日系繊維製造業では日系電機製造業よりも日本的経営の実施率が高い。中国の「労働契約法」の施行に伴い，長期雇用体制を整備する日系企業が増えているので，今後中国日系企業における日本的経営の実施率が更に高まる可能性がある。

【キーワード】：日本的経営の移植，中国日系繊維製造業，労働契約法，長期雇用

1. はじめに

　一般に日本的経営とは日本企業に固有の経営管理の慣行を指している。しかし，日本的経営を厳密に定義することは大変難しいために，従来から日本的経営に関する実証的研究は非常に少なかった[1]。筆者は市村真一らの実証的研究を参考にしながら，日本的経営を12の要素で捉えることにした[2]。これらの12の要素は次の四つに集約される[3]。

　A　生涯雇用・終身雇用（①雇用の安定，②ジョブ・ローテーション）
　B　年功制（③年功賃金制，④年功昇進制）
　C　人間主義（⑤経営理念や経営目的の強調，⑥人間関係政策の重視，⑦身分・地位

の平等志向)

D　集団主義（⑧弾力的経営，⑨集団的意思決定，⑩集団責任，⑪稟議制度の採用，⑫小集団活動の活用）

さて，1990年代前半から日本の対中国直接投資が激増するに伴って，日本的経営の中国移植問題が多くの研究者によって議論されるようになった[4]。まず，筆者以外の主な研究者の見解を整理すると，日本的経営の中国移植問題については，村山元英[5]は移植が困難であるという否定的な見解を述べているが，林新生[6]，中江剛毅[7]，今田高俊[8]，市村真一[9]などは移植が可能であるという肯定的な見解を述べている。もちろん肯定的見解にも大きな差異がみられる。林や中江の見解は日本的経営は100％中国に移植が可能であるという見解に近い。今田の見解は日本的経営には中国の現状に合わない部分もあるので，日本的経営の修正を図るべきであるという見解である。この今田の見解は中国日系企業の現地従業員を対象として実施した1991年のアンケート調査の結果に依拠している。市村らの見解は中国は土地の面積も広く，経営形態の地域差を考慮すべきであるという見解である。この市村らの見解は，上海，北京，大連の日系企業の日本人トップを対象として1994年〜1996年にかけて実施したアンケート調査の結果に依拠している。

次に，筆者はこれまで5回に亘って中国日系企業の日本人派遣社員を対象としてアンケート調査を行い，日本的経営の中国移植問題を考察してきた。第一回目の調査は1990年[10]で，これは日本的経営の中国移植問題をアンケート調査した日本における最初の事例であろう。爾来，1996年[11]，2001年[12]，2003年[13]，2004年[14]とアンケート調査を重ねてきた。90年と96年の調査結果に基づいて，筆者は日本的経営には中国の現状に合わない部分もあるので，日本的経営の修正を図るべきであるという見解を述べた[15]。しかし，その後01年，03年に調査を行い，中国沿海地区の区域別分析や，内陸地区と沿海地区との比較分析を行った結果，沿海地区の中でも北の区域の方が，また沿海地区よりも内陸地区の方が日本的経営の実施率が高いことが判明した。このことにより，筆者は中国の場合には地域差をもっと重視すべきであるという見解を

述べた[16]。更に，その後04年に中国日系電機製造業を調査した結果，生涯雇用・終身雇用の実施率が5回の調査のなかで最も高いことが判明した[17]。このことにより，今後中国日系企業において日本的経営の実施率が高まる可能性がある。

しかし，これまでの筆者の研究では業種別分析が絶対的に不足していた。そのために，中国日系電機製造業において生涯雇用・終身雇用の実施率が高いのは中国日系電機製造業だけに見られる特殊な要因によるものであるのかどうかがよく分からない。また，これまでの筆者の研究では合弁や独資などの進出形態別分析がまだ十分ではなかった。そのために，中国日系独資企業が中国日系合弁企業よりも日本的経営の実施率が高いと結論づけることができるのかどうかがよくわからない。

本章の課題は，この二つの問題点を解明することにある。本章では，同じ中国日系製造業に属し，日本の対中国直接投資の累計件数が最も多い中国日系繊維製造業を対象としてアンケート調査を行い，中国日系繊維製造業と中国日系電機製造業の調査結果を比較分析し，また中国日系合弁繊維製造業と中国日系独資繊維製造業の調査結果を比較分析してみたい。

以下では，まず，アジア（中国を除く）の日系企業への日本的経営の移植に関する筆者の研究を要約紹介し，その特質を明らかにし，次に中国の日系企業への日本的経営の移植に関する筆者の研究を要約紹介し，その問題点を明らかにし，そして中国日系繊維製造業への日本的経営の移植の実態を明らかにし，最後に結論として二つの問題点に対する解答と今後の展望を述べる。

2. アジア（中国を除く）の日系企業への日本的経営の移植に関する筆者の研究

筆者は1989年からアジア各国に進出した日系企業を対象としてエアメールを使って主に日本的経営の移植問題を調べるためにアンケート調査を行ってきた。アジア各国の日系企業を対象とした調査は，アジア（中国を除く）の日系企業の調査と中国の日系企業の調査とに区分することができる。

まず，アジア（中国を除く）の日系企業の調査結果を要約紹介する。1989年に台湾と韓国[18]，91年に香港[19]，97年にフィリピン[20]，98年にマレーシア[21]，01年にインド[22]，02年にベトナム[23]，04年にタイ[24]の順に日系企業を調査した。図表7-1はアジア（中国を除く）の日系企業における日本的経営の実施状況を示している。

1989年の台湾と韓国の日系企業，91年の香港の日系企業を対象とした調査では，日本的経営を「小集団活動の活用」を除く11の要素で捉えたが，この3ヵ国以外は日本的経営を12の要素で捉えた。台湾と香港の日系企業では生涯雇用・終身雇用の実施率が予想以上に高かった。これは，台湾と香港は失業率が高く，従業員の雇用不安の解消策として現地政府が終身雇用制を奨励したことによる影響が大きい。韓国の日系企業では年功制の実施率が高かったが，これは年長者や年功を重視する韓国の儒教文化による影響が大きい[25]。日本的経営を代表する終身雇用の実施率は台湾，韓国，香港3者の日系企業の中では，台湾が最も高く，韓国が最も低かった。これは，韓国の日系企業には韓国主導型の合弁企業が多いことが影響している[26]。

97年のフィリピンと98年のマレーシアの日系企業を対象とした調査では，日本的経営を代表する終身雇用の実施率はフィリピンの日系企業の方がマレーシアの日系企業よりも高かった。これは，フィリピンは失業率が高く，現地政府が終身雇用制を奨励したことが影響している。

01年のインドと02年のベトナムと04年のタイの日系企業を対象とした調査では，日本的経営を代表する終身雇用の実施率はインドが最も高く，次に高いのがベトナムで，タイが最も低かった。インドやベトナムは失業率が高く，現地政府が終身雇用制を奨励したことが影響している。

図表7-1に示したアジア8ヵ国の日系企業の調査結果から，「日本的経営はアジア8ヵ国にかなりよく移転されている」といえる。また，アジア8ヵ国の中では，台湾，インド，ベトナムなどの日系企業において日本的経営の実施率が高いといえる。更に，図表7-1の調査結果から，①生涯雇用・終身雇用の実施率が予想外に高いこと，②韓国と台湾を除けば，年功制の実施率が低いこ

第7章　日本的経営の中国日系繊維製造業への移植　99

と，③マレーシアを除けば，人間主義の方が集団主義よりも実施率が高いこと，④韓国，ベトナム，台湾などの日系企業において集団主義の実施率が低いこと，などを指摘することができる。

図表7-1の調査結果を12の要素別にみると，①8ヵ国共通して実施率が高い要素は「雇用の安定」「経営理念や経営目的の強調」「人間関係政策の重視」などであること，②8ヵ国共通して実施率が低い要素は「集団責任」「集団的意思決定」「身分・地位の平等志向」などであること，③インドを除けば，「ジョブ・ローテーション」の実施率が低いこと，④韓国を除けば，「年功昇進制」と「稟議制度の採用」の実施率が低いこと，などを指摘することができる。これらの調査結

図表7-1　アジア（中国を除く）の日系企業における日本的経営の実施状況（三つ以内回答）

（単位：％）

	89年 台湾 n=125	89年 韓国 n=44	91年 香港 n=175	97年 フィリピン n=37	98年 マレーシア n=78	01年 インド n=30	02年 ベトナム n=47	04年 タイ n=40
生涯雇用・終身雇用	80.8	50.0	73.1	75.7	57.7	76.7	68.1	57.5
雇用の安定	70.4	40.9	68.0	67.6	47.4	46.7	59.6	45.0
ジョブ・ローテーション	10.4	9.1	5.1	8.1	10.3	30.3	8.5	12.5
年功制	41.6	65.9	22.8	18.9	19.2	26.6	14.9	15.0
年功賃金制	31.2	31.8	11.4	13.5	14.1	23.3	6.4	12.5
年功昇進制	10.4	34.1	11.4	5.4	5.1	3.3	8.5	2.5
人間主義	94.4	100.0	88.6	108.0	96.1	90.0	114.8	110.0
経営理念や経営目的の強調	52.8	40.9	33.1	43.2	50.0	50.0	55.3	57.5
人間関係政策の重視	37.6	52.3	42.9	45.9	28.2	36.7	40.4	37.5
身分・地位の平等志向	4.0	6.8	12.6	18.9	17.9	3.3	19.1	15.0
集団主義	68.8	63.6	80.6	75.6	100.0	86.8	65.8	105.0
弾力的経営	32.8	15.9	54.9	29.7	26.9	20.0	25.5	25.0
集団的意思決定	16.0	6.8	10.3	5.4	16.7	6.7	10.6	7.5
集団責任	3.2	2.3	2.3	5.4	2.6	6.7	2.1	5.0
稟議制度の採用	16.8	38.6	13.1	8.1	14.1	16.7	10.6	20.0
小集団活動の活用	−	−	−	27.0	39.7	36.7	17.0	47.5
その他	0.8	0.0	0.0	0.0	0.0	0.0	0.0	0.0
アンケートの回収率	34.0	24.2	32.6	25.0	32.5	33.3	47.0	26.7

（出所）原口俊道『アジアの経営戦略と日系企業』学文社，2007年に基づいて作成。

果は，①日本的経営の移植は移植される国の政治的・文化的環境によって影響を受けること，②移植される国の政治的・文化的環境に応じて実施する日本的経営の内容を修正すべきであること，などを示唆している[27]。

3. 中国の日系企業への日本的経営の移植に関する筆者の研究とその問題点

(1) 中国の日系企業への日本的経営の移植に関する筆者の研究

次に，筆者がこれまで5回に亘って行ってきた中国日系企業の調査結果を要約紹介する。図表7-2は中国の日系企業における日本的経営の実施状況を示している。

① 1990年の調査[28]

90年には中国の日系企業111社にアンケートを郵送し，51社からこれを回収した(回収率は45.9)。回答企業の51社はすべて沿海地区の日系企業であった。調査結果は図表7-2の左から1番目に示すとおりである。年功制と生涯雇用・終身雇用の実施率が極めて低かった。特にアジア8ヵ国の日系企業の調査結果と比較しても，生涯雇用・終身雇用の実施率の低さが際立っている。90年の調査結果は，「日本的経営は中国にあまり移転されていない」ということを示している。しかし，この1回だけの調査で，終身雇用制に代表される日本的経営の中国日系企業への移植は困難であると結論づけることは早急過ぎるように思われる。更なる調査が必要である。

② 1996年の調査[29]

96年には中国の日系企業195社にアンケートを郵送し，41社からこれを回収した（回収率は21.0%）。回答企業の41社はすべて沿海地区の日系企業であった。調査結果は図表7-2の左から2番目に示すとおりである。年功制の実施率は低かった。しかし，生涯雇用・終身雇用の実施率は90年の調査結果よりも大幅に向上した。96年の41社の調査結果を環渤海地区（18社），長江デルタ地区（15社），南方沿海地区（8社）という三つの地区別に分析すると，

年功制はいずれの地区でも実施率が低かった。生涯雇用・終身雇用の実施率は南方沿海地区が最も高く，また人間主義の実施率は長江デルタ地区が最も高く，そして集団主義の実施率は環渤海地区が最も高かった。このように同じ沿海地区でも地区によって日本的経営の実施状況に差異がみられた。中国は土地の面積も広く，地区によって外資優遇政策，物価水準，賃金水準，労働力の需供関係などが異なるので，日系企業の実態を分析する際には，地区別分析は有効な方法であることが判明した。

③ 2001年の調査[30]

01年には中国の沿海地区日系企業380社と内陸地区日系企業25社にアンケートを郵送し，沿海地区日系企業からは133社の回答を得た（沿海地区日系企業からのアンケートの回収率は35.0％）。内陸地区日系企業からの回答はなかった。調査結果は図表7-2の左から3番目に示すとおりである。01年の調査では96年の調査とほぼ同じような結果が得られた。年功制の実施率は相変わらず低かった。生涯雇用・終身雇用の実施率は96年の調査結果を若干下回った。01年の133社の調査結果を業種別および進出形態別に分析すると，製造業(109社)は非製造業(24社)よりも日本的経営の実施率が少し高く，独資企業(56社)は合弁企業（76社）よりも日本的経営の実施率が少し高かった。更に，環渤海地区(47社)，長江デルタ地区(66社)，南方沿海地区(20社)という三つの地区別に分析すると，日本的経営に対する評価や，日本的経営の実施率は環渤海地区が少し高かった。つまり，日本的経営の実施率には同じ国の日系企業の間でも業種，進出形態，地区などによって若干の差異がみられた。

④ 2003年の調査[31]

90年，96年，01年の三つの調査結果はいずれも沿海地区の日系企業から回収したアンケート調査の結果であった。そのために，内陸地区の日系企業における日本的経営の実施状況がまったく掴めていなかった。そこで，03年には中国の内陸地区日系企業112社にアンケートを郵送し，30社からこれを回収した（回収率は26.8％）。調査結果は図表7-2の左から4番目に示すとおりである。内陸地区の日系企業では，年功制と集団主義の実施率が低いが，人間主

義の実施率が特に高く，生涯雇用・年功制の実施率も予想以上に高いので，「日本的経営は内陸地区の日系企業においてある程度受容されている」といえる。03年の内陸地区日系企業と01年の沿海地区日系企業の調査結果を比較すると，内陸地区の日系企業は沿海地区の日系企業よりも生涯雇用・終身雇用，年功制および人間主義を実施している。したがって，日本的経営の実施状況には地域差がみられた。

⑤ **2004年の調査**[32]

90年，96年，01年，03年の四つの調査結果はいずれも沿海地区や内陸地区の全業種の日系企業を対象としたアンケート調査の結果であった。そのために，日本の対中国直接投資の累計金額が最も多い電機製造業における日本的経営の実施状況がよく掴めていなかった。そこで，04年には中国の日系電機製造業142社にアンケートを郵送し，42社からこれを回収した（回収率は29.6%）。調査結果は図表7-2の左から5番目に示すとおりである。日系電機製造業では，年功制の実施率が相変わらず低かったが，生涯雇用・終身雇用の実施率は5回の調査結果の中で最も高かった。04年の調査結果と筆者が調査したアジア8ヵ国の日系企業の調査結果とを比較すると，04年の調査結果は日本的経営の実施率が比較的高いベトナムの調査結果に近いことが判明した。したがって，中国の日系電機製造業においては「日本的経営はある程度受容されている」といえる。

以上，5回に亘る中国日系企業のアンケート調査の結果を要約紹介した。90年の調査結果をアジア8ヵ国の日系企業の調査結果と比較すると，生涯雇用・終身雇用の実施率の低さが際立っている。筆者は90年の調査結果から，当初日本的経営の中国日系企業への移植は困難であるかも知れないとやや悲観的に考えた。しかし，その後96年，01年，03年と調査を重ねるにつれて，中国日系企業における生涯雇用・終身雇用の実施率は韓国，マレーシア，タイなどの日系企業と同水準になった。更に，04年の調査では，中国日系企業における生涯雇用・終身雇用の実施率は更に高まり，ベトナム日系企業と同水準になった。これらの調査結果から，「日本的経営は中国日系企業においてある程度受

図表7-2　中国の日系企業における日本的経営の実施状況（三つ以内回答）

(単位：%)

	90年	96年	01年	03年	04年
	全業種	全業種	全業種	全業種	電機
	沿海	沿海	沿海	内陸	全土
	n=51	n=41	n=133	n=30	n=42
生涯雇用・終身雇用	35.3	61.0	54.1	56.7	69.1
雇用の安定	29.4	51.2	43.6	40.0	54.8
ジョブ・ローテーション	5.9	9.8	10.5	16.7	14.3
年功制	9.8	14.7	15.0	20.0	11.9
年功賃金制	9.8	4.9	12.0	10.0	9.5
年功昇進制	0.0	9.8	3.0	10.0	2.4
人間主義	125.5	107.3	110.6	119.3	104.7
経営理念や経営目的の強調	74.5	65.9	63.9	70.0	59.5
人間関係政策の重視	37.3	26.8	24.1	36.0	26.2
身分・地位の平等志向	13.7	14.6	22.6	13.3	19.0
集団主義	105.8	82.6	88.0	63.3	99.9
弾力的経営	37.3	17.0	23.3	23.3	19.0
集団的意思決定	17.6	12.1	12.0	10.0	7.1
集団責任	17.6	12.1	4.5	0.0	11.9
稟議制度の採用	33.3	26.8	25.6	6.7	26.2
小集団活動の活用	0.0	14.6	22.6	23.3	35.7
その他	3.9	0.0	0.0	0.0	0.0
アンケートの回収率	45.9	21.0	35.0	26.8	29.6

(出所)　原口俊道『アジアの経営戦略と日系企業』学文社，2007年に基づいて作成。

容されている」ということが判明した。

　図表7-2の調査結果を12の要素別にみると，①5回の調査結果に共通して実施率が高い要素は「経営理念や経営目的の強調」であること，②5回の調査結果に共通して実施率が低い要素は「年功昇進制」「年功賃金制」「ジョブ・ローテーション」「集団責任」「集団的意思決定」などであること，③90年の調査結果を除けば，「雇用の安定」の実施率は予想以上に高いこと，④回答企業の8割が合弁企業であった03年の調査結果では，「稟議制度の採用」の実施比率が低いこと，などを指摘することができる。これらの調査結果は，日本的経営を中国に移植する際には，中国の状況に合うように日本的経営を修正すべきであ

ることを示唆している。

(2) 筆者の研究の問題点

これまでの筆者の研究には二つの問題点がある。

第一の問題点は業種別分析が絶対的に不足していたことである。04年に中国日系電機製造業を調査した結果，生涯雇用・終身雇用の実施率が5回の調査のなかで最も高いことが判明した。しかし，中国日系電機製造業において生涯雇用・終身雇用の実施率が高いのは中国日系電機製造業だけに見られる特殊な要因によるものであるのかどうかがわからない。

第二の問題点は進出形態別分析がまだ十分ではなかったことである。01年の調査結果から，合弁や独資などの進出形態が日本的経営の実施率にある程度の影響を及ぼすことが判明した。しかし，中国日系独資企業が中国日系合弁企業よりも日本的経営の実施率が高いと結論づけるためには，更なる調査が必要である。

(3) 筆者の研究方法

筆者はこれらの問題点を解明するために，同じ中国日系製造業に属し，日本の対中国直接投資の累計件数が最も多い中国日系繊維製造業を対象としてアンケート調査を行い，日本的経営の実施状況について，①中国日系繊維製造業と中国日系電機製造業との間には差異があるのかどうか，②中国日系合弁繊維製造業と中国日系独資繊維製造業との間に差異があるのかどうか，などを比較分析する方法をとることにした。

4. 日本的経営の中国日系繊維製造業への移植の実態

筆者は日本的経営の中国日系繊維製造業への移植の状況を調べるために，2007年8月に日本人派遣社員のいる中国日系繊維製造業175社にアンケートを郵送し，34社からこれを回収した（回収率は19.4％）。アンケートを回収した

第7章　日本的経営の中国日系繊維製造業への移植　105

図表7-3　アンケートの回収状況

(単位：企業数・％)

中国日系製造業	調査時期	配布数	回収数	回収率
繊維	2007年8月	175	34	19.4
電機	2004年8月	142	42	29.6

(注) アンケートの配布先は，日本人派遣社員のいる中国系製造業である。

34社の内訳は，合弁が11社，独資が23社であった。図表7-3はアンケートの回収状況を示している。なお，この調査に先立って，前述したとおり，04年8月に中国日系電機製造業142社にアンケートを郵送し，42社からこれを回収した（回収率は29.6％）。以下では，中国日系繊維製造業の調査結果と中国日系電機製造業の調査結果を比較する。

(1) 適する経営のタイプと日本的経営に対する評価

90年の調査結果も96年の調査結果も「適する経営のタイプ」として「日本的経営・現地的経営の両方（ミックス型）」が最も多く，第2位はともに「日本的経営」であった。96の調査結果を地区別にみると，「ミックス型」という回答は南方沿海地区で最も多く，「日本的経営」という回答は南下するにつれて少なくなっている[33]。

図表7-4の上段は07年の中国日系繊維製造業の調査結果を示している。「日本的経営・現地的経営の両方（ミックス型）」が最も多く，第2位は「現地的経営」である。「日本的経営」は第3位である。この調査結果を90年や96年の調査結果と比較すると，適する経営のタイプとして「現地的経営」の回答が多く，「日本的経営」の回答が少ないことが分かる。これは，図表7-4に示すとおり，独資の場合には第2位は「日本的経営」であるが，合弁の場合には第2位として「現地的経営」をあげる企業が多いことによるものである。したがって，進出形態によって「適する経営のタイプ」に若干の差異がみられる。

07年の繊維の調査結果と04年の電機の調査結果を比較すると，両者ともに第1位は「ミックス型」であるが，第2位は繊維が「現地的経営」，電機が「日

本的経営」である。したがって，業種によって「適する経営のタイプ」に若干の差異がみられる。これは，合弁の繊維の場合には独資の繊維の場合よりも資本金，従業員数などの企業規模が小さいために，中国側が主導権をもっている程度が高いことが影響していると考えられる。

「日本的経営に対する評価(5段階評価)」は，03年の内陸地区の調査結果の方が01年の沿海地区の調査結果よりも若干高かった。つまり，「日本的経営に対する評価」には地域差が少しみられた[34]。

図表7-4の下段は07年の中国日系繊維製造業の調査結果を示している。「日本的経営に対する評価」は繊維と電機の間には差がほとんどない。しかし，独資の繊維は合弁の繊維よりも「日本的経営に対する評価」が若干高い。したがって，進出形態によって「日本的経営に対する評価」に若干の差異がみられる。独資の方が合弁よりも「日本的経営に対する評価」が高いのは一般的な傾向と符号する。

図表7-4 中国日系繊維製造業における適する経営のタイプと日本的経営に対する評価(五段階評価)

(単位：%・平均値)

	繊維 合弁	繊維 独資	繊維 合計	電機 合計
	n=11	n=23	n=34	n=42
適する経営のタイプ				
日本的経営	9.1	17.4	14.7	19.0
現地的経営	36.4	13.0	20.6	7.1
日本的経営・現地的経営の両方	54.5	65.2	61.8	61.9
どちらも適していない	0.0	0.0	0.0	4.8
その他	0.0	4.3	2.9	7.1
日本的経営に対する評価(平均値)				
日本的経営の現地通用性	3.5	3.7	3.6	3.6
日本的経営方式の				
日系企業の業績への貢献	3.5	4.0	3.8	3.9

(出所) 筆者作成。

(2) 日本的経営の実施状況

図表7-5は中国日系繊維製造業における日本的経営の実施状況を示している。年功制の実施率は相変わらず低いが、生涯雇用・終身雇用の実施率は過去5回の調査結果やアジア8ヵ国の調査結果よりも高い。したがって、「日本的経営は中国日系繊維製造業においてかなり受容されている」といえる。

01年の調査結果では、生涯雇用・終身雇用の実施率も年功制の実施率も独資の方が合弁よりも高かった。しかし、今回の中国日系繊維製造業の調査結果では、生涯雇用・終身雇用の実施率は合弁の方が独資よりも高く、年功制の実施率は独資の方が合弁よりも高くなっている。ここで注目すべきは合弁の方が独資よりも生涯雇用・終身雇用の実施率が高いという逆転現象である。これは、中国で労働者の権利保護と安定雇用を目的に2008年1月より施行される「労働契約

図表7-5 中国の日系繊維製造業業における日本的経営の実施状況(三つ以内回答)
(単位:％)

	繊維			電機
	合弁	独資	合計	合計
	n=11	n=23	n=34	n=42
生涯雇用・終身雇用	100.0	73.9	82.3	69.1
雇用の安定	100.0	60.9	73.5	54.8
ジョブ・ローテーション	0.0	13.0	8.8	14.3
年功制	0.0	17.4	11.8	11.9
年功賃金制	0.0	17.4	11.8	9.5
年功昇進制	0.0	0.0	0.0	2.4
人間主義	118.2	99.9	105.9	104.7
経営理念や経営目的の強調	27.3	39.1	35.3	59.5
人間関係政策の重視	63.6	30.4	41.2	26.2
身分・地位の平等志向	27.3	30.4	29.4	19.0
集団主義	54.6	73.8	67.7	99.9
弾力的経営	36.4	21.7	26.5	19.0
集団的意思決定	0.0	8.7	5.9	7.1
集団責任	0.0	17.4	11.8	11.9
稟議制度の採用	9.1	21.7	17.6	26.2
小集団活動の活用	9.1	4.3	5.9	35.7
無回答	27.3	34.8	32.4	14.3

(出所) 筆者作成。

法」を見越して合弁企業が事前対応していることによる影響が大きい[35]。図表7-6は「日系企業の中国拠点の人事制度」を示している。図表7-6によれば，中国に進出した有力日系企業が長期雇用を前提にした人事制度改革に着手していることがわかる。

　繊維の調査結果と電機の調査結果を比較すると，繊維は電機よりも生涯雇用・終身雇用の実施率が高い。総合的に判定すると，繊維の方が電機よりも日本的経営の実施率が高いといえる。中国日系繊維製造業の調査結果とアジア8ヵ国の調査結果を比較すると，中国日系繊維製造業の調査結果は02年のベトナム日系企業の調査結果に最も近いといえる。

　図表7-5の調査結果を12の要素別にみると，①繊維の場合には「雇用の安定」「人間関係政策の重視」「経営理念や経営目的の強調」などの実施率が高く，「年功昇進制」「集団的意思決定」「小集団活動の活用」「ジョブ・ローテーション」などの実施率が低いこと，②合弁の繊維の場合には「雇用の安定」「人間関係政策の重視」「弾力的経営」などの実施率が高く，「ジョブ・ローテーション」「年功賃

図表7-6　日系企業の中国拠点の人事制度

社名	契約期間	人事制度
東芝	1年→3年に延長	2年以内に目標管理制度を全拠点で導入
松下電器	研究開発部門で1回目の契約を3年，2回目を6年に	能力評価制度を順次導入
富士ゼロックス	工場授業員は1年→2年に，管理部門は2年→3年に	管理職研修を強化
トヨタ自動車(広州)	仕事や経験に応じ現在の1-5年を延長の方向	能力重視の評価制度導入済み
ホンダ(広州)	仕事や経験に応じ2-5年→3-7年に	働きぶりも見る新制度を08年春導入
三菱商事 住友商事	1-2年→2-3年(派遣社員) 1-2年→2年	派遣社員の正社員登用検討 管理職研修を強化

(出所)2007年12月31日付「日本経済新聞」より引用。

金制」「年功昇進制」「集団的意思決定」「集団責任」などの実施率が低いこと，③独資の繊維の場合には「雇用の安定」「経営理念や経営目的の強調」「人間関係政策の重視」「身分・地位の平等志向」などの実施率が高く，「年功昇進制」「小集団活動の活用」「集団的意思決定」などの実施率が低い，などがわかる。12の要素別にみると，独資の方が合弁よりも実施比率の高い項目が多く，「日本的経営は合弁よりも独資の方で受容されている」といえる。また，繊維の場合には無回答の比率が多いことも考慮すると，日本的経営は電機よりも繊維の方で受容されているといえるであろう。

さて，植木英雄[36]は『国際経営移転論』(1982年)において，日本的経営技術の諸要素を，①直接移植により現地側に比較的円滑に受容される普遍的，適合的な要素，②直接移植により摩擦やコンフリクトを生じるために受容拒否される特殊な要素，③直接移植によらず，現地側の要素も加味して現地式に変換して適応することによって現地人側に受容される準適合的な要素，の三つに分類している。植木の分類に基づいて，中国日系繊維製造業と中国日系電機製造業で実施されている日本的経営の12の要素を分類すると，次のようになる（左は中国日系繊維製造業の分類結果，右は中国日系電機製造業の分類結果を示す）。

<中国日系繊維製造業>　　　　<中国日系電機製造業>

(1) 直接移植により現地側に比較的円滑に受容される普遍的，適合的な要素

　　雇用の安定　　　　　　　　経営理念や経営目的の強調
　　人間関係政策の重視　　　　雇用の安定
　　経営理念や経営目的の強調　小集団活動の活用

(2) 直接移植により摩擦やコンフリクトを生じるために受容拒否される特殊な要素

　　年功昇進制　　　　　　　　年功昇進制
　　集団的意思決定　　　　　　集団的意思決定
　　小集団活動の活用　　　　　年功賃金制
　　ジョブ・ローテーション　　集団責任
　　年功賃金制　　　　　　　　ジョブ・ローテーション
　　集団責任　　　　　　　　　身分・地位の平等志向

稟議制度の採用　　　　　　　　弾力的経営

(3) 直接移植によらず，現地側の要素も加味して現地式に変換して適応することによって現地人側に受容される準適合的な要素

　　　身分・地位の平等志向　　　　　人間関係政策の重視
　　　弾力的経営　　　　　　　　　　稟議制度の採用

「人間関係政策の重視」は日系繊維製造業では受容される普遍的，適合的な要素に分類されるが，日系電機製造業では準適合的な要素に分類される。「小集団活動の活用」は日系繊維製造業では受容拒否される特殊な要素に分類されるが，日系電機製造業では普遍的，適合的な要素に分類される。「身分・地位の平等志向」と「弾力的経営」は日系繊維製造業では準適合的な要素に分類されるが，日系電機製造業では受容拒否される特殊な要素に分類される。これらの分類から，①相対的に従業員数と組立作業が少ない日系繊維製造業では「人間関係政策の重視」がかなり実施されていること，②相対的に従業員数と組立作業が多い日系電機製造業では「小集団活動の活用」がかなり実施されていること，などが分かる。したがって，これらの分類結果には業種による差異がみられる。

　また，植木の分類に基づいて，中国日系合弁繊維製造業と中国日系独資繊維製造業で実施されている日本的経営の12の要素を分類すると，次のようになる（左は中国日系合弁繊維製造業の分類結果，右は中国日系独資繊維製造業の分類結果を示す）。

　　　＜中国日系合弁繊維製造業＞　　＜中国日系独資繊維製造業＞

(1) 直接移植により現地側に比較的円滑に受容される普遍的，適合的な要素
　　　雇用の安定　　　　　　　　　　雇用の安定
　　　人間関係政策の重視　　　　　　経営理念や経営目的の強調
　　　弾力的経営　　　　　　　　　　人間関係政策の重視
　　　　　　　　　　　　　　　　　　身分・地位の平等志向

(2) 直接移植により摩擦やコンフリクトを生じるために受容拒否される特殊な要素
　　　ジョブ・ローテーション　　　　年功昇進制
　　　年功賃金制　　　　　　　　　　小集団活動の活用年功昇進制

年功昇進制　　　　　　　　　　集団的意思決定
　　　集団的意思決定　　　　　　　　ジョブ・ローテーション
　　　集団責任　　　　　　　　　　　年功賃金制
　　　稟議制度の採用　　　　　　　　集団責任
　　　小集団活動の活用
(3) 直接移植によらず，現地側の要素も加味して現地式に変換して適応することによって現地人側に受容される準適合的な要素
　　　経営理念や経営目的の強調　　　弾力的経営
　　　身分・地位の平等志向　　　　　稟議制度の採用

「弾力的経営」は日系合弁繊維製造業では普遍的，適合的な要素に分類されるが，日系独資繊維製造業では準適合的な要素に分類される。「稟議制度の採用」は日系合弁繊維製造業では受容拒否される特殊な要素に分類されるが，日系独資繊維製造業では準適合的な要素に分類される。したがって，これらの分類結果には進出形態による差異がみられる。これらの分類結果から，日本的経営は日系独資繊維製造業の方が日系合弁繊維製造業よりも受容されていることがわかる。

5. 結び

　中国日系企業への日本的経営の移植に関するこれまでの筆者の研究では，業種別分析が絶対的に不足していた。そのために，中国日系電機製造業において生涯雇用・終身雇用の実施率が高いのは中国日系電機製造業だけに見られる特殊な要因によるものであるのかどうかがよくわからなかった。また，これまでの筆者の研究では合弁や独資などの進出形態別分析がまだ十分ではなかった。そのために，中国日系独資企業は中国日系合弁企業よりも日本的経営の実施率が高いと結論づけることができるのかどうかがよくわからなかった。

　そこで，本章では，同じ中国日系製造業に属し，日本の対中国直接投資の累計件数が最も多い中国日系繊維製造業を対象としてアンケート調査を行い，

中国日系繊維製造業と中国日系電機製造業の調査結果を比較分析し，また中国日系合弁繊維製造業と中国日系独資繊維製造業の調査結果を比較分析することにした。

業種別の比較分析や国際比較分析の結果から，中国日系繊維製造業は中国日系電機製造業やアジア8ヵ国の日系企業よりも生涯雇用・終身雇用の実施率が高いことが判明した。これは，中国で労働者の権利保護と安定雇用を目的に2008年1月より施行される「労働契約法」を見越して合弁企業が事前に対応していることによる影響が大きい。したがって，中国日系電機製造業において生涯雇用・終身雇用の実施率が高いのは中国日系電機製造業だけに見られる特殊な要因によるものでないことが明らかになった。

進出形態別の比較分析の結果から，中国日系独資繊維製造業は中国日系合弁繊維製造業よりも日本的経営を実施していることが判明した。したがって，中国日系独資企業は中国日系合弁企業よりも日本的経営の実施率が高いと結論づけることができるように思われる。中国日系繊維製造業において生涯雇用・終身雇用の実施率が高いのは，合弁の実施率がずば抜けて高いことが影響している。これは，合弁の方が独資よりも中国の「労働契約法」に事前対応していることを示唆している。

筆者が1990年に行ったアンケート調査の結果では，生涯雇用・終身雇用の実施率が極端に低かったので，筆者は当初日本的経営の中国への移植は困難ではないかとやや悲観的に考えた。しかし，その後96年，01年，03年，04年の調査結果では，生涯雇用・終身雇用の実施率が比較的高水準で推移したので，筆者は「日本的経営は中国日系企業においてある程度受容されている」と考えるようになった。ところが，07年の調査結果では，生涯雇用・終身雇用の実施率がずば抜けて高くなり，アジア8ヵ国の調査結果よりも高くなったので，筆者は「日本的経営は中国日系企業においてかなり受容されている」と考えるようになった。このように，日本的経営の中国移植に関する筆者の見解は，日本企業の中国進出の年数が長くなるにつれて，やや悲観的な見解から肯定的見解へと大きく変遷してきた。

周知の如く，中国は格差の大きい社会である。中国は社会の安定を図るためにも，労働者の権利を保護し，雇用安定を図る必要があり，その意味で長期雇用を促す「労働契約法」の施行は当然の成り行きである。これに対応して，今後中国の日系企業では合弁であれ，独資であれ，長期雇用を前提とした人事制度改革が最優先課題となることが考えられる。したがって，今後中国日系企業における日本的経営の実施率がさらに高まる可能性があるように思われる。

【引用文献】
(1) 原口俊道(1999)，『経営管理と国際経営』同文舘出版，p.148。
(2) 市村真一編(1988)，『アジアに根づく日本的経営』東洋経済新報社，pp.5〜6を参照。
(3) 同上書，pp.5〜6を参照。
(4) 原口俊道(1999)，『経営管理と国際経営』同文舘出版，pp.159〜174。
(5) 村山元英(1979)，『経営海外移転論』創成社，p.69。
(6) 林新生(1991)，「日本的経営と中国企業―労務管理制度を中心として」組織学会編『組織科学白桃書房，24(2)，pp.37〜40。
(7) 中江剛毅(1995)，「中国への日本的経営システムの導入の諸問題」日本経営学会編『現代企業と社会』千倉書房，pp.213〜218。
(8) 今田高俊(1994)，「中国における日本人観と日系企業評価―東南アジア3ヵ国との比較で」組織学会編『組織科学』白桃書房，27(3)，pp.4〜20。
(9) 市村真一・富田光彦・伊藤正一・草薙信照(1996)，「中国における日系合弁企業の日本的経営の調査―北京・上海周辺についての中間報告」国際東アジア研究センター『東アジアへの視点』6月号，pp.4〜7。
(10) 原口俊道・地代憲弘編(1991)，『国際化時代の経営学』中央経済社，pp.184〜202。
(11) 原口俊道(1999)，『経営管理と国際経営』同文舘出版，pp.159〜174。
(12) 鹿児島国際大学地域総合研究所編(2001)，『日中の経済・社会・文化』日本経済評論社，pp.21〜44。
(13) 唐海燕・原口俊道・黄一修主編(2006)，『中日対照 経済のグローバル化と企業戦略』中国立信会計出版社，pp.371〜392。
(14) 原口俊道(2007)，『アジアの経営戦略と日系企業』学文社，pp.168〜194。
(15) 原口俊道(1999)，『経営管理と国際経営』同文舘出版，p.171。
(16) 唐海燕・原口俊道・黄一修主編(2006)，『中日対照 経済のグローバル化と企業戦

略』中国立信会計出版社, p.390。
(17) 原口俊道(2007),『アジアの経営戦略と日系企業』学文社, pp.188～189。
(18) 国崎威宣・原口俊道編(1992),『企業経営の国際化』ぎょうせい, pp.45～69。
(19) 原口俊道(1995),『動機づけ-衛生理論の国際比較――東アジアにおける実証的研究を中心として――』同文舘出版, pp.195～207。
(20) 原口俊道(1999),『経営管理と国際経営』同文舘出版, pp.207～219。
(21) 同上書, pp.207～219。
(22) 唐海燕・原口俊道・国崎威宣(2002),『国際化與現代企業(中文)』中国立信会計出版社, pp.222～237。
(23) 謝舜主編原口俊道・陸漢文副主編(2005),『社会変遷與管理創新(中文)』中国社会科学出版社, pp.234～247。
(24) 原口俊道(2007),『アジアの経営戦略と日系企業』学文社, pp.168～194。
(25) 原口俊道(1995),『動機づけ-衛生理論の国際比較――東アジアにおける実証的研究を中心として――』同文舘出版, pp.162～167。
(26) 国崎威宣・原口俊道編(1992),『企業経営の国際化』ぎょうせい, p.61。
(27) 唐海燕・原口俊道・国崎威宣(2002),『国際化與現代企業(中文)』中国立信会計出版社, p.235。
(28) 原口俊道・地代憲弘編(1991),『国際化時代の経営学』中央経済社, pp.184～202。
(29) 原口俊道(1999),『経営管理と国際経営』同文舘出版, pp.159～174。
(30) 鹿児島国際大学地域総合研究所編(2001),『日中の経済・社会・文化』日本経済評論社, pp.21～44。
(31) 唐海燕・原口俊道・黄一修主編(2006),『中日対照 経済のグローバル化と企業戦略』中国立信会計出版社, pp.371～392。
(32) 原口俊道(2007),『アジアの経営戦略と日系企業』学文社, pp.168～194。
(33) 原口俊道(1999),『経営管理と国際経営』同文舘出版, p.169。
(34) 唐海燕・原口俊道・黄一修主編(2006),『中日対照 経済のグローバル化と企業戦略』中国立信会計出版社, p.384。
(35) 2007年12月31日付け「日本経済新聞」を参照。
(36) 植木英雄(1982),『国際経営移転論』文眞堂, pp.162～164。

【参考文献】

[1] 原口俊道・地代憲弘編著(1991),『国際化時代の経営学』中央経済社。
[2] 国崎威宣・原口俊道編著(1992),『企業経営の国際化』ぎょうせい。

- [3] 蘇東水主編(1993),『中国沿海経済研究(中文)』中国復旦大学出版社。
- [4] 原口俊道・蘇勇編著(1994),『東亜企業経営(中文)』中国復旦大学出版社。
- [5] 原口俊道・海沢洲共訳(1995),『東アジアの企業経営(上)』中国上海訳文出版社。
- [6] 海沢洲・原口俊道共訳(1995),『東アジアの企業経営(下)』中国上海訳文出版社。
- [7] 原口俊道(1995),『動機づけ−衛生理論の国際比較―東アジアにおける実証的研究を中心として』同文舘出版。
- [8] 蘇東水・原口俊道他主編(1997),『中国三資企業研究(中文)』中国復旦大学出版社。
- [9] 市村真一編(1998),『中国から見た日本的経営』東洋経済新報社。
- [10] 王新圭・原口俊道・国崎威宣主編(1999),『中国対外開放與中日経済関係(中文)』中国上海人民出版社。
- [11] 原口俊道(1999),『経営管理と国際経営』同文舘出版。
- [12] 鈴木滋(2000),『アジアにおける日系企業の経営―アンケート・現地調査にもとづいて』税務経理協会。
- [13] 高橋由明・林正樹・日高克平編(2000),『経営管理方式の国際移転』中央大学出版部。
- [14] 原口俊道(2000),『東亜地区的経営管理(中文)』中国上海人民出版社。
- [15] 鹿児島国際大学地域総合研究所編(2001),『日中の経済・社会・文化』日本経済評論社。
- [16] 原口俊道・陸留弟・黃澤民主編(2001),『中日経済,社会,文化比較研究(中文)』中国華東師範大学出版社。
- [17] 唐海燕・原口俊道・国崎威宣主編(2002),『国際化與現代企業(中文)』中国立信会計出版社。
- [18] 蘇勇・原口俊道・国崎威宣主編(2004),『企業国際経営策略(中文)』中国復旦大学出版社。
- [19] 謝舜主編原口俊道・陸漢文副主編(2005),『社会変遷與管理創新(中文)』中国社会科学出版社。
- [20] 唐海燕・原口俊道・黄一修主編(2006),『中日対照 経済全球化與企業戦略』中国立信会計出版社。
- [21] 原口俊道(2007),『アジアの経営戦略と日系企業』学文社。
- [22] 芮明杰・原口俊道・王明元主編(2008),『亜洲産業発展與企業発展戦略(中文)』中国復旦大学出版社。

(原口俊道)

第8章　中国の環境問題に対する日系企業の対策
－日系貨物運輸業と日系自動車部品製造業のアンケート調査を中心として－

【要旨】
　中国の環境問題に対する日系企業の対策には①業種，②進出形態，③経営戦略（基本戦略）などによって差異がある。すなわち，アンケート調査の結果によれば，非製造業である日系貨物運輸業と製造業である日系自動車部品製造業の間には①環境問題への認識，②環境経営の重視，③環境対策への取り組み姿勢，④取り組んでいる環境対策の内容，⑤環境への負荷を少なくするための削減活動，などにおいて差異がある。非製造業である日系貨物運輸業は環境への負荷が相対的に少ないために，日系自動車部品製造業よりも環境問題への認識が低く，環境対策には消極的となっている。日系独資貨物運輸業はコスト要因を相対的に重視するために，日系合弁貨物運輸業よりも環境問題への認識が低く，環境対策には消極的となっている。「グローバル市場志向戦略」を採る企業が多い日系貨物運輸業はコスト要因を相対的に重視するために，「現地市場志向戦略」を採る企業が多い日系自動車部品製造業よりも環境問題への認識が低く，環境対策には消極的となっている。

【キーワード】：中国の環境問題，日系貨物運輸業，日系自動車部品製造業，環境対策，合弁，独資

1. はじめに

　中国は人口が多く，そのエネルギー消費量が膨大であるだけに，中国の環境汚染問題が全世界，特に周辺の日本を含むアジア諸国に及ぼす影響が深刻

になっている。その意味で中国の環境問題は，中国の国内問題である格差問題よりも深刻かつ重大な問題である。

2001年に中国がWTOに加盟して以来，「環境保全と経済発展を両立させ，いかに持続的発展を成し遂げるか」が中国政府の焦眉の課題となった[1]。そのために，中国政府は環境政策を重視するようになり，また中国の企業経営者も環境対策や環境経営を強く意識するようになった。すでに中国ではこの方面においてかなりな量の著書・論文が公刊されている。

しかし，日本では中国に進出した日系企業の環境対策や環境経営に関連する研究は，現在までのところ筆者の二つの研究を含めても五つの先行研究しか挙げることができない。しかもこれらの先行研究には中国日系企業の環境対策の実態を業種別に比較分析した研究がまったくないために，中国の環境問題に対する日系企業の対策には業種によって差異があるのかどうかがまったく解明されていない。

本章の課題は，2009年と2008年に筆者がアンケート調査を行った中国の日系貨物運輸業と日系自動車部品製造業を事例として，中国の環境問題に対する日系企業の対策には業種，進出形態，経営戦略（基本戦略）などによって差異があるかどうかを定量的に分析し，もし差異があるとすればどこにその原因があるのかを考察することにある。

2. 中国の環境問題に対する日系企業の対策に関連する先行研究とその問題点

中国の環境問題に対する日系企業の対策に関連する先行研究として，次の五つの研究を挙げることができる。

① **金堅敏の研究レポート**（富士通総研「中国環境ビジネスの市場性と日系企業」2004年1月）[2]。この研究レポートは主に中国における環境ビジネスの将来性を論じている。

② **財団法人地球人間環境フォーラム**「日系企業の海外活動に当たっての環

境対策（中国―北京・天津編）2004年3月」(『平成15年度日系企業の海外活動に係わる環境配慮動向調査報告書』)[3]。この研究は中国日系企業の環境対策への取り組みの事例をまとめた事例研究で，これを定性的に分析したものである。

③ **矢野経済研究所の調査報告書**（『2007年度中国の最新環境政策と日系企業の対策分析―巨大な中国市場の攻略策―』2007年3月）[4]。この調査報告書は主に中国環境市場の発展と日系企業のビジネスチャンスを論じたものである。

④ **原口俊道・劉京松の研究**（「中国の環境問題に対する日系企業の対策―中国日系繊維製造業のアンケート調査―（中文）」『東アジアの経済発展と社会保障問題研究（中文）』中国江西人民出版社，2010年5月）[5]。この研究は主に中国の環境問題に対する中国日系繊維製造業の対策を論じ，進出形態別に定量的比較分析を行っている。筆者は2008年9月7日中国南昌大学で開催された「東亜経済管理與社会保障国際学術研討会」において，2007年に筆者が行った中国日系繊維製造業のアンケート調査の結果に基づいて，「中国の環境問題に対する日系企業の対策」というテーマで研究報告を行った[6]。この報告では，進出形態別分析に重点をおいて，①中国の日系合弁繊維製造業と日系独資繊維製造業の間に環境問題に対する対策に差異が見られること，②両者の差異をもたらした主な原因が日系繊維製造業の経営戦略の違いにあること，などを主張した。しかし，筆者の報告に対しては，中国の環境行政は地区によって厳しさが異なっており，地域差の問題を考慮すべきであるという貴重な指摘があった。

⑤ **原口俊道・劉京松の研究**（「中国の環境問題に対する日系自動車部品製造業の対策―地区別分析を中心として―（中文繁体字）」『東アジアの産業発展と企業管理（中文繁体字）』台湾暉翔興業，2009年9月）[7]。本研究ではこうした指摘を踏まえた上で，筆者は2008年に中国日系自動車部品製造業を対象としてアンケート調査を行い，中国日系自動車部品製造業の環境対策の実態について沿海地区の地区別分析を行い，地域差の原因を考察した。

以上の五つの先行研究を概観してみて気づいたことは，①定量的分析が少

ない，②日系非製造業と日系製造業の環境対策についての業種別比較分析がまったくない，③進出形態別分析が少ない，④経営戦略（基本戦略）類型別分析が少ない，などの問題点があることである。

3. 分析モデルと仮説

(1) 研究課題

2009年と2008年に筆者がアンケート調査を行った中国の日系貨物運輸業と日系自動車部品製造業を事例として，本章では次の二つの課題を分析する。
① 中国の環境問題に対する日系企業の対策には業種，進出形態，経営戦略などによって差異があるかを分析すること。
② 中国の環境問題に対する日系企業の対策には業種，進出形態，経営戦略などによって差異があるとすれば，その原因はどこにあるかを考察すること。

(2) 分析モデルと仮説

本研究の分析モデルは図表8-1のとおりである。
本研究は次の三つの仮説を提示する。
　仮説1　業種の相違が環境問題への認識や環境対策に影響を及ぼす。
　仮説2　進出形態の相違が環境問題への認識や環境対策に影響を及ぼす。
　仮説3　経営戦略の相違が環境問題への認識や環境対策に影響を及ぼす。

(3) 調査方法

筆者は2009年2月に中国日系貨物運輸業116社を対象としてエアメールを使ってアンケートを郵送し，36社の中国日系貨物運輸業からこれを回収した（回収率は31.0%）。アンケートを回収した36社の進出形態別内訳は合弁が19社，独資が17社であった。筆者はこの調査に先立って2008年8月に中国日系自動車部品製造業197社を対象としてエアメールを使ってアンケートを郵送し，59社の中国日系自動車部品製造業からこれを回収した（回収率は

図表8-1　分析モデル

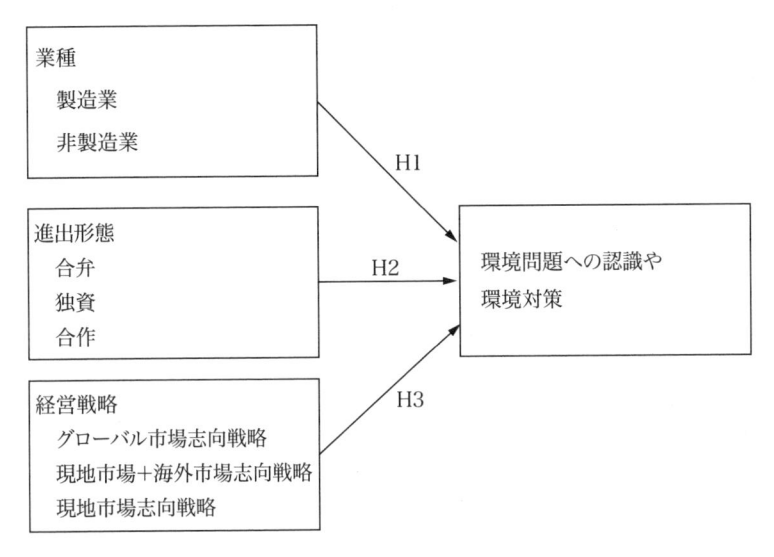

```
┌─────────────────┐
│ 業種            │
│   製造業        │
│   非製造業      │────H1──┐
└─────────────────┘        │
                           ▼
┌─────────────────┐    ┌──────────────────┐
│ 進出形態        │    │ 環境問題への認識や│
│   合弁          │    │ 環境対策         │
│   独資          │──H2─▶│                │
│   合作          │    └──────────────────┘
└─────────────────┘        ▲
                           │
┌─────────────────┐        │
│ 経営戦略        │        │
│   グローバル市場志向戦略 │──H3─┘
│   現地市場+海外市場志向戦略│
│   現地市場志向戦略│
└─────────────────┘
```

(出所)筆者作成。

29.9%)。アンケートを回収した59社の進出形態別内訳は合弁が21社，独資が38社であった。以下では中国日系貨物運輸業36社の調査結果と中国日系自動車部品製造業59社の調査結果を比較する（図表8-2）。なお，筆者がこの二つの業種を調査対象業種として選んだのは，中国が世界第一位の自動車生産国になることが予想されたからであり，また今後中国においては物流業への需要が飛躍的に拡大することが予想できるからである。

図表8-2　アンケートの回収状況

(単位：企業数・%)

中国日系企業	調査時期	配布数	回収数	回収率
日系貨物運輸業	2009年2月	116	36	31.0
日系自動車部品製造業	2008年8月	197	59	29.9

(注)アンケートの配布先は，日本人派遣社員のいる中国日系企業である。

4. 中国の環境問題に対する日系貨物運輸業と日系自動車部品製造業の認識

(1) 中国の重要な環境問題

最近中国の環境問題に対する関心が中国の国内外で高まってきている[8]。中国の環境問題とは環境汚染問題のことである。日系貨物運輸業を対象とした筆者のアンケート調査の結果によれば、中国の重要な環境問題として最も多い回答は「大気汚染」、二番目に多い回答は「水質汚濁」で、「固形廃棄物」と「都市騒音」は同比率で第三位である。合弁も独資も第一位と第二位は同じであるが、第三位は合弁が「都市騒音」、独資が「固形廃棄物」である。日系貨物運輸業の全体の結果と日系自動車部品製造業の全体の結果を比較すると、両者の間には差異がほとんどない(図表8-3)。

(2) 中国の環境問題に対する日系貨物運輸業と日系自動車部品製造業の認識

環境問題への認識についての5段階評価の結果によれば、日系貨物運輸業の全体の平均値が4.1であるから、環境問題への認識度は高いことがわかる。合弁の平均値が4.3、独資の平均値が3.8であるから、合弁は独資よりも環境問題への認識度が高いことがわかる。日系貨物運輸業の全体の結果(平均値が4.1)と日系自動車部品製造業の全体の結果(平均値が4.6)を比較すると、両者の間には差異がある(図表8-3)。

環境経営の重視についての5段階評価の結果によれば、日系貨物運輸業の全体の平均値が3.4であるから、環境経営の重視度は高くないことがわかる。合弁の平均値が3.6、独資の平均値が3.1であるから、独資は合弁よりも環境経営の重視度が低い。日系貨物運輸業の全体の結果(平均値が3.4)と日系自動車部品製造業の全体の結果(平均値が4.6)を比較すると、両者の間には差異がある(図表8-3)。

図表8-3　中国の重要な環境問題(二つ以内回答)と環境問題への認識と環境経営の重視

(単位：％・平均値)

	日系貨物運輸業			日系自動車部品製造業
	合弁	独資	全体	全体
	n=19	n=17	n=36	n=59
中国の重要な環境問題(二つ以内回答)				
大気汚染	78.9	88.2	83.3	88.1
水質汚濁	63.2	52.9	58.3	72.9
固形廃棄物	10.5	17.6	13.9	18.6
白色汚染	0.0	0.0	0.0	0.0
都市騒音	21.1	5.9	13.9	1.7
砂漠化	5.3	11.8	8.3	10.2
その他	10.5	5.9	8.3	1.7
環境問題への認識(平均値)	4.3	3.8	4.1	4.6
環境経営の重視(平均値)	3.6	3.1	3.4	4.6

(出所)　筆者作成。

5.　中国の環境問題に対する日系貨物運輸業と日系自動車部品製造業の対策

(1) 環境対策への取り組み姿勢

　環境対策への取り組み姿勢についての5段階評価の結果によれば，日系貨物運輸業の全体の平均値が2.9であるから，環境対策への取り組み姿勢は弱いことがわかる。合弁の平均値が3.4，独資の平均値が2.5であるから，独資は合弁よりも環境対策への取り組み姿勢が弱い。日系貨物運輸業の全体の結果(平均値が2.9)と日系自動車部品製造業の全体の結果(平均値が4.6)を比較すると，両者の間には差異がある(図表8-4)。

(2) 取り組んでいる環境対策の内容

　日系貨物運輸業の全体の結果では，取り組んでいる環境対策の主な内容は第一位が「排気対策」，第二位が「廃棄物対策」である。合弁と独資の間には差異

図表8-4　環境対策への取り組み姿勢と取り組んでいる環境対策の内容(二つ以内回答)

(単位：平均値・％)

	日系貨物運輸業			日系自動車部品製造業
	合弁	独資	全体	全体
	n=19	n=17	n=36	n=59
環境対策への取り組み姿勢(平均値)	3.4	2.5	2.9	4.6
取り組んでいる環境対策の内容(二つ以内回答)				
排気対策	57.9	47.1	52.8	25.4
騒音対策	10.5	11.8	11.1	10.2
排水対策	5.3	0.0	2.8	72.9
振動対策	0.0	0.0	0.0	0.0
廃棄物対策	26.3	35.3	30.6	66.1
その他	15.8	17.6	16.7	13.6

(出所)　筆者作成。

はほとんどない。日系貨物運輸業の全体の結果と日系自動車部品製造業の全体の結果を比較すると，両者の間には差異がある。日系自動車部品製造業の場合には第一位が「排水対策」，第二位が「廃棄物対策」である(図表8-4)。

(3) 環境対策に費やしている年間の金額

　日系貨物運輸業の全体の結果では，環境対策に費やしている年間の金額(円)は「100万円未満」が63.9％を占めているから，環境対策に費やしている年間の金額のレベルはかなり低い。「100万円未満」は合弁が57.9％，独資が70.6％を占めるから，独資は合弁よりも環境対策に費やしている年間の金額が低いことがわかる。日系貨物運輸業の全体の結果と日系自動車部品製造業の全体の結果を比較すると，両者の間には差異がある。つまり，日系貨物運輸業は日系自動車部品製造業よりも環境対策に費やしている年間の金額が少ない(図表8-5)。

(4) 昨年の総費用に占める環境対策費の割合

　日系貨物運輸業の全体の結果では，昨年の総費用に占める環境対策費の割合は「0.1％未満」が52.8％を占めているから，昨年の総費用に占める環境対策費

図表8-5 環境対策に費やしている年間の金額(円)と昨年の総費用に占める環境対策費の割合

(単位：%)

	日系貨物運輸業			日系自動車部品製造業
	合弁	独資	全体	全体
	n=19	n=17	n=36	n=59
環境対策に費やしている年間の金額(円)				
100万円未満	57.9	70.6	63.9	20.3
100〜500万円未満	26.3	5.9	16.7	37.3
500〜1000万円未満	0.0	5.9	2.8	18.6
1000〜5000万円未満	0.0	0.0	0.0	16.9
5000万円以上	0.0	0.0	0.0	5.1
無回答	15.8	17.6	16.7	1.7
昨年の総費用に占める環境対策費の割合				
0.1%未満	47.4	58.8	52.8	20.3
0.1〜0.5%未満	10.5	11.8	11.1	44.1
0.5〜1%未満	21.1	11.8	16.7	13.6
1〜5%未満	0.0	0.0	0.0	22.0
5%以上	0.0	0.0	0.0	0.0
無回答	21.1	17.6	19.4	0.0

(出所) 筆者作成。

の割合はかなり低い。「0.1%未満」は合弁が47.4%，独資が58.8%を占めるから，独資は合弁よりも昨年の総費用に占める環境対策費の割合が低いことがわかる。日系貨物運輸業の全体の結果と日系自動車部品製造業の全体の結果を比較すると，両者の間には差異がある。つまり，日系貨物運輸業は日系自動車部品製造業よりも昨年の総費用に占める環境対策費の割合が低い(図表8-5)。

(5) 省資源化および再資源化のための努力

日系貨物運輸業の全体の結果では，省資源化および再資源化のために努力している内容は「紙材のリサイクル」「包装材・主要素材の再生素材の使用」などである。合弁と独資の間には差異はほとんどない。日系貨物運輸業の全体の結果と日系自動車部品製造業の全体の結果を比較すると，両者の間には若干の差異がある。すなわち，両者はともに第一位が「紙材のリサイクル」である点は同じであるが，第二位は日系貨物運輸業が「包装材・主要素材の再生素材の使用」で，

日系自動車部品製造業が「製品質量と主要素材構成」である(図表8-6)。

(6) 環境への負荷を少なくするための削減活動

　日系貨物運輸業の全体の結果では，環境への負荷を少なくするための削減活動として最も多く実施されているのは「光熱費の削減」，第2位は「輸送・交通コストの削減」である。合弁と独資の間には差異はほとんどない。日系貨物運輸業の全体の結果と日系自動車部品製造業の全体の結果を比較すると，両者の間には差異がある。日系自動車部品製造業の場合には，第一位は「エネルギー消費量の削減」で，第二位は「原料・補助材料・経営資材の削減」である(図表8-6)。

図表8-6　省資源化および再資源化のための努力(二つ以内回答)と環境への負荷を少なくするための削減活動(二つ以内回答)

(単位：%)

	日系貨物運輸業 合弁 n=19	日系貨物運輸業 独資 n=17	日系貨物運輸業 全体 n=36	日系自動車部品製造業 全体 n=59
省資源化および再資源化のための努力(二つ以内回答)				
製品質量と主要素材構成	0.0	5.9	2.8	42.4
プラスチック部品のリサイクル	10.5	5.9	8.3	35.6
紙材のリサイクル	52.6	52.9	52.8	44.1
充電式電池のリサイクル	5.3	5.9	5.6	1.7
包装材・主要素材の再生素材の使用	31.6	35.3	33.3	30.5
その他	5.3	23.5	13.9	5.1
環境への負荷を少なくするための削減活動(二つ以内回答)				
原料・補助材料・経営資材の削減	0.0	5.9	2.8	45.8
光熱費の削減	47.4	58.8	52.8	28.8
排水量の削減	0.0	0.0	0.0	8.5
エネルギー消費量の削減	36.8	17.6	27.8	54.2
残留物質と廃棄物処理コストの削減	0.0	5.9	2.8	22.0
輸送・交通コストの削減	47.4	41.2	44.4	5.1
包装材の削減	26.3	11.8	19.4	18.6
その他	0.0	11.8	5.6	3.4

(出所)　筆者作成。

6. 仮説の検証と考察

　まず，日系貨物運輸業と日系自動車部品製造業の調査結果によれば，両者の間には中国の重要な環境問題の内容においては差異がほとんどないが，①環境問題への認識，②環境経営の重視，③環境対策への取り組み姿勢，④取り組んでいる環境対策の内容，⑤環境への負荷を少なくするための削減活動，などにおいて差異がある。つまり，業種の相違が環境問題への認識や環境対策に影響を及ぼしている。したがって，仮説1は支持された。一般に非製造業は製造業に比べて環境への負荷が相対的に少なく，そのために環境問題への認識がより低くなり，環境対策にはより消極的になる傾向がある。今回の結果はこうした傾向を裏付けるものであった。非製造業である日系貨物運輸業は製造業である日系自動車部品製造業よりも環境への負荷が相対的に少ないために，環境問題への認識がより低くなり，環境対策にはより消極的となっている。

　次に，日系独資貨物運輸業は日系合弁貨物運輸業よりも環境問題への認識がより低く，環境対策にはより消極的となっている。つまり，進出形態の相違が環境問題への認識や環境対策に影響を及ぼしている。したがって，仮説2は支持された。一般に同じ業種でも独資形態を採用した日系企業は合弁形態を採用した日系企業よりもコスト要因を相対的に重視する傾向が強いために，環境問題への認識がより低くなり，環境対策にはより消極的になる傾向がある。今回の結果はこうした傾向を裏付けるものであった。日系独資貨物運輸業は日系合弁貨物運輸業よりもコスト要因を相対的に重視するために，環境問題への認識がより低くなり，環境対策にはより消極的となっている。

　更に，日系貨物運輸業は「グローバル市場志向戦略」を採る企業が多く，日系自動車部品製造業は「現地市場志向戦略」を採る企業が多い（図表8-7）。今回の調査結果によれば，「グローバル市場志向戦略」を採る企業が多い日系貨物運輸業は，「現地市場志向戦略」を採る企業が多い日系自動車部品製造業よりも環境問題への認識がより低く，環境対策にはより消極的となっている。つまり，

図表8-7 経営戦略(基本戦略)

(単位:%)

	日系貨物運輸業			日系自動車部品製造業
	合弁	独資	全体	全体
	n=19	n=17	n=36	n=59
グローバル市場志向戦略	42.1	41.2	41.7	16.9
現地市場+海外市場志向戦略	36.8	35.3	36.1	11.9
現地市場志向戦略	21.1	23.5	22.2	71.2
合　計	100.0	100.0	100.0	100.0

(出所) 筆者作成。

経営戦略(基本戦略)の相違が環境問題への認識や環境対策に影響を及ぼしている。したがって,仮説3は支持された。一般に日系企業が「グローバル市場志向戦略」をとる場合,コスト要因は相対的に重要となるので,環境問題への認識がより低くなり,環境対策にはより消極的になる傾向がある。今回の結果はこうした傾向を裏付けるものであった。「グローバル市場志向戦略」を採る企業が多い日系貨物運輸業は,「現地市場志向戦略」を採る企業が多い日系自動車部品製造業よりもコスト要因を相対的に重視するために,環境問題への認識がより低くなり,環境対策にはより消極的となっている。

7. 結び

中国の環境問題に対する日系企業の対策には①業種,②進出形態,③経営戦略(基本戦略)などによって差異がある。すなわち,アンケート調査の結果によれば,非製造業である日系貨物運輸業と製造業である日系自動車部品製造業の間には①環境問題への認識,②環境経営の重視,③環境対策への取り組み姿勢,④取り組んでいる環境対策の内容,⑤環境への負荷を少なくするための削減活動,などにおいて差異がある。非製造業である日系貨物運輸業は環境への負荷が相対的に少ないために,日系自動車部品製造業よりも環境問題への認識が低く,環境対策には消極的となっている。日系独資貨物運輸業はコスト要因を相対的に重視するために,日系合弁貨物運輸業よりも環境問題への認識が低

く，環境対策には消極的となっている。「グローバル市場志向戦略」を採る企業が多い日系貨物運輸業はコスト要因を相対的に重視するために，「現地市場志向戦略」を採る企業が多い日系自動車部品製造業よりも環境問題への認識が低く，環境対策には消極的となっている。

　本研究の理論的意義をまとめれば，次の３点に集約される。

　第一は，これまで「業種が環境対策を規定する」という側面があることはある程度経験的に理解されてきたが，本研究によって貨物運輸業のように環境への負荷が相対的に少ない日系非製造業の場合には環境問題への認識がより低くなり，環境対策も緩やかになることが，つまり「業種が環境対策を規定する」ということが確認されたことである。

　第二は，これまで「進出形態が環境対策を規定する」という側面はあまり注目されてこなかったが，本研究によってコスト要因を相対的に重視する独資は合弁よりも環境問題への認識が低く，環境対策には消極的であることが判明したことである。つまり，本研究によって「進出形態が環境対策を規定する」という側面があることが確認できたことである。

　第三は，これまで「経営戦略が環境対策を規定する」という側面はあまり重視されてこなかったが，本研究によって「経営戦略が環境対策を規定する」という側面があることを確認できたことである。コスト要因を相対的に重視する「グローバル市場志向戦略」の下では環境対策には消極的になるのは必然的結果である。

　本研究で残された課題は，中国の環境問題に対する日系企業の対策には同じ非製造業の間で差異があるのかどうかを定量的に比較分析することである。

【引用文献】

(1) 小島朋之編(2001),『中国の環境問題—研究と実践の日中関係—』慶應義塾大学出版会。

(2) 金堅敏の研究レポート(2004),(富士通総研「中国環境ビジネスの市場性と日系企業」1月)。

(3) 財団法人地球人間環境フォーラム(2004),「日系企業の海外活動に当たっての環境対策(中国—北京・天津編)3月」(『平成15年度日系企業の海外活動に係わる環境配慮動向調査報告書』)。

(4) 矢野経済研究所の調査報告書(2007),(『2007年度 中国の最新環境政策と日系企業の対策分析—巨大な中国市場の攻略策—』3月)。

(5) 原口俊道・劉京松(2010),「中国の環境問題に対する日系企業の対策—中国日系繊維製造業のアンケート調査を中心として—(中文)」『東アジアの経済発展と社会保障問題研究(中文)』中国江西人民出版。

(6) 原口俊道・劉京松(2010),「中国の環境問題に対する日系企業の対策—中国日系繊維製造業のアンケート調査を中心として—(中文)」『東アジアの経済発展と社会保障問題研究(中文)』中国江西人民出版社。

(7) 原口俊道・劉京松(2009),「中国の環境問題に対する日系自動車部品製造業の対策—地区別分析を中心として—(中文繁体字)」『東アジアの産業発展と企業管理(中文繁体字)』台湾暉翔興業。

(8) 定方正毅(2006),『中国で環境問題にとりくむ』岩波書店。

【参考文献】

[1] 鈴木幸毅他(2001),『環境ビジネスの展開—環境に優しい企業への変革—』税務経理協会。

[2] 鈴木幸毅他(2001),『地球環境問題と各国・企業の環境対応』税務経理協会。

[3] 鈴木幸毅(2002),『環境経営学の確立に向けて[改定版]』税務経理協会。

[4] 金原達夫・金子慎治(2005),『環境経営の分析』白桃書房。

[5] エコビジネスネットワーク編(2000),『企業別環境経営実例集』産学社。

[6] 井村秀文(2007),『中国の環境問題—今なにが起きているか—』化学同人。

[7] 中国環境問題研究会編(2007),『中国環境ハンドブック[2007—2008年版]』蒼蒼社。

[8] 梶根勇編(2008),『中国の環境問題』日本評論社。

(原口俊道・劉京松)

第2編

アジアの企業経営戦略

第9章　企業の強みの棚卸

【要旨】
　本章は，経営戦略策定の際，重要な役割を果たす「企業の強み」とその棚卸方法について議論したものである。企業の強みが市場（顧客内）シェアに表れるので，企業の強みに関する先行研究を整理して特性をまとめた。この特性を踏まえて，顧客の商品選定基準の棚卸，シェア影響要因の分析，主敵とのベンチマーキングなど過程を組み込んだ「企業の強み棚卸プロセス」を提案した。

【キーワード】：企業の強み，経営戦略論の発展，競争優位性の源泉

1. はじめに

　2008年のリーマンブラザーズの経営破綻に始まる世界的な不況によって，多くの企業が厳しい経営に追い込まれた。景気が好調な期間であれば，たとえ競争力のない企業であっても経営を継続することができるが，このような景気の後退局面ではその継続は困難となるであろう。安定した経営を行うためには，経営戦略やその他の戦略が企業の強みを活用した内容に，且つそれらが遂行された結果，企業の強みが強化される内容に策定されている必要がある。更に経営資源と経営環境とを適合させた的確な経営戦略が求められ，そのためには自社の強みを網羅的に棚卸することが必須である。
　本章では，経営戦略選定に関して重要な要素である企業の強みの棚卸方法を提示することを研究課題とする。経営戦略論の発展を概観して企業の強みの棚卸に関するポイントを整理し，企業の強みの棚卸方法をまとめる。

2. 企業の強みに関する先行研究の整理

　企業内部の強み・弱みに関する研究は，ハーバードビジネススクールで始まり，1911年にA.W.ショー，M.T.コープランド，ジョージ・アルバート・スミス・ジュニア，エドモンド・P.ラーニッドらによって行われた研究にさかのぼることができる[1]。彼らが「質の高い経営者はその組織の強みである」と指摘した後，多くの研究が進められたが，ここでは経営戦略が論じられ始めた1960年代以降の研究に焦点を当てて，企業の強みに関する主要な研究についてまとめる。

(1) 競争上の利点とシナジー効果

　Ansoff (1965) は，戦略の構成要素を製品－市場分野，成長ベクトル，競争上の利点，およびシナジーであるとした。最初の三つを「いずれも外部環境におけるその企業の製品－市場の進路を示している」[2]とし，そして「企業が外部環境においてもともと収益性のある諸機会を探究しなければならないことを示している」[3]とした。そして競争上の利点を「企業に強力な競争上の地位を与えるような個々の製品－市場の特性を明確にしようとするものである」[4]とし，その例として，支配的な地位を獲得できるような合併，強力な特許保護，従来からの製品を破棄させるような"突破口"的な製品などを挙げている。シナジーは「新しい製品－市場分野への進出にあたって，企業がどの程度の利益を生み出す能力があるかを測定するものである」[5]とした。これには二つの場合があり，その一つは既所有の優れた能力を活用する場合，もう一つは新たな分野に進出することで企業に不足する能力を獲得する場合である。シナジーは「多角化戦略を選択する場合の重要な変数的要因である」[6]とした。Ansoffは"競争上の利点"とその"シナジー"を企業の強みと明言していないが，これらは明らかに競争優位性の源泉であり，経営戦略策定上の企業の強みと言ってよいであろう。

(2) 市場シェア

　1965年，The Boston Consulting Group (BCG) は，米国の大手半導体メーカーのコスト動向を分析するなかで"エクスペリアンス・カーブ"の基本理論を確立した。これは，マーケット・シェアと収益性との関係を示したものであり，「インフレ効果調整後の"実質コスト"は，その製品の累積総生産量が倍増するごとに20〜30％低下する，という経験的法則」[7]である。コスト低減の要因は，①作業者が仕事に習熟すること，②業務改善が進むこと，③改良された設備に投資されること，④技術的な進歩による生産性が向上すること，⑤省資源に努力することなどである。これは，製造現場のコストだけでなく，開発，販売，一般管理などでも，同様の効果が生じる。この理論から導き出される戦略策定における考え方は，競争力の最も重要な要素が競合先とのコスト格差であるので，競合先よりもコストを低下させるためには製品の累積総生産量を早期に倍増させる必要があり，そのためには市場でのシェアがより高いことが必要である。すなわち，市場での高シェアが企業の強みとなり得るとした。

(3) ポジショニング（外部環境）

　Porter (1980) は，「昔から経営者の関心のマトであった（中略），どうすれば長期的にみてベストな競争上の地位を確保できるのか（中略）の質問の回答を出すための技法は，（中略）コストのビヘイビアといった業界構造の一側面だけを考慮に入れたものであった。これでは，業界の競争の複雑さや多彩さをとらえることなど，望むべくもない」[8]と批判した。そして①主要な"競争戦略論"を業界の構造分析法として競争環境の分析の枠組み（五つの競争要因）と，②戦略グループというコンセプトとその戦略地位に対する移動障壁の原理を活用してその業界内での競争の特性を分析する方法を提言している。「競争圧力の源泉がわかると，自社の長所短所が明らかになり，業界内での位置づけもはっきりとしてくるだけではなく，（中略）業界の傾向が自社に有利になるか脅威になるかいずれにしても，最も大切になる分野はどこかが明瞭になってくる」[9]と主張した。すなわち，高い外部ポジショニングこそが企業の強みであるとした。

(4) 資源ベース

　Wernerfelt (1984) は，経営資源からみた企業の評価によって戦略が策定されるべきであると主張し，「成長－シェア」のマトリックスに類似した「経営資源－商品」マトリックスを提言した[10]。Hamel and Prahalad (1994) は，「顧客に対して，他社にまねのできない自社ならではの価値を提供する，企業中核的な力」[11]をコア・コンピタンスとした。そして「リストラクチャリングとリエンジニアリングよりも，基本戦略の練り直しや産業の再創出を優先しなければならない」[12]とし，戦略を策定するには「今後十年間に提供してくれる新しい付加価値や機能，それをつくり出すために必要な新しいコア・コンピタンス，そして付加価値を最も効果的に顧客の手元に届ける方法」[13]を検討すべきと指摘した。

　次いでCollis and Montgomery (1995) は，経営資源に基づく企業の見方 (RBV) を「企業の経営資源がいかに業績の原動力になるかを解き明かした方法論である」[14]とし，「RBVでは，企業を有形，無形の資産とケイパビリティの異なる集合体」[15]として捉えた。そして，競争に耐えうる価値ある経営資源を，模倣不可能性，耐久性，充当可能性，代用可能性，そして競争上の優秀性とした[16]。

　Stalk, Eveans and Shulman (1992) によれば，ケイパビリティとは戦略的な意味をもつビジネスプロセスの組合せである。ここでは，ケイパビリティに基づく競争について四つの原則を提示している。すなわち，①経営戦略の要素をビジネスプロセスと見て，②カギとなるプロセスを顧客に優れた価値を提供するケイパビリティに変換させて，③その能力をインフラに投資して形成する。④そしてその主役はCEOであるとした[17]。更に，勝者となるための五つの能力をスピード，一貫性，明敏性，機敏性，および革新性であると定義した[18]。

　Leonard-Barton (1992) は新商品とプロセス開発プロジェクトとの相互作用に特に焦点を当て，企業の「コア・ケイパビリティ」の性格を検証した。そして，競争優位性を与える知識のセットをコア・コンピタンスと定義した。これらの知識は，四つのディメンジョンをもっており，コンテンツは①技術システムに

組み込まれた従業員の②知識とスキルに具現化され，知識の創造と制御のプロセスは③経営システムによって管理され，④具現化され，また組み込まれた知識の種々のタイプ，ならびに知識の創造とコントロールの過程に関連した価値観と企業内の基準とした[19]。

Teece and Pisano (1994) は，グローバル市場で勝利した企業が内外のコンピタンスを有効的に調整・配置を意思決定する経営者のケイパビリティとともに，タイムリーで，感応性があり，素早くかつ柔軟な商品イノベーションを示しており，競争優位性の源泉であるダイナミック・ケイパビリティは，環境の変化する性質と，戦略的経営の主要な役割との二つの側面を持っていることを強調している[20]。更にダイナミック・ケイパビリティの枠組みが技術が急速に変化する環境の中で企業によって創造したり勝ち取ったりする富の創造の源泉とその方法を分析するとした[21]。

以上をまとめると，「経営資源」は企業の財務・物的・人的・組織資本の属性のすべてを含み，「ケイパビリティ」は企業が経営資源を組み合わせたり活用したりすることを可能にする企業属性であり，「コア・コンピタンス」は経営者が企業の多角化戦略を構築したり実行したりする場合に限定されている傾向がある。しかし，これらは，経営の実際においては，非常にあいまいなものになりがちであり，また，現実のマネジャーや企業にとっては価値のないものである。意味する内容は，微妙に異なるものの，ほぼ同じと考えてよい[22]。

(5) 知識資産

Grant (1996) によれば，知識は個人内に存在しており，組織の主要な役割は知識の創造よりもむしろ知識の応用であると主張した。そして生産のための知識の特性とその知識の必要性について仮定すると，企業は統合された知識のための制度として概念化される。その上で，企業が構成メンバーの専門家の知識を統合することを通じて調整の仕組みを探究する企業の知識ベース理論を提言した[23]。

野中・他 (2003) は，それまでの資源ベース企業の概念とし比較して，知識ベー

ス企業を自らが何をしたいのか・すべきかの認識の「絶対価値」に基づいた戦略の起点から，知識創造とそのための組織的システムが持続的価値をもたらす（競争でなく供創）という概念をもち，知識資産と知識創造能力（知識資産）を生み出すメカニズムがより重要とした。そして企業の強みを「ダイナミックな資源（知識資産）」とした[24]。

3. 企業の強みの棚卸

(1) 企業の強みの特性

前述の第2節を踏まえて企業の強みの特性を整理すると次のとおりである。一つ目は，いままで見てきたように企業の強みに関して，市場シェア，業界内でのポジショニング，経営資源などが議論されてきた。捨像すれば，研究の時系列的順位の後者のものは，前者のものを実現する源泉になっている。また前者のものに入れ替わったのではなく新たに企業の強みとして認識されたものである。これらは，企業の強みの構成要素であり，経営環境の変化と自社の経営資源の増減などによって動的に変化し，有機的に結合されて企業の強みを形成する。

二つ目は，BCGが提案した「シェア」やPorterが提言した「ポジショニング」のような構成要素は，そのものが企業の強みとなる場合とその企業の強みの源泉となる場合がある。

三つ目は，企業の強みの構成要素となり得る候補には，顧客の商品選択基準，ならびにその基準を達成するための企業の仕組みおよび経営資源がある。企業が強みを持っている状態はターゲット顧客がその企業から商品（サービスを含む）をより多く購入することである。企業の強みを考える上で，①「商品選択基準（ターゲット顧客または市場のニーズ）」および②「その商品に関する情報の伝達力」，ならびに③「主敵（競合先）の力」が重要な判断項目となる。企業は，当然のことながら顧客の顕在化したニーズだけでなく潜在ニーズを含めた商品選択基準に合致した商品を提供することが求められる。これらの商品そのものが企

業の強みとなり，またこれらの商品を市場投入することを可能にする製品化技術や製造技術などが企業の強みの一要素となる。更に計画どおり販売するには，商品の商品力だけが顧客のニーズを満足していても十分ではなく，その商品の訴求点に関する情報が的確に顧客に届いていることが必要である。そのためには，例えば，企業向け販売であれば，営業担当者の商品知識やコミュニケーション力などが必要となり，これらも企業の強みの一要素となる。これら強みの候補が企業の強みとなるための十分条件は，ターゲット市場での主敵と比較して優れていることである。

　四つ目は，企業の強みは更に細かく要素に分解できる。例えば，トラックメーカーの強みとなり得る要素をみると，まず「シェア」がある。このシェアに影響を与えていると思われる商品選択基準の項目は，車両価格，車両性能・製品信頼度，納期，営業力，サービス対応力などである。更に車両性能・製品信頼度を分解すると，積載量，燃費と運転しやすさ，故障の発生頻度，運転手に与える疲労感の程度，先進技術の採用度，デザインに対する顧客の好み，運転手の好み，商品の幅などとなる。同様に他の要素も分解していくことは可能である。

　五つ目は，各要素は企業の強みに貢献する度合いが異なることである。例えば，商品そのもの，営業担当者の商品知識，顧客との面談頻度やコミュニケーション量と質などの構成要素は，主敵との比較と顧客の購買行動によって，販売量に異なる影響を与える。

(2) 企業の強みの棚卸プロセス

　前述した企業の強みの特性を踏まえて，戦略策定に活用するために自社の強みを棚卸するプロセスを整理すると，第一段階は「ターゲット市場の設定」である。よく言われているように，乗用車の全市場においてメルセデスベンツは低いシェアであるが，高級乗用車の市場では高いシェアを誇っている。強みを棚卸するためには自社のターゲット市場またはセグメント化して比較的高いシェアの市場に焦点を当てる必要がある。

　次いで，第二段階は「顧客の商品選定基準の棚卸」である。ターゲット市場ま

たはセグメント化した市場(顧客)ニーズである商品選定基準や商品情報伝達力に関する情報収集と分析を行う。商品投入から長い時間が経っている場合は，市場投入時の市場ニーズ以外に現時点での商品選定基準についても収集する。ここで得た項目が企業の強みとなり得る候補である。

図表9-1 企業の強み棚卸プロセス

```
ターゲット市場の設定
      ↓
顧客の商品選定基準の棚卸
      ↓
シェア影響要因の分析
      ↓
主敵の設定
      ↓
主敵とのベンチマーキング
      ↓
企業の強みの構成要素の評価
```

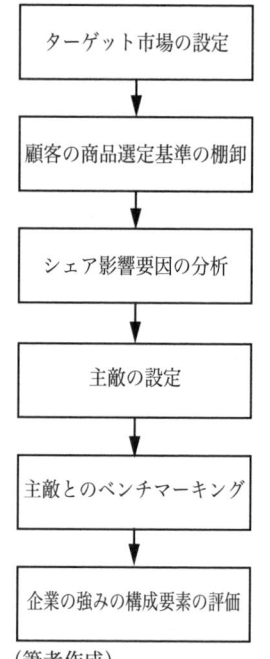

(筆者作成)

　第三段階は「シェア影響要因の分析」である。シェアに貢献するであろう要因を棚卸する。具体的には数人の関係者，例えば，マーケティング担当者や商品開発担当者などによるブレーンストーミング方式で，前段階において規定した市場を念頭においてシェアに影響する要因を網羅的に棚卸する。特に前段階で情報収集した企業の強みとなりそうな項目を中心に議論を進める。同時にこれら企業の強みとなる項目を実現・達成するための経営資源の要因も棚卸する。棚卸した要因をグループ化し，更にそのグループを上位のグループにまとめ，階層化する。

　第四段階は「主敵の設定」である。企業の強みを明確にするためには主敵との比較することが必要となる。そこで競合先の中から主敵を定め，シェア，商品の商品力や訴求点，販売に関する情報などを収集する。

　第五段階は「主敵とのベンチマーキング」である。階層化した企業の強みのひとつの階層の構成要素について，主敵と比較してどの程度優れているのか，または劣っているかをベンチマーキングし，それらの項目の中から主敵より優れている項目を企業の強みの構成要素として棚卸する。

　第六段階は「企業の強みの構成要素の評価」である。ベンチマーキングした企業の強みの階層の構成要素について達成する目標を設定し，その費用対効果を

予測して効果の大きい順に並べ直す。費用対効果がほぼ同じ場合は競合先からの"真似しにくさ"を考慮する。

これらの各構成要素を企業の強みとして，次の段階のSWOT分析を行う。

4. 結 び

企業の強みの特性を整理し，それに基づいて企業の強みを棚卸するプロセスを提示した。

今後の課題は，有効性の高い経営戦略を策定するためには企業の強みに対する構成要素の貢献度を数値化する必要があり，提示したプロセスにおいて企業の強みの個々の構成要素がシェアに与える影響の大きさ(貢献度)を"数値化するサブモデル"を議論する必要がある。

【引用文献】

(1) Barney, Jay B. (2002), *GAINING AND SUSTAINING COMPETITVE ADVANTAGE*, 岡田正大訳(2003),『企業戦略論【上】基本編』ダイヤモンド社, p.235。
(2) Ansoff, H. Igor (1965), *CORPORATE STRATEGY*, 広田寿亮訳(1969),『企業戦略論』産業能率大学出版部, p.138。
(3) Ansoff, H. Igor(1965), 前掲, p.139。
(4) Ansoff, H. Igor(1965), 前掲, p.137。
(5) Ansoff, H. Igor(1965), 前掲, p.138。
(6) Ansoff, H. Igor(1965), 前掲, p.138。
(7) Abegglen, James C. 他(1977),『ポートフォリオ戦略』プレジデント社, pp.11〜12。
(8) Porter, Michael E. (1980), *COMPETITIVE STRATEGY*, 土岐坤・中辻萬治・服部照夫訳(1982),『競争の戦略』ダイヤモンド社, pp.3〜4。
(9) Porter, Michael E.(1980), 前掲, p.18。
(10) Wernerfelt, B. (1984), "A Resource — Based View of the Firm," *Strategic Management Journal*, Vol.5, No.2, pp.171〜180。
(11) Hamel,Gary and Prahalad,C.K.(1994), *COMPETING FOR FUTURE*, 一条和生訳(1995),『コア・コンピタンス経営』日本経済新聞社, p.11。
(12) Hamel,Gary and Prahalad,C.K.(1994), 前掲, p.34。

(13) Hamel,Gary and Prahalad,C.K.(1994), 前掲, p.140。
(14) Collis,David J. and Montgomery,Cynthia A.(1995), *Competing on Resource in the 1990s*, HBP ハーバード・ビジネス・レビュー編集部訳(2001),「コア・コンピタンスを実現する経営資源再評価」『経営戦略論』ダイヤモンド社, pp.93～128, p.96。
(15) Collis,David J. and Montgomery,Cynthia A.(1995), 前掲, p.97。
(16) Collis,David J. and Montgomery,Cynthia A.(1995), 前掲, pp.100～111。
(17) Stalk,George, Eveans,Philip and Shulman,Lawrence E.(1992), *Competing on Capabilities: The New Rules of Corporate Strategy*, HBP ハーバード・ビジネス・レビュー編集部訳(2001),「ケイパビリティに基づく経営戦略」『経営戦略論』ダイヤモンド社, pp.13～54, p.28。
(18) Stalk,George, Eveans, Philip and Shulman,Lawrence E.(1992), 前掲, pp.32～33。
(19) Leonard-Barton, D.(1992), "Core Capabilities and Core Rigidities: A Paradox in Managing New Product Development," *Strategic Management Journal*, Vol.13(Special Issue), pp.111～125, p.113.
(20) Teece, D. J. and G. Pisano (1994), "The dynamic capabilities of enterprises: an introduction," *Industrial and Corporate Change* 3(3): pp.537～556, p.5
(21) Teece, D. J., G. Pisano and A. Shuen (1997), "Dynamic capabilities and strategic management," *Strategic Management Journal,* 18(7): pp.509～533, p.509.
(22) Barney, Jay B.(2002), 前掲, p.245。
(23) Grant, R. M. (1996), "Toward a knowledge～based theory of the firm," *Strategic Management Journal,* 17(Winter): pp.109～122, p.109.
(24) 野中郁次郎・紺野登(2003),「『知識ベース企業』で何が見えてくるか」『一橋ビジネスレビュー』AUT.52巻3号東洋経済新聞社, p.104。

(黒川和夫)

第10章 量産型ものづくり企業の競争優位性の源泉強化

【要旨】

　本章では，企業を顧客とする「量産型ものづくり企業（売り手企業）」における競争優位性の源泉について，マーケティングの視点から考察を加えた。売り手企業は，その源泉を獲得するためには，①優良な買い手企業との協調的関係と②有力な協力企業との協力関係という戦略的事業システムを構築することが必要である。これを構築するには，それぞれの企業間の人間関係を競合先と比較してより親密になる必要があるとした。そしてこの"人間関係の親密度"がもっとも重要な競争優位性の源泉のひとつであることを論証した。

【キーワード】：事業システム　経営戦略論，競争優位性の源泉，人間関係の親密度

1. はじめに

　競争優位性の源泉の棚卸とその源泉を獲得する方法は，多くの先行研究で検証されている。これらは，外部環境に重点を置いたシェア（例えば, Abegglen, J. C. 他, 1977 [1]）やポジショニング（例えば, Porter, M. E., 1980 [2]）からのアプローチ，内部環境に重点を置いた経営資源ベース（例えば, Wernerfelt, B., 1984 [3], Barney, J. B., 1986 [4], Prahalad, C. K. 他, 1990 [5]），能力ベース（例えば, Collis, D. J. 他, 1995 [6], Stalk, G. 他, 1992 [7], Leonard-Barton, D., 1992 [8], Teece, D. J. 他, 1994 [9]），および知的ベース（例えば, Grant, R. M., 1996 [10]）などからのアプローチである。いずれのアプローチも，市場での競争優位性を

獲得するための源泉とその強化方法を明らかにしている。しかし，特定市場において企業が競合先に打ち勝っていくためには，これらのアプローチだけでは不十分である。

　その一つは，日本の量産型ものづくり企業の場合は，「買い手企業，売り手企業（自社），および協力企業」の事業システムに焦点を当てる必要があり，この点が先行研究では検証されていないことである。日本のものづくり企業の特徴は，多品種・高品質の商品を安く提供していることにある。それを可能にさせていることは，最終組立メーカーが資機材メーカーや部品加工組立メーカーとの間で共同開発体制を構築することにある。買い手企業は，より良い品質・コスト・納入条件（QCD）を得るために，商品開発段階から複数の売り手企業との間で分業的開発体制を構築して，これらの売り手企業同士を競争させながら量産化に向けて商品開発を進めていく。この間，これら売り手企業に対して厳しい要求をする一方で，技術指導も行う。Abegglenが「日本企業は何よりも社会組織である」[11]と結論付けているように，企業間（買い手企業と売り手企業）には，日本の文化的な価値観に基づいた社会組織の性質をもっていると言うこともできる。

　もう一つは，先行研究では，買い手企業と売り手企業との間の人間関係が競争優位性の源泉となりうるか否かの検証が行われていない。多くの先行研究がグローバル企業を中心にした幅広い業界を対象として，且つ多くの場合が消費者向けの商品（サービスを含む）であったことである。例えば，冷蔵庫や雑貨などの消費者向け量産品の多くは，店頭での陳列販売が基本であり，陳列するだけで販売するには競合先と比較して圧倒的な商品力が必要である。そこで，ユニークな商品づくりを可能とする経営資源が不可欠となる。先行研究はこれを研究の対象としていたわけである。一方，企業向け量産型メーカー（部品や素材メーカー）や受注生産型企業（造船・重工，建設業者）では，多様なオプションを設定するほか，大幅なカスタマイズや新規設計で顧客ニーズに応えることで販売につなげている。日常の営業活動において，特に引き合いから受注に至る期間，売り手企業の営業担当者は多くの情報提供や提案を行う。この間に

多くのコミュニケーションがなされるので，買い手企業と売り手企業との間で人間関係の親密度が向上する。この人間関係の親密度が少なからず納入企業選定に影響を与えるはずである。

そこで，本章では，経営実践に活用できるような提言を行うために，企業を顧客とする「ものづくり企業」に研究範囲を絞り，議論を具体的に進める。これらの「ものづくり企業」（売り手企業）が獲得すべき競争優位性の源泉は，優良な買い手企業および有力な協力企業との間で構築する戦略的事業システムであり，また，買い手企業が要求するマスト条件，[注－1]を達成できる程度の経営資源をもっていれば足るとし，それよりもむしろ，それぞれの企業の人間関係が売り手企業（自社）の競合先よりも親密であることのほうが有効であることを論証する。

2. 戦略的事業システムの必要性

売り手企業が優良な買い手企業と取引するメリットは，次のとおりである。売り手企業は，①買い手企業（または買い手企業の顧客）のニーズに関する情報や買い手企業の先進的なニーズを正確に収集できること，②そのニーズに基づいて作製したテストピースや試作品などを買い手企業が計測・評価してくれること，更に③コメントやアドバイスをもらうことができること，そして，最終的に④買い手企業の商品やシステムの中で自社（売り手企業）の商品を総合評価してもらえることなどである。更に買い手企業が市場に商品を投入した後にも，買い手企業の顧客からのクレームとその際の使用状況などに関する情報を入手することができる。更に，先進ニーズを先取りできれば，それを解決するためのコア技術の熟成，M&Aや業務提携，委託研究開発など適切な施策を打つことができる。顧客の要求（市場ニーズ）は，受注または見積りに参加することでしか入手できない。特に顧客の使い勝手などの商品開発に有効な情報は受注しないと入手できないので，どんな形であれ買い手企業と取引する必要がある。

売り手企業は，ある程度の規模の企業であれば，競合先に対して競争優位性を確保するために長期商品計画を策定して，それに基づいて商品企画と商品開発日程を作成して，競争優位性の源泉となる経営資源，特に技術（製品化技術と製造技術）を効率的に強化している。協力企業のスキルを有効に活用することは売り手企業（自社）の「アイデアの応用範囲を飛躍的に拡大させることにつながる」そして「これをうまく行うことができる企業こそが，持続的な競争優位性を得ている」のである[12]。そのために売り手企業内で育成強化する技術と，協力企業に依存する経営資源（技術，設備，労務など）に戦略的に切り分けている。一般的に，外部に依存する経営資源に関しては購買を通じて取り込んでいる。

図表10-1　戦略的事業システム

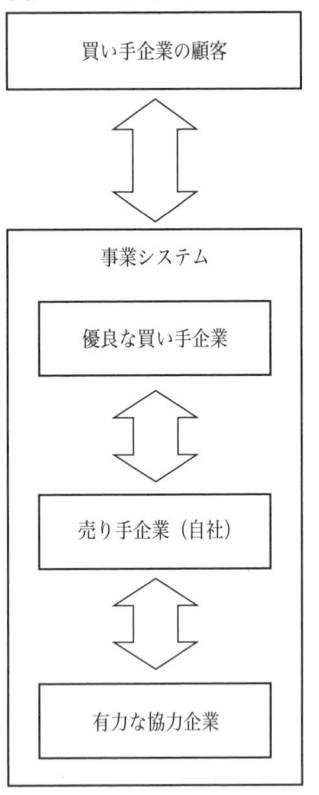

```
┌─────────────┐
│ 買い手企業の顧客 │
└─────────────┘
       ⇕
┌─────────────┐
│ 事業システム      │
│ ┌─────────┐ │
│ │ 優良な買い手企業 │ │
│ └─────────┘ │
│      ⇕      │
│ ┌─────────┐ │
│ │ 売り手企業（自社）│ │
│ └─────────┘ │
│      ⇕      │
│ ┌─────────┐ │
│ │ 有力な協力企業  │ │
│ └─────────┘ │
└─────────────┘
```

（筆者作成）

協力企業との継続的且つ安定的な取引の必要性を整理すると，一つ目に，QCDに対する買い手企業からの要求が益々厳しくなっている。このような状況の中でも買い手企業を満足させるQCDを安定的に提供するためには，無理な要求を受け入れてくれる協力企業を確保することが必須である。二つ目に，売り手企業は自前のアイデアやノウハウだけでは競合先に対して競争優位性を確保できないので，協力企業がもっているそれらを有効に活用する必要があることである。三つ目に，納入企業として選定した協力企業は，買い手企業や売り手企業からの要求（ニーズ）に対応するために種々のノウハウを創造し，それを蓄積することになる。以上の理由で，売り手企業は，購買品のQCDを買い手企業が期待する水準で継続的に確保するために，有力な協力企業の存在が必要である。

前述のように，売り手企業（自社）にとって優良な買い手企業と有力な協力企業の存在は必須である。すなわち，売り手企業は，自社の競争優位性の源泉の強化の「場」として買い手企業の商品開発の「場」を位置づけ，同時に経営資源を効果的に補強する手段として協力企業を位置づけた（図表10-1に示すように）「優良な買い手企業，売り手企業（自社），および有力な協力企業」という戦略的事業システムを構築する必要がある。

3. 優良な買い手企業と有力な協力企業の抽出

(1) 優良な顧客の層別

買い手企業を大きく層別すると，経済的（収益確保上）に絶対必要な買い手企業と，補足的に売り上げに貢献する買い手企業がある。前者を攻略顧客，後者を管理顧客とする。更に，攻略顧客の中には売り手企業の経営戦略上，競争優位性を強化するために必要な，業界の先進的なニーズをもった買い手企業が存在する。ここで，留意すべきは，売り手企業にとって"真に有益な"買い手企業であるかどうかである。すなわち，現時点での有力商品の売上額または利益額の順位が高いことなど単に営業上の攻略客であるだけではなく，企業としてのマナーの良い企業であるか否かが重要である。これらの企業は，①業務の共有化が図れており権限が委譲されていて，②緩やかな階層構造をもち，水平方向のコミュニケーションが円滑であり，③伝統，価値や信条の共有，信頼などが浸透している組織である。一言で言えば，オープンな社風をもち，売り手企業（自社）をイコール・パートナーとして扱う「マナーの良い企業」ということになる。

(2) 有力な協力企業との事業システム

ここでの売り手企業（自社）と有力な協力企業との関係は，買い手企業と売り手企業（自社）との関係と同じである。売り手企業は協力企業の経営資源を活用して買い手企業のニーズに応えていく。有力な協力企業は，売り手企業の

競争優位性の源泉を補強・強化する役割を期待する企業と，費用の圧縮のみを期待する企業に分けられる。前者を購買戦略上の「有力な協力企業」として層別し，その企業の要件は，現在保有するスキルが平均的な水準であれば十分であり，むしろ売り手企業（自社）と共同して買い手企業のニーズに応える行動的な姿勢をとることの方が重要である。これら協力企業との協力体制を強化できるか否かが売り手企業（自社）の戦略の重要なカギであると言える。

4. 戦略的事業システムにおける競争優位性の源泉

(1) 優良な買い手企業に対する競争優位性の源泉

先行研究は，価値ある経営資源を「顧客のデマンド（demand），希少性（scarcity）および専有可能性（appropriability）」[13]とし，そしてそれを可能にする「顧客に対して，他社にまねのできない自社ならではの価値を提供する，企業の中核的な力」[14]としている。しかし，これらのスキルを獲得するためには，莫大な費用と多くの時間がかかる。そして必ずしもすべてが計画通り成功する（目標達成できる）保証はない。したがってこれらのスキルを獲得するためには大きなリスクが伴う。希少性や他社にまねのできないスキルを獲得する戦略はハイリスク・ハイリターンの考え方である。これらは消費者向けの超大手の量産型企業が競争優位性を獲得するための強力な源泉としてはよく当てはまる。そして消費者向け販売は，広告・宣伝等の非人的販売を中心に販促活動を行うことが特徴であるが，一方，企業向けに販売している企業の多くは，製造のピラミッド構造に組み込まれ，また大きなリスクを負担できない，比較的規模の小さな企業であり，そして個々の買い手企業に対して営業担当者が行う販売促進活動（人的販売）が中心である。したがって，これらの違いが必然的に競争優位性の源泉を異なるものにしている。

買い手企業は，納入企業を選定する際，選定基準としてマスト条件とベター条件を設定する。これらを踏まえると，企業向けに販売を行う企業は，消費者向け最終組立メーカーほどに圧倒的な技術力（真似できないとか，希少性など）

は絶対条件ではなく，買い手企業が必要とするマスト条件を達成できる程度の能力を所有することで十分と言える。

　買い手企業は商品を客観的に評価して選定しているわけではなく，最も優良な商品を選定していると"信じて"いるだけなのである。その第一の理由は，売り手企業は，買い手企業との間の人間関係の親密度が買い手企業と競合先との間よりも向上すると，買い手企業とのコミュニケーション量が競合先よりも多くなる。すると，競合先と比較してより早く且つより正確な情報（買い手企業のニーズ）を入手できるようになるので，それだけで客観的にも競合先よりも役立つ提案や精度の高い見積を提出でき，あるいは優良な商品を提供できることになる。第二の理由は，買い手企業の担当者は，購買ニーズを認識したとき，親密度が高い売り手企業をその競合先よりも先に思い出すことである。売り手企業は，買い手企業の担当者に先に思い浮かべてもらえれば，見積依頼先に抽出される可能性が高くなったり，自社が得意とする仕様が見積書に記載されることも多くなったりする。また，買い手企業から競合先よりも早期に相談や依頼を受けられれば，競合先よりも早期に行動することができる。第三の理由は，認知一貫性で説明できる心的な動きである。売り手企業は，買い手企業が抱えている問題や課題を解決する種々の提案や情報提供を，営業活動として日常的に行っている。買い手企業は，有益な情報提供や提案をあまり行わない競合先と比較してこの売り手企業を買い手企業にとって欠かせない企業として認識したり，有力な企業として評価したりするであろう。一度，このように優れた企業として認識すると，優れた企業であることを示す情報のみが買い手企業に記憶されるようになる。第四の理由は，互恵規範（社会的交換をしたものを相手に借りを返す）である。両者の間で交わされる社会的交換（例えば，有効な提案，価値ある情報，自己開示に対する傾聴など）が多彩且つ頻繁に行われる。人は社会的交換においてより多く受け取っていると認識（無意識を含め）すると，それを無意識に返そうとする。ビジネス上の人間関係においては，納入企業選定プロセスの中で行われることが多い。以上のように，買い手企業は親密な人間関係が構築されている売り手企業に対して有利になるよう行動する傾向がある[15]。

企業間取引において，買い手企業の購買担当者などの，納入企業を選定する権限を有するまたはそれに影響力を持つ人物（キーマン）と，売り手企業や競合先の営業担当者を含めて業務上接する人物（フロントオフィス）との間に人間関係が構築される。買い手企業のキーマンと売り手企業のフロントオフィスの間の親密度の高さと，買い手企業のキーマンと競合先フロントオフィスとの間の親密度の低さとの差分だけ売り手企業は納入企業選定に有利になると言える。買い手企業から仕事を受注する際にも，買い手企業と共同して作業することを提案する際にも，人間関係の親密度が影響を与えるので，「買い手企業と売り手企業」との事業システムの構築に大きな影響を与える要素は，それぞれの企業間での人間関係の親密度であると言える。

(2) 有力な協力企業に対する競争優位性の源泉

一方，売り手企業は，内外製戦略の策定後，どの経営資源をどのように購買するかを決め，優良な買い手企業を戦略的に層別したのと同様に，協力企業の中から「有力な協力企業」を層別する。そして，これらの有力な協力企業からより多くの協調性を引き出すためには「相手の協調へのインセンティブを増加させる方法と，相手に強制する方法の二通りがある」[16]。ここで留意すべきことは，信頼における共存共栄を目標と考える関係性信頼というカテゴリーを重視して「企業単位での利益を追求するのではなく，運命共同体として関係全体の利益を考慮する」ことである[17]。言い換えると協調的信頼関係を形成することである。この協調的信頼は人間関係の親密度の主要な因子である[18]。パートナーと位置づけた協力企業に対しては人間関係の親密度がより高まるよう努力する。その協力企業は，売り手企業（その協力企業にとっての顧客）との人間関係の親密度が増せば，その売り手企業を優良な顧客と認知するようになり，販売戦略上，より上位の顧客と位置づける可能性が高くなる。その協力企業は，戦略上，上位の顧客となったその売り手企業に対して，他の顧客よりも有利な取り扱いをすることが多い。例えば，新規開発部品に関する情報や供試用サンプルをより早期に提供してくれる。更に売り手企業がその協力企業の経

営資源を活用するために取引すれば，その協力企業がなした業務領域のスキルが更に向上する。そのスキルは売り手企業が必要とするスキルであることは言うまでもない。その結果，その協力企業は売り手企業にとって必須の企業となる。売り手企業がその協力企業が保有するスキルやケイパビリティを活用することで，売り手企業の競合先に対する競争優位性を向上させることができる。ここでもその重要な要因は，買い手企業と売り手企業の関係と同様に，その協力企業のキーマンとの人間関係の親密度の高さである。

5. 結 び

　以上の論考をまとめると，売り手企業は，競争優位性の源泉を獲得するために，買い手企業を層別して優良な買い手企業を抽出し，それらの買い手企業から取引することが必要であるとことを指摘した。更に，優良な買い手企業および有力な協力企業と間で戦略的事業システムを構築することの必要性を考察した。最後に，戦略的事業システムを構築する必要条件がそれぞれの企業の担当者間の人間関係の親密度であり，これが競争優位性の源泉であることを指摘した。

【注釈】
(注－1) マスト条件とは，納入企業の選定条件（購買条件）の中で達成していないと絶対に納入企業として認めない基準である。

【引用文献】
(1) Abegglen,James C. ほか編著(1977),『ポートフォリオ戦略』プレジデント社。
(2) Porter,Michael E. (1980), *COMPETITIVE STRATEGY*, 土岐坤・中辻萬治・服部照夫訳(1982),『競争の戦略』ダイヤモンド社。
(3) Wernerfelt, B. (1984), "A Resource-Based View of the Firm," *Strategic Management Journal* , Vol.5, No.2, pp.171 〜 180.
(4) Barney, J. B. (1986), "Organizational culture: Can it be a source of sustained competitive advantage?," *Academy of Management Review* , 11(3), pp.656 〜 665.
(5) Prahalad, C. K. and G. Hamel (1990), "The Core Competence of the Corporation,"

Harvard Business Review, 68(3), pp.79～91.
(6) Collis,David J. and Montgomery,Cynthia A.(1995), *Competing on Resource in the 1990s*, HBPハーバード・ビジネス・レビュー編集部訳 (2001),「コア・コンピタンスを実現する経営資源再評価」『経営戦略論』ダイヤモンド社, pp.93～128。
(7) Stalk,George, Eveans,Philip and Shulman,Lawrence E.(1992), *Competing on Capabilities: The New Rules of Corporate Strategy*, HBPハーバード・ビジネス・レビュー編集部訳(2001),「ケイパビリティに基づく経営戦略」『経営戦略論』ダイヤモンド社, pp.13～54。
(8) Leonard-Barton, D. (1992), "Core Capabilities and Core Rigidities: A Paradox in Managing New Product Development," *Strategic Management Journal*, Vol.13 (Special Issue), pp.111～125.
(9) Teece, D. J. and G. Pisano (1994), "The dynamic capabilities of enterprises: an introduction," *Industrial and Corporate Change*, 3(3), pp.537～556.
(10) Grant, R. M. (1996), "Toward a knowledge-based theory of the firm," *Strategic Management Journal,* 17(Winter), pp.109～122.
(11) Abegglen,James C. (2004), *21st CENTURY JANPANESE MANAGEMENT : New System,Lasting Values*, 山岡洋一訳(2004),『新・日本の経営』日本経済新聞社, p.27。
(12) Laseter, Timothy M.(1998), *BALANCED SOURING*, 日本ブーズ・アレン・アンド・ハミルトン訳(1999),『ストラテジックソーシング』ピアオン・エデュケーション, pp.24～25。
(13) Collis, David J. and Montgomery,Cynthia A. (1998), *CORPORATE STRATEGY: A Resource -Based Approach*, 根来龍之・蛭田啓・久保亮一訳 (2004),『資源ベースの経営戦略』東洋経済新報社, p.49。
(14) Hamel,Gary and Prahalad,C.K. (1994), *COMPETING FOR FUTURE*, 一条和生訳(1995),『コア・コンピタンス経営』日本経済新聞社, p.11。
(15) 黒川和夫 (2008),「産業財の納入企業選定過程において人間関係の親密度が与える影響に関する研究」『実践経営』実践経営学会, 第45号, pp.119～124。
(16) 真鍋誠司(2002),「企業間協調においける信頼とパワーの効果」『組織科学』Vol.36 No.1, pp.80～94, p.81。
(17) 真鍋誠司(2002), 前掲, p.85。
(18) 黒川和夫 (2008),「製造業の納入業者選定において人間関係の親密度が与える影響」『九州経済学会年報』第46集, pp.61～65。

(黒川和夫)

第11章　サービス企業のグローバル化発展戦略
―日本と台湾の外食企業を中心として―

【要旨】

　グローバル化（Globalization）とは，企業の資本や労働力が国境を越えて移動することが活発化し，商品・サービスの貿易取引や世界への投資が全地球規模に拡大することによって，経済的な連携が深まることを意味する。本章においては，このような意味における「グローバル化」の中でサービス業の発展戦略について考察する。

【キーワード】：サービス企業，グローバル化発展戦略，外食企業

1. はじめに

　サービス業がグローバル化する背景について，以下のように言われている。1995年のWTO成立以来，世界の商業やサービス業の国際化が急激に加速し，同時にインターネットや輸送技術が急速に発展してきた。ビジネスにおいては，既に，国境が無くなっている状態である。世界経済における相互依存の関係が日増しに重視され，多くのサービス業が海外進出を果たしてグローバル化が進展した。近年サービス業の急速な発展は世界経済の潮流となっている。日本のサービス業は国内総生産GDPの7割を占めており，目下日本において最も重要な産業で，最大の就業チャンスを与える産業でもある[注-1]。

　2008年のリーマンブラザースの経営破綻の結果，グローバルな金融危機に陥った。全世界の株式市場はアメリカの金融危機とともに一気に地に倒れ，ア

ジアにおいても一国たりともそれを避けることができなかった。米国の住宅ローン会社，投資銀行，保険会社などが次々に破綻し，その危機は一気にヨーロッパまで広がった。米国連邦準備理事会 The Federal Reserve System (FED) のアラン・グリーンスパン (Alan Greenspan) 前議長は，「百年に一度の金融危機」と指摘している[注-2]。このような金融ショックのもと，原材料コストが急騰し，景気が低迷したことにより，大型製造業の工場閉鎖や従業員のリストラが相次いだ。国民の失業率が上昇するにつれて，ますます多くの人がサービス業（外食企業）に参入するようになった[注-3]。低資本の小規模なレストランや食堂の店舗数は明らかに増加する傾向がある。そしてコンペティター同士の熾烈な争いの結果，商品単価が下がり，国内の外食市場は厳しい状況に陥った。それでも経営の発展と安定に挑まなければならない。

　近年，世界経済の発展に伴って，日本と台湾では土地や労働賃金などのコストが上昇し，コストの安い地域に移転する必要が生じた。そこで，多くの製造業は，発展途上国の安価な人的資本と原料やその他の資源を求めて海外に進出するようになった。このような製造業の外向発展に伴い，外食企業も他のサービス業と同様に海外展開を始めるようになった。それまで外食企業は，内需型産業であると伝統的に考えられており，その国際化と言えば多くが旅行に関連して外国観光客をひきつける程度で，国内消費を促進する段階に留まっていた。しかし現在，時代と商業環境の変化により，外食企業は，グローバル展開を目指し，ヨーロッパ，アメリカ，アジア地区などのすべての国で海外拠点を積極的に開拓している。新世代のサービス業の海外進出は輸出を代替するものとなったと言える。

2. 日本／台湾のサービス業グローバル化発展の現状

(1) 日本から台湾へのグローバル化発展について

　台湾と日本の歴史には地縁関係があり，長い間日本は台湾に対して各産業に投資してきた。日本と台湾は地理的相関性が優れており，日々密接になっている。1952年以来日本企業はこれまでに，生産からアフターサービスまで，そ

して農業などの第一次産業からサービス業などの第三次産業までと，台湾市場でさまざまな事業を展開してきた。近年，台湾社会の成熟化や日本市場の飽和を背景とし，多様なサービス業者が進出しており，日系企業の投資比率が年々増加している。野村総合研究所[1] (2008) の「在台日本企業事業活動に関するアンケート調査」によると，日本企業は台湾での経営活動の年数について，製造業，非製造業とも「20年以上」が最も多く，全体の48.2%を占め，次いで「10年以上20年未満」の企業が全体の29.9%を占めている。主な投資件数ベースで見ると，日本からの投資の中でサービス業が全体の3分の1 (26.2%) を占めている。

図表11-1　日系企業の台湾サービス業への投資比率の推移図

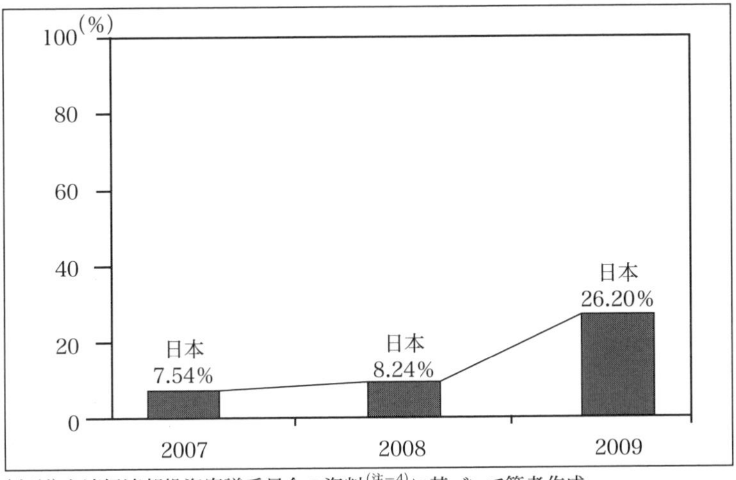

年	比率
2007	日本 7.54%
2008	日本 8.24%
2009	日本 26.20%

(出所)台湾経済部投資審議委員会の資料[注-4]に基づいて筆者作成。

ここで言う"サービス業"とは，卸売業，小売業，外食企業及び物流業を指す。日本企業による台湾産業へ投資を整理すると（付表11-2）[注-5]，2008年に日本からの外食企業の投資件数は472件で，外食企業全体の44%を，アジア地域の66%を占めている。他方，投資金額から見ると，日本の外食企業からの台湾への投資金額は，総金額6億4千万ドルで，外資の全体金額の37.5%，アジア地域の67%を占めている。これらのデータから，日本の外食企業は台

図表 11-2　サービス業へ投資をしている主な日系企業

業種	主要日系企業
小売業	髙島屋, イエローハット, オルビス, コーセー, 良品計画, ポーラ
運輸および倉庫業	ケイヒン, 佐川急便
外食企業	すかいらーく, モスバーガー, 山崎製パン, ベンチャーリンク, アサヒビール
コンサルタント業	ワイズコンサルティング
賃貸事業	東京センチュ

（出所）台湾経済部商業司のデータ[2]に基づいて筆者作成。

湾への進出に対して極めて積極的であり，その重要性を認識していることが読み取れる。サービス業へ投資をしている主な日系企業は，図表11-2に示す通りである。サービス業のうちで外食企業へ投資をしている主な日系企業は，例えば，すかいらーく，モスバーガーなどの大手外食企業である。

(2) 台湾から日本へのグローバル化発展について

台湾企業の大規模な対外投資は80年代に始まり，主に東南アジア諸国に向かった。90年代以降，中国への投資が可能となってからは，対中投資が大規模に始まった。対中投資の産業は労働集約型産業（アパレル，家具，食品，雑貨，機械など）が中心である。

台湾からの対日投資の推移を2007年度台湾経済部投資業務處の発表でみると，2005年12月までの累計で，対日投資件数は1,014件，投資総額は9億8,755万米ドルとなっており，産業別の内訳は貿易商社，機械工業，不動産，繊維産業およびその他サービス業である。台湾からの対日投資総金額は，2004年の7,400万米ドルから2005年には一旦2,600万米ドルに減少したものの，2006年には増加し1億1,000万米ドルを達成した。日本のM&A関連の調査会社レコフの調べによると，2004～2006年の台湾の対日投資企業数は延べ19社であり，対外投資全体の2.3％に相当する[3]。1991年から2006年まで，台湾の対外投資は457.5億ドル，対日投資は約12億ドル，対外投資全体の2.6％になる。特に台湾企業の対日投資の動機は，技術獲得（日本で企業を買収し，もしくは日本企業に出資する），日本市場の獲得，販売拡大のための

サービス提供などである。

　台湾企業の対日投資はサービス業分野に集中している。日本に進出した台湾企業の特徴は飲食，ブランド販売などのサービス業である。例えば，中華風や台湾風のレストラン，ホテル，飲料店，特産品を販売する小売店が挙げられる。例として，台湾の外食業者「鼎泰豐」は，1996年から日本（新宿高島屋の第一号店）に進出し，いままでに11店舗をオープンしてきた。今後，サービス業において，台湾企業は市場拡大を主要目的として，日本企業との合弁，技術供与，新しい拠点の設立などといった形で対日投資を拡大させていくであろう。

　日本と台湾は，経済発展のレベルや外食企業の産業構造が違うので，両者の外食企業は力関係における優位性や外資に求める投資条件が異なる。そこで，両者の外食企業におけるグローバル展開とその発展戦略の実態を検証する。

3．海外事業展開の四つのモードと戦略の基本原理

(1) 海外事業展開の四つのモード

　WTO/GATSの定義によれば，サービス業の海外事業展開は以下の四つのモデル[4]に分けられる。

①モデル1：越境取引（Cross-border Supply）

　サービス提供者とサービス消費者が二つの国に分かれて存在し，サービスの受け渡しの際，両者はその距離を移動する必要がなく，サービスだけが移動するというものである。例えば，eラーニング（E-learning），遠距離医療（E-medicine），イーコマース（E-commerce），ネット銀行，アウトソーシング（Outsourcing）など。

②モデル2：国外消費（Consumption Abroad）

　サービスの消費者が提供者の国に赴き消費する。例えば，海外旅行の際，観光客が国外で行う消費活動など。

③モデル3：商業拠点（Commercial Presence）

　サービス提供者が海外に商業の拠点を置き，そこでサービスを提供する。金

融業における海外支店，外食産業の海外支店などがその例である。

④モデル4：人の移動（Presence of Natural Persons）

サービスの提供者がサービス消費国に赴きサービスを提供する。その際のサービス行為には雇用者と被雇用者が含まれる。芸能人の海外公演などがその例である。

以上の四つのモデルは経営におけるリスクとリターンの程度が異なる。外食企業にとっては，海外に営業拠点を設置するというモデル3が最も有力なサービス提供モデルである。

サービス業のグローバル化は，図表11-3に示すように進出の方向と経営形態によって四つの形態に分けられる。グローバル化の発展戦略の最重要ポイントは海外市場進出の戦略（Entry mode）を選ぶことである。この戦略は企業の国境を超えた経営において重要な要因であり，それゆえに，海外に投資する企業にとってはこの戦略の選択が将来の経営業績に大きな影響をもたらすのである。

図表11-3　サービス業グローバル化発展の四つのモデル

	サービス輸入(Services Import)	サービス輸出（Services Export）
サービス業貿易	外国企業が海外で本国人に提供するサービス	本国の企業が国内や海外で外国人に提供するサービス
サービス業投資	外部からの投資(Inward FDI)	海外投資（outward FDI）
	外国のサービス業が本国で提供する投資活動	本国のサービス業が海外に向けて提供する投資活動

（出所）台湾サービス業国際化発展政策研究（2006）p.26に基づいて筆者作成。

(2) 戦略の基本原理

グローバル化の発展戦略に関する研究は，国際企業理論とその関連文献において核心となる領域の一つである。製造業の場合，グローバル化の発展戦略は，商品，技術，管理方式，その他の資源などを海外へ移すときの定石である。この戦略は国内外の多くの学者によって研究されてきた。その研究の起源は，1986年に発表されたAnderson and Gatignonの論文に遡ることができる。

彼らは「海外市場進出戦略は企業がその運営機能を海外市場へ広げる最も良い方法である」[5]と述べている。また Root（1987）によれば，海外市場進出戦略とは「海外市場において用いられ，海外進出時の戦略と海外市場の選択を含む定石である。そして，それは契約に基づく海外への移転，合弁，工場進出などの国際的な商業取引を組織したり，管理したりするためのものである」[6]。さらに，Buckley & Casson（1981）は，企業が国際化へと方向転換する最適な時期に関する研究を行ない，コスト構造という観点から，企業が海外市場へ進出する際の典型的な戦略に関して，輸出，海外への直接的投資，委託生産という三つを提示した[7]。

4．日本／台湾の外食企業のグローバル化発展戦略の分析

近年，情報システムの発展と国民所得の向上によって，趣味や娯楽としての旅行が普及し，同時に飲食などの消費行動が変化した。更に，国内市場では同業者間の競争が激化し，元来，内需型産業であった外食産業がチェーン化やグローバル化し始めた。日本を例に挙げると，外食企業のグローバル化はすでに30～40年になり，目下，世界中の飲食市場に海外拠点が見られ，日本の外食企業は全世界飲食のステージに上がることに成功した。

一方，台湾の外食企業はグローバル化の発展において，いままで目立った成果を得られてない。

（1）外食企業のグローバル化の現況

張慧珍[8]（2010）は，日本と台湾の外食企業におけるグローバル化の現況を把握するために，それらの企業にアンケート調査を行った。

その結果，外食業者の海外市場進出の国と地域に関して，日本と台湾とは酷似していることを実証した。すなわち，両者とも，中国，香港，日本を中心としたアジア地域が約8割を占めている（日本企業79%，台湾企業86%）。次に，北アメリカが約2割未満である（日本企業15%，台湾企業11%）。そして，外食

企業が海外進出した国数と拠点数に関する統計分析から，外食企業の中で一番多い海外進出の国数について，日本企業は 7 ヵ国，台湾企業は 9 ヵ国であり，海外拠点を最も多く設置した企業の拠点数は，日本企業では 385 拠点，台湾企業では 390 拠点であることを検証した。

海外市場への進出動機に関する分析の結果，日本と台湾では進出動機に差異があることを実証した。すなわち，日本の外食企業のほぼ半数 (52.6%) は，海外のパートナーからの要請が最大の進出動機である。それに次ぐ動機は海外市場における需要で，全体の 31.6% を占め，24 社があった。更に，低コスト生産を獲得することを動機に挙げたのはわずか 3 社で，全体の 3.9% に留まった。一方，台湾の外食企業の 15 社，約 4 割はグローバルな戦略的配置の獲得が動機である。第二の動機は，海外のパートナーからの要請で，全体の 31.6% を占め，12 社があった。第三の動機は市場の需要であり，11 社で，全体の 28.9% を占めていた（図表 11-4）。

図表11-4　日・台外食企業の海外進出の主要な動機比較表

海外進出の主要な動機	日本 サンプル数	日本 パーセント(%)	台湾 サンプル数	台湾 パーセント(%)
海外のパートナーの要請	40	52.6	12	31.6
市場の需要	24	31.6	11	28.9
低コストの生産要素の獲得	3	3.9	0	0
グローバルな戦略的配置	9	11.8	15	39.5
合計	76	100.0	38	100.0

(出所) 筆者作成。

(2) 外食企業のグローバル化発展戦略の分析

外食企業が海外展開する際の戦略の決定者を分析すると，日本と台湾の外食企業は類似している。すなわち，日本の外食企業では 63 社が「企業の会長と社長」が決定する。全体の 82.9% を占めて最多数である。次いで「海外市場の管理者」が戦略を決める場合が 7 社で，全体の 1 割程度を占めている。また，「その他」を選択した企業は 3 社あり，内容は海外事業の統括役員，部長およ

図表11-5　日・台外食企業の海外進出戦略の主要な決定者比較表

海外進出戦略の主要な決定者	日本 サンプル数	日本 パーセント(%)	台湾 サンプル数	台湾 パーセント(%)
企業の会長と社長	63	82.9	33	86.8
海外市場の管理者	7	9.2	5	13.2
海外事業部の部長	3	3.9	0	0
その他	3	3.9	0	0
合計	76	100.0	38	100.0

(出所)筆者作成。

び取締役会である。一方台湾では，「企業の会長と社長」が圧倒的多数を占めている企業は33社で，全体の86.8％を占めている。次に「海外市場の管理者」が戦略を決める場合が5社で，全体の13.2％を占めている（図表11-5）。

　グローバル化発展戦略の選択について，外食企業が海外市場に進出する際に，進出初期の戦略選択について分析すると，台湾と日本とは相違がある。すなわち，日本の外食企業は，合弁という形で進出した企業が29社，全体の38.2％で最も多く，次に独資での進出が22社，全体の28.9％を占め，FC（フランチャイズ）方式は18社で，全体の23.7％である。一方，台湾の外食企業は独資で進出した企業が21社，全体の55.3％で最も多く，次に合弁の進出が17社で，全体の44.7％を占めている。以上をまとめると，台湾企業の進出戦略は，独資の方が合弁よりも多く，またFC方式で進出する企業がないことが日本との違いである（図表11-6）。

図表11-6　日・台外食企業の初期の海外市場進出戦略の選択比較表

初期の海外市場進出戦略	日本 サンプル数	日本 パーセント(%)	台湾 サンプル数	台湾 パーセント(%)
独資	22	28.9	21	55.3
合弁企業	29	38.2	17	44.7
技術或いはブランドの供与	4	5.3	0	0
FC(フランチャイズ)	18	23.7	0	0
現有企業の買収と合併	3	3.9	0	0
合計	76	100.0	38	100.0

(出所)筆者作成。

次に，外食業者による現在の海外市場進出戦略の選択について分析すると，図表11-7に示すように，2008年の金融危機と経済景気の衰退の影響を受けて，外食企業の国際化への展開や海外市場進出戦略の選択に対して変化があった。現在の日本の外食業者ではFC（フランチャイズ）方式により進出した企業が29社で，全体の38.2%で最も多く，次に合弁での進出が26社で，全体の34.2%を占めている。独資での進出は13社で，全体の17.1%を占めている。一方，台湾では，合弁により進出した企業が18社で，全体の47.4%で最も多く，次に独資での進出が15社で，全体の39.5%を占めている。FC（フランチャイズ）方式で進出した企業が5社で，全体の13.2%を占めるようになった。

進出初期と現在における海外市場進出戦略の選択について図表11-6と図表11-7とを比較すると，日本企業と台湾企業はほぼ同じ傾向である。すなわち，独資での進出は十数%減少し，またFC方式による進出は十数%増加している。

図表11-7　日・台外食企業の現在の海外市場進出戦略の選択比較表

現在の海外市場進出戦略	日本 サンプル数	日本 パーセント(%)	台湾 サンプル数	台湾 パーセント(%)
独資	13	17.1	15	39.5
合弁企業	26	34.2	18	47.4
技術或いはブランドの供与	7	9.2	0	0
FC（フランチャイズ）	29	38.2	5	13.2
現有企業の買収と合併	1	1.3	0	0
合計	76	100.0	38	100.0

(出所) 筆者作成。

次に，外食企業が海外市場に進出する初期段階で主に考慮する要因をアンケート結果から分析すると，日本の外食企業の主な考慮要因は「海外市場の需要度」，「企業が持っている知識と能力」，「対象国家のリスク」という順である。一方，台湾では「商品の差異」が最も主要な考慮要因，次に「企業の規模」，3位は日本と同じで「対象国家のリスク」が要因となっている（図表11-8）。

図表11-9に示すとおり外食企業では，初期段階の主要考慮要因と現段階の主要考慮要因の間には変化が見られるが，現在の日本の外食企業が考慮する主要要因の一位は，やはり「海外市場の需要度」である。しかし，次に考慮する

図表 11-8　日・台外食企業の国際市場進出の初期段階で考慮する主要要因についての比較表

主要要因	1位	2位	3位
日本	海外市場の需要度	企業がもっている知識と能力	対象国家のリスク
台湾	商品の差異	企業の規模	対象国家のリスク

(出所) 筆者作成。

図表 11-9　日・台外食企業の現段階での国際市場進出の主要考慮要因について

主要要因	1位	2位	3位
日本	海外市場の需要度	海外市場の競争状況	商品の差異
台湾	商品の差異	企業の規模	対象国家のリスク

(出所) 筆者作成。

要因は「海外市場の競争状況」,三位は「商品の差異」という結果である。一方,台湾では初期段階の考慮要因と同じ順位で,「商品の差異」が最も主要な考慮要因,次に「企業の規模」,3位は「対象国家のリスク」となっている。

　主要考慮要因について初期段階(図表 11-8)と現段階(図表 11-9)との間における変化をまとめると,日本企業では主要考慮要因の二位と三位が変化したが,台湾企業ではそれらの要因の変化が見られなかった。

5. 結び

　海外市場への投資や海外拠点開拓の進出戦略は,企業経営のグローバル化の最重要キーワードである。そこで,本章では日本と台湾の外食企業のアンケート調査を通してグローバル化の影響による発展戦略の選択等に関して分析した。その結果,「過去の製造業のグローバル化の研究から導き出した結論」と「今回統計から得た分析結果」とでは,多くの相違点が存在することが判明した。これが本研究の成果である。そして本章で実証した知見は,外食企業,卸売業,小売業,および物流業などのサービス業がグローバル化発展を図る際の経営の見直しにおいて,一参考となるであろう。

　また,今後もインターネットが今まで以上に高度でかつ迅速に発達するの

で，サービス業のグローバル化がもっと加速される。そこで，今後の課題は，本章の外食企業の実態調査を踏まえ，発展戦略の選択要因を比較することや，サービス業におけるグローバル化発展戦略の分析に関する枠組みをより精緻化することである。

【注釈】

(注－1) サービス業が国内総生産 GDP（産業計）に占める割合は，70.3％となっている（内閣府『平成18年度国民経済計算』から算出）。また，産業別の就業者の割合をみると，サービス業に占める就業者の割合は67.7％に達している（総務省『平成19年度労働力調査』）。このように，日本の経済のなかでサービス業が3分の2以上のウエイトを占め，経済のサービス化が年々進展している。

(注－2) グリーンスパン（2008），米国は世紀に一度の金融危機 http://www.afpbb.com/

(注－3) 日本と台湾の失業者数・失業率は下記の表のように年々上昇している。

付表11-1　日本と台湾の失業者数・失業率

年	日本 失業者数	日本 失業率	台湾 失業者数	台湾 失業率
2007	257万人	3.9%	41.9万人	3.9%
2008	265万人	4.0%	45万人	4.1%
2009	347万人	5.2%	63.9万人	5.8%

リストラおよび無給休暇の影響で，失業族が序々に転じて，市場で創業するようになってきた。ここ数年，創業者がどの業種にフランチャイズ契約の選択をしているかについて，統計すると，第一の人気は販売が速い，すぐ元金を回収する飲食業である。「台湾の連鎖協会書記長劉汝駒氏は『私たちは今回の展示会ではやはり飲食業が主になると感じる。飲食業者の出店は77％を占め，非飲食業は23％である。不景気という環境の中では，やはり販売が速く，すぐ元金を回収できる飲食業を第一選択として選ぶ。』と述べた」ことを，中央の放送局の劉静瑀は紹介していた。
2009/02/10　17:26

(注－4) ①卸売業および小売業，運輸および倉庫業，ホテルおよび飲食業の総計。
　　　　②2009年のデータは1月-7月の総計。

(注－5) 台湾での外国人投資の業種，件数および区域の統計表(全体／アジア／日本)

付表11-2 台湾での外国人投資の業種, 件数および区域の統計表(全体/アジア/日本)

業種	合計 件数	合計 金額	アジア地区小計 件数	アジア地区小計 金額	日本 件数	日本 金額
農,林,漁,牧業	52	85,602	24	32,319	13	19,549
鉱業,土石業	15	68,041	9	45,449	7	5,654
製造業	7,528	47,107,722	3,574	13,909,230	2,381	9,822,911
電力,ガス供給業	192	854,346	114	192,116	99	142,431
用水,汚染整備業	66	192,859	29	80,463	14	11,749
建築業	600	1,275,439	327	626,863	155	350,531
卸売り,小売業	5,850	9,009,981	3,285	3,132,815	1,556	1,617,264
運輸及び流通業	331	1,186,078	190	187,425	62	83,076
外食企業	1,071	1,708,771	716	962,190	472	640,446
情報,通信業	963	5,255,007	364	1,954,171	111	166,512
金融及び保険業	2,026	24,548,240	426	4,039,917	125	1,172,424
不動産業	217	768,721	64	287,594	17	157,246
専業,科学及び技術サービス業	1,364	4,176,968	654	1,987,713	354	1,208,886
支援サービス業	368	477,288	174	163,557	102	119,020
公共行政,国防・強制性社会安全	0	0	0	0	0	0
教育サービス業	4	2,358	1	654	1	654
医療・保健と介護・福祉サービス業	6	5,350	1	1	0	0
芸術,娯楽,レジャーサービス業	75	217,214	34	27,992	19	18,269
他のサービス業	470	623,410	238	105,669	104	47,472
未分類	0	0	0	0	0	0
合計	21,198	97,563,393	10,224	27,736,137	5,592	15,584,092

単位:US$1,000ドル。
(出所)台湾経済部投資審議委員会編集(2009)に基づいて筆者作成。

【引用文献】

(1) 野村総合研究所 (2008),「在台日本企業事業活動に関するアンケート調査」『中華民国台湾投資通信』vol.159, pp.1〜2。
(2) 台湾商業サービス業の発展環境(2009), 台湾経済部商業司, p.7。
(3) 内閣府調査 (1996),『直近の対日投資企業の動向に関する調査研究報告書』(レコフ編)。
(4) 台湾サービス業国際化発展政策研究(經建會 2006.12)。
(5) Anderson, E. & Gatignon, H. (1986), Modes of foreign entry: A transaction

cost analysis and performance, *Journal of International Business Studies*, 17 (3), pp. 1 ～ 27.
(6) Root, F. R. (1987), *Entry Strategies for International Markets*, D. C. Heath, MA: Lexington.
(7) Buckley, P. J. & Casson, M. (1981), The Optimal Timing of a Foreign Direct Investment, *The Economic Journal*, 91, pp.75 ～ 87.
(8) 張慧珍(2010),『外食企業における海外市場参入戦略の選択に関する日・台比較研究』鹿児島国際大学大学院経済学研究科博士論文。

【参考文献】

[1] Johanson, J. & Wiedersheim-Paul, F. (1975), The internationalization of the firm-Four Swedish cases, *The Journal of Management Studies*, 19 (7/8), pp.305 ～ 322。
[2] Johanson,J. & Jan-Erik Vahlne (1977), The international process of the firm: A model of knowledge development and increasing foreign market commitment, *Journal of International Business Studies*, 8(1) pp.22 ～ 32.
[3] Johanson, J. & Vahlne, H. E. (1977), The internationalization process of the firm, *Journal of International Business Studies*, 1, pp.23 ～ 32.
[4] 山崎清，竹田志朗 (1982),『テキストブック国際経営』有斐閣。
[5] Anderson, E. & Gatignon, H. (1986), Modes of foreign entry : A transaction cost analysis and performance, *Journal of International Business Studies*, 17 (3), pp.1 ～ 27.
[6] Root, F. R. (1987), *Entry Strategies for International Markets*, D. C. Heath, MA: Lexington.
[7] Dunning, J. (1988), The eclectic paradigm of international production: A restatement and some possible extensions, *Journal of International Business Studies*, Spring: pp.1 ～ 31.
[8] Johanson, J. & Vahlne, H. E. (1990), The mechanism of internationalization, *International Marketing Review*, 7(4), pp.11 ～ 24.
[9] Root, Franklin R. (1994), *Entry Strategies for International Markets*, New York: Lexington Books.
[10] 内閣府調査(1996),『直近の対日投資企業の動向に関する調査研究報告書』レコフ出版。
[11] 呉青松(1996),『国際企業経営 - 理論と實務』台湾智勝文化出版。

[12] 原口俊道 (1999),『経営管理と国際経営』同文舘出版。
[13] 陳博志 (2004),『我國服務業發展走向之探討』行政院經濟建設委員會。http://www.cepd.gov.tw。
[14] 行政院經建會(2006),『台灣服務業國際化發展策略之研究』。
[15] 周添城, 賴金瑞等編 (2006),『台湾サービス業国際化発展政策研究』台湾経済部建設委員会出版。
[16] 財團法人中華經濟研究院(2006),『產業全球布局對我國整體經濟的影響與對策』行政院經濟建設委員會。
[17] 中華民國台湾投資通信(2007),『飛躍する台湾産業』vol.138。
[18] 中華民國台湾投資通信(2008), vol.159, pp.1～2。
[19] NHK スペシャル (2009), 世界"カイテンズシ"戦争 http://www.afpbb.com/article/economy/2517945/3344126
[20] 張慧珍 (2009),「日本外食市場の現況と海外発展趨勢の分析」『東亜産業発展與企業管理』台湾暉翔興業出版, pp.137～146。
[21] 張慧珍 (2010),『外食企業における海外市場参入戦略の選択に関する日・台比較研究』鹿児島国際大学大学院経済学研究科博士論文。

(張慧珍)

第12章　ベトナム日系製造業の競争戦略と競争優位
―合弁と独資の比較分析を中心として―

【要旨】
　日本の対ベトナム直接投資の累計金額に占める製造業のウエイトは極めて大きい。ベトナム日系製造業の対ベトナム直接投資の経営戦略（基本戦略）は「グローバル市場志向戦略」であるために，「品質」「生産技術」「納期」などが重要な競争優位の内容となっている。M.E. ポーターのあげる五つの競争要因のうちで最も重要な要因は「産業内の同業者間での競争の激しさ」である。ベトナムは外資に対する規制が緩やかであるために，ベトナム日系企業には日本側100％出資（独資）の形態が多い。合弁と独資の間には①経営戦略，②現地事業戦略，③主要な競争相手，④競争優位の内容，⑤マザー工場と対比した場合の競争優位の水準，などに差異が見られる。これらの差異をもたらした主たる原因は合弁が「現地市場＋海外市場志向戦略」と「現地市場志向戦略」を，独資が「グローバル市場志向戦略」を採る企業が多いこと，すなわち両者の「経営戦略」の相違にある。従来競争戦略や競争優位は個別的に分析される傾向があったが，本研究結果は経営戦略が異なれば現地事業戦略も異なり，更に競争戦略や競争優位も異なることを示唆している。

【キーワード】：合弁，独資，M.E. ポーター，競争戦略，競争優位

1．はじめに

1980年に M.E. ポーターが『競争の戦略』という著書の中で競争戦略を論じて

以来，経営戦略論の分野では競争戦略が中心的な位置を占めてきた[1]。この競争戦略は，競合他社よりも競争上優位な立場，すなわち競争優位を獲得するために展開されるものである。言うまでもなく，競争戦略は国内で活動する企業においてだけでなく，海外で活動する多国籍企業や日系企業においても極めて重要な戦略である。

周知の如く，1990年代後半から日本の対ベトナム直接投資の件数・金額が急激に増加してきた。しかし，これまで日本においてはベトナム日系企業の経営に関する研究[注-1]は非常に少なく，ベトナム日系企業の競争戦略と競争優位の実態に関する研究はまだ見当たらない[注-2]。したがって，ベトナム日系企業の競争戦略と競争優位の実態はまったく解明されていない。

ベトナム日系企業の競争戦略と競争優位の実態を分析することの意義は，ポーターの競争戦略に関する主張の一部を検証することができることにあり，また競争環境に直面し，競争戦略の策定や見直しを迫られているベトナム日系企業に対しても実践的な示唆を与えることができることにある。

日本財務省の『財政金融統計月報』によれば，日本の対ベトナム直接投資の累計金額は製造業が非製造業を大きく上回っている[2]。製造業の中でも電気機械器具製造業の累計金額が最も多い。しかし，電気機械器具製造業の累計件数はまだ少なく，アンケートを少なくとも40社程度回収するのは困難である。そこで，本章では2009年7～8月にベトナムに進出した日系製造業を対象として実施したアンケート調査に基づいて，ベトナム日系製造業の競争戦略と競争優位の実態を合弁や独資といった進出形態別に比較分析し，その差異を明らかにしてみたい[注-3]。

以下では，まず日本におけるアジア日系企業の競争戦略と競争優位に関する先行研究を考察し，先行研究の問題点を明らかにし，次に筆者の分析課題と調査方法を述べ，そしてベトナム日系製造業の競争戦略と競争優位の実態を分析し，最後に結論として分析課題に対する解答と今後の展望・課題を述べる[3]。

2. 日本におけるアジア日系企業の競争戦略と競争優位に関する先行研究

(1) 日本におけるアジア日系企業の競争戦略と競争優位に関する先行研究

アジア日系企業の競争戦略と競争優位に関する先行研究として，以下の三つの研究をあげることができる。

① 岡本康雄らの研究(1998年)[4]

岡本康雄らは1998年出版の『日系企業 in 東アジア』において，東アジア7ヵ国に所在する日系企業58社を対象としたインタビュー調査に基づいて，東アジア日系企業の特質を分析している。岡本らは製造業のなかでも直接投資金額が相対的に大きい電機（家電・電子を中心とする），自動車・自動車関連，広義の化学の3業種を調査対象業種とした。東アジア地域の調査は1995年〜1996年にかけて行われ，タイ所在の13社，マレーシア所在の11社，シンガポール所在の8社，インドネシア所在の5社，中国所在の9社，台湾所在の6社，韓国所在の6社，合計58社（生産子会社53社，地域統括会社5社）をインタビュー調査した。

岡本らはインタビュー調査を実施するに当たっては，各国における調査の統一性を維持するために事前にインタビュー・ガイドを作成し，このインタビュー・ガイドに基づいてインタビュー調査を行った。岡本らが作成したインタビュー・ガイドは，①子会社の基本戦略と業績，②組織管理，③人事労務，④生産，⑤部品資財調達（関係）の五つの分野からなり，合計60の調査項目から構成された[5]。

岡本らは，得られた58社のデータを集計するに当たっては，国別集計の方法をとらずに，東アジアとして一括集計する方法をとっている。また，一括集計したデータを重要と思われる項目に基づいてクロス分析する方法をとっている。本章と直接関係があるのは，前記のインタビュー・ガイドの①子会社の基

本戦略と業績の分野の内で，基本戦略と競争優位に関する調査結果である。以下，基本戦略と競争優位に関する岡本らの調査結果を要約紹介する。

図表12-1は，東アジア日系企業の経営戦略（基本戦略）に関する調査結果を示している。生産子会社53社の内で，「グローバル市場志向戦略」を採る企業が21社で最も多く，「現地市場プラス海外市場志向戦略」を採る企業が17社，「現地市場志向戦略」が15社である。経営戦略のタイプと所有比率とのクロス分析から，「グローバル市場志向戦略」を採る企業は100％所有が多く，「現地市場プラス海外市場志向戦略」を採る企業は多数所有が多く，「現地市場志向戦略」をとる企業は少数所有が多いということが判明した[6]。

図表12-1　経営戦略(基本戦略)の類型

(単位：社)

	生産会社	地域統括会社
I　グローバル市場志向戦略	21	4
II　現地市場プラス海外市場志向戦略	17	0
III　現地市場志向戦略	15	0
無回答	0	1
合　計	53	5

(出所)岡本康雄編『日系企業in東アジア』有斐閣，1998年，16頁。

図表12-2は，東アジア日系企業の競争優位に関する調査結果を示している。東アジア日系企業が重視する競争優位の内容は「品質」が最も多く，第2位は「生産技術（技術導入を含む）」，第3位は「製品」，第4位は「コスト」である。経営戦略のタイプと競争優位の内容とのクロス分析から，①「グローバル市場志向戦略」を採る企業の場合，競争優位の内容として「製品」，「品質」，「生産技術」，「コスト」などが重視されていること，②「現地市場プラス海外市場志向戦略」を採る企業の場合，競争優位の内容として「製品」と「価格」が重視されていること，③「現地市場志向戦略」を採る企業の場合，競争優位の内容として「品質」が重視されていること，などが判明した[7]。

東アジア日系企業の競争優位の水準は，筆者の計算によれば，5段階評価の平均値が3.5で，中間評価（平均値が3.0）よりも若干高い水準であった[注-4]。

経営戦略のタイプと競争優位の水準とのクロス分析から，①「グローバル市場志向戦略」を採る企業の場合，競争優位の水準（平均値）は3.9で，高いこと，②「現地市場プラス海外市場志向戦略」を採る企業の場合，競争優位の水準が3.5で，中間評価よりも若干高いこと，③「現地市場志向戦略」を採る企業の場合，競争優位の水準が2.9で，中間評価並みであること，などが判明した。また，所有比率と競争優位の水準とのクロス分析から，①100％所有の企業の場合，競争優位の水準が3.9で，高いこと，②多数所有の企業の場合，競争優位の水準が3.5で，中間評価よりも若干高いこと，③少数所有の企業の場合，競争優位の水準が3.1で，中間評価並みであること，などが判明した[8]。

以上のように，岡本らの調査結果は調査した東アジア日系企業を一括集計したものであり，国別に日系企業の調査結果を示したものではない。また，調査した58社の東アジア日系企業のなかにはベトナム日系企業が含まれていない。

図表12-2　競争優位（主なもの五つ）

(単位：社)

品質	17	価格	4
製品	12	製品技術(設計含む)	4
生産技術(技術導入含む)	14	現地技術者能力	3
コスト	11	労務管理技術	2
ブランド(イメージ)	6	耐久性	2
先発者利益	6	技術者養成	1
納期	5	(短い)リードタイム	1

(出所)岡本康雄編『日系企業 in 東アジア』有斐閣，1998年，24頁。

② 筆者の研究（2007年）[9]

筆者は2007年出版の『アジアの経営戦略と日系企業』において，中国とタイの日系電機製造業を対象として実施したアンケート調査の結果を比較考察した[10]。アンケート調査は2004年8月に行われ，中国日系電機製造業142社にアンケートを送り，42社からこれを回収した(回収率は29.6％)。また，同時にタイ日系電機製造業150社にアンケートを送り，40社からこれを回収した（回収率は26.7％）。主な調査項目は，①意思決定，②日本的経営，③競争戦

略と競争優位，④生産管理，⑤人事・労務管理などであった。ここでは③の競争戦略と競争優位に関する中国日系電機製造業の調査結果を要約紹介する。

中国日系電機製造業は経営戦略（基本戦略）として「現地市場＋海外市場志向戦略」を採る企業が66.7％を占め最も多く，「グローバル市場志向戦略」を採る企業が26.2％，「現地市場志向戦略」を採る企業が7.1％であった。中国日系電機製造業が現地事業戦略を策定するに当たって重視している項目は，「利益確保」が第1位,「顧客の満足」と「グローバル戦略の一環」が同比率で第2位,「高品質の実現」が第4位であった。

中国日系電機製造業の競争状況に対する認識は，5段階評価の平均値が3.9であり，厳しい認識であることが判明した。中国日系電機製造業の主要な競争相手は，「日系企業」が50.0％,「現地系企業（すなわち中国企業）」が23.8％,「アジア企業（日本企業以外）」が21.4％を占めた。中国日系電機製造業の収益率を規定する五つの競争要因についての結果によれば，「産業内の同業者間での競争の激しさ」という回答が圧倒的に多く第1位を占め，第2位は「買い手の交渉力」であった。つまり，ポーターは五つの競争要因をあげているが，中国日系電機製造業の場合，「産業内の同業者間での競争の激しさ」が最も重要な競争要因であることが判明した。

中国日系電機製造業の競争優位の内容は，第1位が「品質」，第2位が「コスト」，第3位が「製品企画・設計力」，第4位が「生産技術」であった。マザー工場や現地系企業と対比した場合の中国日系電機製造業の競争優位の水準はそれぞれ平均値が3.4で，中間評価よりも若干高い水準であった。

以上の中国日系電機製造業の調査結果は，経営戦略が異なると現地事業戦略が異なるだけでなく，競争戦略（競争状況の認識，主要な競争相手，収益率を規定する五つの競争要因など）も異なり，競争優位（競争優位の内容，競争優位の水準など）も異なることを示唆している[11]。

競争戦略と競争優位は中国日系企業にとって極めて重要であるにもかかわらず，中国日系企業の競争戦略と競争優位に関する研究はまだ緒に就いたばかりである。上述した筆者の研究は，日本の対中国直接投資の累計金額が最も多い

電機製造業(42社)から得られたデータを分析したものである。

③ 筆者の研究(2010年)[12]

筆者は2010年出版の『東アジアの経済発展と社会保障問題研究(中文)』において，中国日系繊維製造業を対象として実施したアンケート調査の結果を考察した[13]。アンケート調査は2007年8月に行われ，中国日系繊維製造業175社にアンケートを送り，34社からこれを回収した(回収率は19.4%)。主な調査項目は上述した中国日系電機製造業の場合とほぼ同様である。

中国日系繊維製造業は経営戦略(基本戦略)として「グローバル市場志向戦略」を採る企業が70.6%を占め，圧倒的に多い。「現地市場志向戦略」を採る企業は17.6%しかない。中国日系繊維製造業が現地事業戦略を策定するに当たって重視している項目は，「顧客の満足」が第1位，「高品質の実現」が第2位，「利益確保」が第3位，「低コストの実現」が第4位であった。

中国日系繊維製造業の競争状況に対する認識は，5段階評価の平均値が3.4であるから，それほど厳しい認識はもたれていない。中国日系繊維製造業の主要な競争相手は，「日系企業」「現地系企業(すなわち中国企業)」などである。中国日系繊維製造業の収益率を規定する五つの競争要因についての結果によれば，「産業内の同業者間での競争の激しさ」という回答が圧倒的に多く第1位を占め，第2位は「買い手の交渉力」であった。つまり，ポーターは五つの競争要因をあげているが，中国日系繊維製造業の場合，「産業内の同業者間での競争の激しさ」が最も重要な競争要因であることが判明した。

中国日系繊維製造業の競争優位の内容は，第1位が「品質」，第2位が「生産技術」，第3位が「納期」であった。マザー工場や現地系企業と対比した場合の中国日系繊維製造業の競争優位の水準はそれぞれ平均値が3.1と3.3で，中間評価並みの水準であった。

以上の中国日系繊維製造業の調査結果は，経営戦略が異なると現地事業戦略が異なるだけでなく，競争戦略(競争状況の認識，主要な競争相手，収益率を規定する五つの競争要因など)も異なり，競争優位(競争優位の内容，競争優位の水準など)

も異なることを示唆している[14]。

競争戦略と競争優位は中国日系企業にとって極めて重要であるにもかかわらず，中国日系企業の競争戦略と競争優位に関する研究はまだ緒に就いたばかりである。上述した筆者の研究は，日本の対中国直接投資の累計件数が最も多い繊維製造業34社のデータを分析したものである。

(2) 日本におけるアジア日系企業の競争戦略と競争優位に関する先行研究の問題点

以上，日本におけるアジア日系企業の競争戦略と競争優位に関する三つの先行研究を要約紹介した。これらの三つの研究を整理してみて，競争戦略や競争優位を個別的に分析・研究するだけでは不十分であること，①経営戦略，②現地事業戦略，③競争戦略，④競争優位の四者を一体的にとらえて分析・研究する必要があること，などが判明した[15]。

また，問題点は二つあることが判明した。第一に，競争戦略と競争優位がアジア日系企業にとって極めて重要であるにもかかわらず，筆者の知る限りでは日本における先行研究の事例が僅かに三つしかなく，研究事例が極めて乏しいということである。したがって，今後もっと研究事例を積み重ねていくことが必要である。第二に，1990年代後半から日本の対ベトナム直接投資が急増したにもかかわらず，これまでベトナム日系製造業の競争戦略と競争優位の実態はまったく研究されていないので，ベトナムに進出した日系合弁製造業と日系独資製造業との間には競争戦略と競争優位の点でどのような差異があるのかが解明されていないことである。

(3) 筆者の研究方法

筆者はこれらの問題点を究明するために，2009年7～8月にベトナム日系製造業を対象としてアンケート調査を行うことにした。また，筆者は2004年8月に中国日系電機製造業からアンケートを回収しているので，ベトナム日系製造業の競争戦略と競争優位のデータを解釈するに当たっては，中国日系電機

製造業のデータを参考にすることにした。

3. 分析課題と調査方法

(1) 分析課題

　日本の対ベトナム直接投資においては製造業の占めるウエイトは大きい。1990年代後半から日本の対ベトナム直接投資は急増したが，これまで日本においてはベトナム日系製造業の競争戦略と競争優位の実態を分析した研究は見当たらない。本章は，2009年7～8月にベトナム日系製造業を対象として実施したアンケート調査に基づいて，ベトナム日系製造業の競争戦略と競争優位の実態を分析しようとするものである。本研究の分析課題は「ベトナム日系製造業の競争戦略と競争優位には合弁と独資の間で差異があるかを解明すること」である。分析を進めるに当たって，次のような三つのサブ課題を設定した。

　第一のサブ課題は，ベトナム日系製造業の対ベトナム直接投資の経営戦略(基本戦略)と現地事業戦略の実態を合弁や独資といった進出形態別に比較分析することである。

　第二のサブ課題は，ベトナム日系製造業が競争状況をどのように認識しているか，ベトナム日系製造業の主要な競争相手は誰であるか，ポーターがあげる五つの競争要因のうちで，どの要因がベトナム日系製造業の場合に決定要因であるのか，などを進出形態別に比較分析することである。

　第三のサブ課題は，ベトナム日系製造業がどのようなものを競争優位の内容と考えているか，ベトナム日系製造業はマザー工場や現地系企業と対比した場合の競争優位の水準をどのように考えているか，などを進出形態別に比較分析することである。

(2) 調査方法

　筆者はベトナム日系製造業を対象としてアンケート調査を実施した。主な調査項目は，①意思決定，②日本的経営，③経営現地化，④競争戦略と競争優位，

⑤環境経営などであったが、筆者の主たる関心は④の競争戦略と競争優位にあった。2009年7～8月に日本人派遣社員のいるベトナム日系製造業194社にエアメールを使ってアンケートを郵送し、82社からこれを回収した（回収率は42.3%）。アンケートを回収した82社の進出形態別内訳は合弁が26社、独資が56社であった。図表12-3はアンケートの回収状況を示している。

図表12-3　アンケートの回収状況

(単位：企業数・％)

日系製造業	調査時期	配布数	回収数	回収率
ベトナム日系製造業	2009年7～8月	194	82	42.3
(参考)中国日系電機製造業	2004年8月	142	42	29.6

(注)アンケートの配布先は、日本人派遣社員のいる日系製造業である。

なお、参考として、図表12-3の下段は2004年8月中国日系電機製造業を対象として実施したアンケート調査の回収状況を示している。この二つのアンケート調査は対象業種の構成が異なるので、調査結果を単純には比較できないが、参考にはなるであろう。

4.　ベトナム日系製造業の競争戦略と競争優位

(1) 対ベトナム直接投資の経営戦略と現地事業戦略

①　経営戦略（基本戦略）

従来から北米に進出した日系製造業は「現地市場志向戦略」を採り、アジアに進出した日系製造業は「グローバル市場志向戦略」を採る傾向があることが指摘されてきた[注-5]。ベトナム日系製造業の対ベトナム直接投資の経営戦略（基本戦略）はどのようになっているのであろうか。これについてベトナム日系製造業の回答を整理したものが図表12-4である。図表12-4に示されているように、「グローバル市場志向戦略」を採る企業が46.3％を占め、最も多い。「現地市場志向戦略」を採る企業は22.0％しかない。昨今ベトナムの市場規模は次第に大きくなってきているが、企業競争も熾烈になってきているので、急激に「現地市場志向戦略」へと転換するベトナム日系製造業は少ないように思われる。

今後も当分の間多くのベトナム日系製造業は「グローバル市場志向戦略」を採り続けるであろうと予測される。

　従来からアジアに進出した日系独資は「グローバル市場志向戦略」を採る企業が多く，日系合弁は「現地市場＋海外市場志向戦略」を採る企業が多いと指摘されてきた。また，中国の日系合弁は日系独資よりも「原材料・部品の現地調達比率」が高く，「販売に占める地場市場比率」が高いことが指摘されてきた。図表12-4によれば，ベトナム日系製造業の場合には合弁は「現地市場＋海外市場志向戦略」と「現地市場志向戦略」を採る企業が合計で8割近くを占め，独資は「グローバル市場志向戦略」を採る企業が約6割を占めている。

図表12-4　経営戦略(基本戦略)

(単位：%)

	ベトナム日系製造業 合弁	独資	合計	(参考)中国日系電機製造業 合計
	n=26	n=56	n=82	n=42
グローバル市場志向戦略	19.2	58.9	46.3	26.2
現地市場＋海外市場志向戦略	38.5	25.0	29.3	66.7
現地市場志向戦略	38.5	14.3	22.0	7.1
無回答	3.9	1.8	2.4	0.0
合計	100.0	100.0	100.0	100.0

(出所) 筆者作成。

　このように，合弁や独資といった進出形態によって経営戦略に大きな差異が見られる。しかし，合弁や独資といった進出形態が経営戦略に及ぼす影響よりも，経営戦略が進出形態に及ぼす影響の方がはるかに大きいと思われる。

　参考までに，経営戦略についてベトナム日系製造業と中国日系電機製造業の調査結果を比較すると，図表12-4に示されているように，ベトナム日系製造業の場合には「グローバル市場志向戦略」が46.3％を占め，中国日系電機製造業の場合には「現地市場＋海外市場志向戦略」が66.7％を占めている。このように両者の結果には大きな差異があり，このことが以下の現地事業戦略，競争戦略，競争優位などに差異を生じさせる原因となっている。

② 現地事業戦略

　経営戦略に基づいて現地事業戦略は策定される。従来から北米に進出した日系製造業は市場競争が熾烈なために，現地事業戦略として「売上高」「市場確保」「市場占有率」などの市場関連指標を重視する傾向があることが指摘されてきた[16]。ベトナム日系製造業が現地事業戦略を策定するに当たって重視している項目は，図表12-5に示すように，「顧客の満足」が第1位，「利益確保」が第2位,「低コストの実現」が第3位である。これらは輸出競争力に関連する指標である。製品の輸出競争力を高めるためには，高品質で低コストの製品を提供することによって顧客を満足させることが重要である。このことが実現すれば，製品の輸出競争力は高まり，意図した利益が確保されやすくなる。

図表12-5　現地事業戦略(二つ以内回答)

(単位：%)

	ベトナム日系製造業 合弁 n=26	ベトナム日系製造業 独資 n=56	ベトナム日系製造業 合計 n=82	(参考)中国日系電機製造業 合計 n=42
利益確保	46.2	35.7	39.0	38.1
売上高の拡大	15.4	12.5	13.4	11.9
市場確保	23.1	5.4	11.0	14.3
低コストの実現	11.5	33.9	26.8	21.4
高生産性の実現	7.7	16.1	13.4	9.5
市場占有率の拡大	26.9	8.9	14.6	19.0
高品質の実現	7.7	17.9	14.6	26.2
顧客の満足	46.2	41.1	42.7	28.6
グローバル戦略の一環	7.7	26.8	20.7	28.6

(出所) 筆者作成。

　従来からアジアに進出した日系独資は日系合弁よりも「グローバル市場志向戦略」を採る傾向があることが指摘されてきた。ベトナム日系製造業の場合にも独資の方が合弁よりも「グローバル市場志向戦略」を採る企業が多い。ベトナムの日系独資製造業は，図表12-5に示すように，日系合弁製造業よりも「低コストの実現」を重視している。

　参考までに，ベトナム日系製造業と中国日系電機製造業の調査結果を比較すると，図表12-5に示すように，両者ともに「顧客の満足」「利益確保」「グロー

バル戦略の一環」「低コストの実現」などを重視している点は共通している。しかし，ベトナム日系製造業は中国日系電機製造業よりも「市場確保」「市場占有率の拡大」などの市場関連指標を重視する度合いが若干低い。これは，ベトナム日系製造業には「グローバル市場志向戦略」を採る企業が多く，中国日系電機製造業には「現地市場＋海外市場志向戦略」を採る企業が多いことに起因していると考えられる。

(2) 競争戦略

① 競争状況の認識

一般に「グローバル市場志向戦略」を採る企業の場合には競争が相対的にマイルドとなり，「現地市場志向戦略」を採る企業の場合には日系企業や現地系企業との競争が熾烈になるという傾向が見受けられる[17]。従来から北米に進出した日系製造業の競争状況の認識は厳しいことが指摘されてきた。これは北米に進出した日系製造業には「現地市場志向戦略」を採る企業が多いことによるものである。ベトナム日系製造業の競争状況の認識は，図表12-6に示すように，5段階評価の平均値が3.6（標準偏差が1.12）であるから，やや「厳しい」という認識がもたれている。

一般にアジアに進出した日系企業の場合には，合弁は「現地市場＋海外市場志向戦略」を採る企業が多いために独資よりも競争状況の認識が厳しくなるという傾向が見受けられる。しかし，ベトナム日系製造業の場合には，図表12-6に示すように，合弁の平均値が3.6（標準偏差が0.90），独資の平均値が3.7（標準偏差が1.21）であるから両者の間には競争状況の認識において差がほとんどない。

図表12-6　競争状況の認識

(単位：平均値)

	ベトナム日系製造業			(参考)中国日系電機製造業
	合弁	独資	合計	合計
	n=26	n=56	n=82	n=42
競争状況の認識(平均値)	3.6	3.7	3.7	3.9

(出所) 筆者作成。

参考までに，ベトナム日系製造業と中国日系電機製造業の調査結果を比較すると，図表12-6に示すように，ベトナム日系製造業は中国日系電機製造業よりも競争状況の認識が少し緩い。これは，ベトナム日系製造業には「グローバル市場志向戦略」を採る企業が多く，中国日系電機製造業には「現地市場＋海外市場志向戦略」を採る企業が多いことによるものである。

② 主要な競争相手

一般に海外に進出した日系企業の主要な競争相手は「日系企業」であることが多い。これは，①日本企業の海外直接投資には他社追随型の海外直接投資が多いこと，②日本企業が束になってほぼ同じ時期・場所に海外直接投資を行う傾向があること，などに起因していると考えられる[18]。ベトナム日系製造業の主要な競争相手は，図表12-7に示すように，「日系企業」「アジア企業（日本企業以外）」などである。「アジア企業（日本企業以外）」という回答は予想していたよりも多かった。これは，①アジア企業（日本企業以外）のベトナム進出が盛んであること，②ベトナムにおける製造業の場合には日系企業とアジア企業（日本企業以外）との間には技術格差が少ないこと，などに起因していると考えられる。

図表12-7 主要な競争相手

(単位：％)

	ベトナム日系製造業 合弁	ベトナム日系製造業 独資	ベトナム日系製造業 合計	(参考)中国日系電機製造業 合計
	n=26	n=56	n=82	n=42
日系企業	23.1	53.6	43.9	50.0
現地系企業	26.9	7.1	13.4	23.8
アジア企業(日本企業以外)	34.6	37.5	36.6	21.4
アメリカ企業	0.0	0.0	0.0	4.8
ヨーロッパ企業	3.9	0.0	1.2	0.0
その他	11.5	0.0	3.7	0.0
無回答	0.0	1.8	1.2	0.0
合　計	100.0	100.0	100.0	100.0

(出所) 筆者作成。

一般に合弁は「現地市場＋海外市場志向戦略」を採る企業が多いために，主要な競争相手として「現地系企業」をあげる傾向があり，独資は「グローバル市場志向戦略」を採る企業が多いために，主要な競争相手として「日系企業」をあげる傾向がある。ベトナム日系合弁製造業は，図表12-7に示すように，主要な競争相手として「アジア企業（日本企業以外）」をあげており，ベトナム日系独資製造業は主要な競争相手として「日系企業」をあげている。

参考までに，ベトナム日系製造業と中国日系電機製造業の調査結果を比較すると，図表12-7に示すように，主要な競争相手は「アジア企業（日本企業以外）」との技術格差が少ないベトナム日系製造業の場合には「日系企業」「アジア企業（日本企業以外）」などであり，「現地系企業」との技術格差がまだ大きい中国日系電機製造業の場合には「日系企業」である。

③ 収益率を規定する五つの競争要因

周知の如く，ポーターは業界の収益率を規定する五つの競争要因をあげ，「業界によって，競争の第一要因はみな違う[19]」と述べ，五つの競争要因のうちでどれが決定要因になるかは，多くの重要な経済的技術的特性によって決まると主張した[20]。しかし，ポーターは五つの競争要因を強調するあまり，五つの競争要因の一つである「業者間の敵対関係」，すなわち「産業内の同業者間での競争の激しさ」の重要性を希薄化させているのではないかという疑問がある。

一般にアジアに進出した日系製造業の場合には，収益率を規定する要因として「産業内の同業者間での競争の激しさ」が決定要因であるという傾向が見受けられる[21]。ベトナム日系製造業の場合には，図表12-8に示すように，「産業内の同業者間での競争の激しさ」が決定要因となっている。2番目に大きな要因は「買い手の交渉力」である。

一般に合弁は「現地市場＋海外市場志向戦略」を採る企業が多いために，独資よりも「産業内の同業者間での競争の激しさ」が相対的に重要である程度が高くなる傾向がある。しかし，ベトナム日系製造業の場合には，図表12-8に示すように，合弁と独資の間には収益率を規定する要因に大きな差は見られない。

図表12-8　収益率を規定する五つの競争要因(二つ以内回答)

(単位：％)

	ベトナム日系製造業			(参考)中国日系電機製造業
	合弁	独資	合計	合計
	n=26	n=56	n=82	n=42
産業内の同業者間での競争の激しさ	80.8	83.9	82.9	88.1
新規参入の脅威	15.4	10.7	12.2	11.9
代替的な製品・サービスの脅威	7.7	16.1	13.4	4.8
供給業者の交渉力	23.1	16.1	18.3	14.3
買い手の交渉力	30.8	28.6	29.3	38.1
その他	7.7	7.1	7.3	4.8

(出所) 筆者作成。

　参考までに，ベトナム日系製造業と中国日系電機製造業の調査結果を比較すると，図表12-8に示すように，両者はともに「産業内の同業者間での競争の激しさ」を決定要因と考えており，2番目に大きな要因は「買い手の交渉力」である。

(3) 競争優位

① 競争優位の内容

　従来から北米に進出した日系製造業は競争優位の内容として「品質」をあげる企業が多いと指摘されてきた[22]。また，アジアに進出した日系製造業については，「品質」や「コスト」といった一般的な競争優位だけでなく，「製品企画・設計力」といった新製品開発力に競争優位の中心が移動しつつあることが指摘されてきた[23]。ベトナム日系製造業の場合には，図表12-9に示すように，競争優位の内容は第1位が「品質」，第2位が「生産技術」，第3位が「コスト」と「納期」である。ベトナム日系製造業は「グローバル市場志向戦略」を採る企業が多いために，「品質」や「納期」が重要な競争優位の内容となっている。また，ベトナムにおける製造業の場合には日系企業とアジア企業（日本企業以外）との間には技術格差が少ないために，ベトナム日系製造業では競争優位を確保する上で「生産技術」が重視され，重要な競争優位の内容となっている。

図表12-9 競争優位の内容(三つ以内回答)

(単位:%)

	ベトナム日系製造業 合弁 n=26	独資 n=56	合計 n=82	(参考)中国日系電機製造業 合計 n=42
製品企画・設計力	26.9	14.3	18.3	31.0
品質	84.6	78.6	80.5	90.5
生産技術	34.6	39.3	37.8	23.8
生産規模	7.7	10.7	9.8	19.0
コスト	23.1	41.1	35.4	52.4
納期	26.9	39.3	35.4	19.0
厚い優位技術	26.9	19.6	22.0	21.4
製品開発力	26.9	10.7	15.9	16.7
生産システム	7.7	7.1	7.3	4.8
その他	11.5	5.4	7.3	4.8

(出所) 筆者作成。

　一般に合弁は「現地市場+海外市場志向戦略」を採る企業が多く，現地系企業との競争が独資よりも相対的に厳しくなるために，「コスト」が重要な競争優位の内容となる傾向がある。しかし，「グローバル市場志向戦略」を採る企業が多いベトナム日系製造業の場合には，図表12-9に示すように，合弁も独資もともに「品質」「生産技術」「納期」などを重要な競争優位の内容としてあげている。独資は合弁よりも「コスト」を重視する程度が高くなっているが，これは独資の競争相手が「日系企業」だけでなく，「アジア企業(日本企業以外)」も含まれるために，通常よりも「競争状況の認識」のレベルが少し高くなり，その結果独資が「コスト」の重要性を認識していることに起因していることが考えられる。

　参考までに，ベトナム日系製造業と中国日系電機製造業の調査結果を比較すると，図表12-9に示すように，両者は「品質」を重要な競争優位の内容と考えている点が共通している。しかし，両者には相違点もある。例えば，ベトナム日系製造業の場合には「生産技術」や「納期」が重要な競争優位の内容となっており，中国日系電機製造業の場合には「コスト」や「製品企画・設計力」が重要な競争優位の内容となっている。これらの相違をもたらした原因は，両者の経営戦略の相違にあると考えられる。

② 競争優位の水準

北米日系製造業を対象とした岡本康雄らの調査結果によれば，マザー工場と対比した場合の北米日系製造業の競争優位の水準は平均値が3.6で，「高い」水準であった(注-6)。この平均値の計算方法は前述の5段階評価による平均値の計算方法とは若干異なるものである。すなわち，この平均値は「非常に高い」を5点，「相当に高い」を4点，「高い」を3.5点，「どちらともいえない」を3点，「低い」を2点，「非常に低い」を1点として計算したものである。マザー工場と対比した場合のベトナム日系製造業の競争優位の水準は，図表12-10に示すように，平均値が3.2(標準偏差が1.06)で，中間評価並みであった。

図表12-10 マザー工場と対比した場合の競争優位の水準

(単位：平均値)

	ベトナム日系製造業 合弁 n=26	ベトナム日系製造業 独資 n=56	ベトナム日系製造業 合計 n=82	(参考)中国日系電機製造業 合計 n=42
マザー工場と対比した場合の競争優位の水準(平均値)	2.8	3.4	3.2	3.4

(出所) 筆者作成。

しかし，岡本らの調査結果とこの調査結果を比較すると，マザー工場と対比した場合の競争優位の水準は北米日系製造業の方がベトナム日系製造業よりも高かった。これは，世界のグローバル企業が拠点を置く北米市場では競争が激しいために，競争優位の水準をマザー工場に近づける努力がなされていることを示唆している。また，これはアジアに進出した日系製造業ではその主な進出動機が豊富で安価な労働力の活用である場合が多いので，先進国に進出した日系製造業よりもマザー工場と対比した場合の競争優位の水準がやや低くなる傾向があることを示唆している。

一般に合弁は独資よりもマザー工場と対比した場合の競争優位の水準が低くなる傾向が見受けられる。ベトナム日系製造業の場合には，図表12-10に示すように，合弁の平均値が2.8 (標準偏差が1.16)，独資の平均値が3.4 (標準偏差が0.98) であるから，合弁は独資よりもマザー工場と対比した場合の競争優位の水準がかなり低い。

参考までに，ベトナム日系製造業と中国日系電機製造業の調査結果を比較すると，図表12-10に示すように，両者にはマザー工場と比較した場合の競争優位の水準に若干の差があり，ベトナム日系製造業の方が若干低い。これは，ベトナム日系製造業の場合には前述した如く，合弁の競争優位の水準（平均値が2.8）が低いことが影響していると考えられる。

北米日系製造業を対象とした岡本らの調査結果によれば，現地系企業（アメリカ企業）と対比した場合の競争優位の水準は平均値が3.8で，マザー工場と対比した場合の競争優位の水準（平均値が3.6）よりも若干高かった[注-7]。ベトナム日系製造業の場合には，図表12-11に示すように，現地系企業（ベトナム企業）と対比した場合の競争優位の水準は平均値が3.7（標準偏差が0.92）でやや高く，マザー工場と対比した場合の競争優位の水準（平均値が3.2）よりも高かった。

図表12-11　現地系企業と対比した場合の競争優位の水準

(単位：平均値)

	ベトナム日系製造業			(参考)中国日系電機製造業
	合弁	独資	合計	合計
	n=26	n=56	n=82	n=42
現地系企業と対比した場合の競争優位の水準(平均値)	3.8	3.7	3.7	3.4

(出所) 筆者作成。

一般に合弁の場合には独資よりも最新鋭の設備・機械が導入される度合いが相対的に低いために，現地系企業と対比した場合の競争優位の水準は合弁の方が独資よりも低くなる傾向がある。しかし，ベトナム日系製造業の場合には，図表12-11に示すように，合弁の平均値が3.8（標準偏差が0.68），独資の平均値が3.7（標準偏差が1.02）であるから両者の間には差がほとんどない。合弁の平均値が予想していたよりも高かった。これは，合弁の場合にも最新鋭の設備・機械がある程度導入されていることを示唆している。

参考までに，ベトナム日系製造業と中国日系電機製造業の調査結果を比較すると，図表12-11に示すように，両者の間には若干の差がある。これは，ベトナム日系製造業には「グローバル市場志向戦略」を採る企業が多いために，最新鋭の設備・機械が導入されていることを示唆している。

5. 結び

　まず，三つのサブ課題に対する解答を要約する。

　第一に，ベトナム日系製造業は経営戦略（基本戦略）として「グローバル市場志向戦略」をとる企業が46.3%を占め最も多い。ベトナムに進出した日系の合弁は「現地市場＋海外市場志向戦略」と「現地市場志向戦略」を，独資は「グローバル市場志向戦略」を採る企業が多い。また，ベトナム日系製造業は現地事業戦略として「顧客の満足」「利益確保」「低コストの実現」などの輸出競争力に関連する指標を重視している。合弁は独資よりも現地事業戦略として「市場占有率の拡大」「市場確保」などを，独資は合弁よりも「低コストの実現」を相対的に重視している。

　第二に，ベトナム日系製造業には競争が相対的にマイルドな「グローバル市場志向戦略」を採る企業が多いが，ベトナム日系製造業の競争状況の認識はやや厳しい。合弁と独資の間には競争状況の認識に差が見られない。また，ベトナム日系製造業の主要な競争相手は「日系企業」「アジア企業（日本企業以外）」などである。合弁の最大の競争相手は「アジア企業（日本企業以外）」であり，独資の最大の競争相手は「日系企業」である。さらに，ポーターは収益率を規定する要因として五つの競争要因を強調しているが，ベトナム日系製造業の場合には，「産業内の同業者間での競争の激しさ」が収益率を規定する最大の要因であり，第二の要因は「買い手の交渉力」である。合弁と独資の間には収益率を規定する要因に大きな差異はない。

　第三に，「グローバル市場志向戦略」を採る企業が多いベトナム日系製造業の場合には，「品質」「生産技術」「コスト」「納期」などが重要な競争優位の内容となっている。重要な競争優位の内容として合弁は「品質」「生産技術」などを，独資は「品質」「コスト」などを上げている。また，マザー工場と対比した場合の競争優位の水準は中間評価並であるが，マザー工場と対比した場合の競争優位の水準は合弁の方が独資よりもかなり低い。さらに，現地系企業と対比した場合

の競争優位の水準はやや高いが，合弁と独資の間には差が見られない。

次に，本研究の分析課題（「ベトナム日系製造業の競争戦略と競争優位には合弁と独資の間で差異があるかを解明すること」）に対する解答を要約すると，次のとおりである。すなわち，ベトナム日系製造業の競争戦略と競争優位には合弁と独資の間で，①経営戦略，②現地事業戦略，③主要な競争相手，④競争優位の内容，⑤マザー工場と比較した場合の競争優位の水準，などに差異が見られる。これらの差異をもたらした主たる原因は合弁が「現地市場＋海外市場志向戦略」と「現地市場志向戦略」を，独資が「グローバル市場志向戦略」を採る企業が多いこと，すなわち両者の「経営戦略」の相違にある。

さて，本研究の理論的貢献は以下の三点である。

第一に，従来競争戦略や競争優位は個別的に分析される傾向があったが，本研究結果は経営戦略が異なれば現地事業戦略も異なり，更に競争戦略や競争優位も異なることを示唆している。したがって，①経営戦略，②現地事業戦略，③競争戦略，④競争優位の4者を一体的に捉えて分析・研究することが必要である。

第二に，従来から経営戦略は所有政策を規定することが指摘されてきたが，本研究結果でも「グローバル市場志向戦略」を採る企業には独資企業が多く，「現地市場＋海外市場志向戦略」を採る企業には合弁が多いという傾向が顕著に見られた。したがって，これから対ベトナム直接投資を行う企業は，選択する経営戦略に適合した進出形態（合弁や独資など）を選択すべきである。

第三に，ポーターは収益率を規定する五つの競争要因を強調するあまり，五つの競争要因の一つである「産業内の同業者間での競争の激しさ」の重要性を希薄化させているということである。本研究結果は「産業内の同業者間での競争の激しさ」が収益率を規定する決定要因であることを示している。

次に，ベトナム日系製造業について今後の展望を述べる。アンケートに回答した82社の主な地域別分布をみると，多い順位にハノイ市17社，ホーチミン市15社，ハイフォン市11社，ビンドウォン省11社などである。これらの地域は外資企業の進出が多く，労働力が不足気味で，諸物価や人件費が高

騰している大都市である。筆者の現地訪問調査でも，ベトナム日系製造業が直面する問題点として，「行政手続きの複雑さ」「現地部品(原材料)調達の困難さ」「インフラ問題」などの他に，「労働力不足」や「現地従業員の賃金上昇」を上げる日系企業が多かった。今後ベトナム日系製造業の多くは大都市から，労働力が豊富で人件費の安い地方都市へと生産拠点を移転させる動きを見せるであろう。また，ベトナムの人口は約8,600万人で，特に都市部の所得水準が向上し，次第に都市部住民の購買力が上昇しつつある。つまり，ベトナムの市場規模は次第に大きくなりつつある。しかし，「アジア企業(日本企業以外)」や「現地系企業」との企業競争も次第に熾烈になってきているので，急激に「現地市場志向戦略」へと転換するベトナム日系製造業はまだ少ないように思われる。今後も当分の間多くのベトナム日系製造業は「グローバル市場志向戦略」を採り続けるであろう。

　最後に，本研究はベトナム日系製造業を対象としたアンケート調査に基づいて，ベトナム日系製造業の競争戦略と競争優位には合弁と独資の間で差異があるかを解明したが，今後ベトナム日系非製造業を対象としたアンケート調査を行い，ベトナム日系の製造業と非製造業の競争戦略と競争優位を比較分析すれば，ベトナム日系製造業の競争戦略と競争優位の特質がより一層明確になるであろう。

【注釈】

(注-1) 日本ではベトナム日系企業を取り上げた研究は非常に少なく，下記の論文・文献があるぐらいである。

　　　上田義朗 (1996)，「ベトナムにおける日系企業の活動状況―直接投資と事例研究―」日本経営学会編『日本企業再構築の基本問題』千倉書房，pp.188〜195。

　　　川上義明 (2001)，「ベトナムの工業化戦略と日本企業のグローバリゼーション」福岡大学総合研究所『福岡大学総合研究所報』第244号，pp.127〜161。

　　　丹野 勲 (1994)，『国際比較経営論―アジア太平洋地域の経営風土と環境―』同文舘出版。

　　　日本貿易振興会 (2000)，『進出企業実態調査アジア編―日系製造業の活動状況―(2000年版)』日本貿易振興会。

丹野 勲編訳 (1995),『概説ベトナム経済―アジアの新しい投資フロンティア―』有斐閣。

白石昌也・糸賀 了・渡辺英緒監修(1995),『ベトナムビジネスのルール―法制・投資実務・税務―』日経BP出版センター。

原口俊道(2007),『アジアの経営戦略と日系企業』学文社。

(注-2) これまでの岡本康雄らの研究や筆者の研究はベトナム日系企業の競争戦略と競争優位の実態を分析していない。

岡本康雄編(1998),『日系企業 in 東アジア』有斐閣。

原口俊道(2007),『アジアの経営戦略と日系企業』学文社。

(注-3) 筆者はこれまでに中国とタイの日系電機製造業の競争戦略と競争優位について比較分析をしたが,中国とタイの日系電機製造業の競争戦略と競争優位については進出形態別に比較分析をしていなかった。

原口俊道(2007),『アジアの経営戦略と日系企業』学文社, pp.33〜54。

(注-4) 岡本康雄編(1998),『日系企業 in 東アジア』有斐閣, p.28に基づき筆者が計算した。

(注-5) 岡本康雄編(2000),『北米日系企業の経営』同文舘出版, p.20。なお,本研究ではアンケートの質問項目を作成するに当たって,この著書の巻末に収録されている岡本らの調査票を参考にさせていただいた。ここに記してお礼を申し上げる。

(注-6) 岡本康雄編(2000),『北米日系企業の経営』同文舘出版, p.32。ただし, 平均値3.59を四捨五入して平均値3.6として表記した。

(注-7) 岡本康雄編(2000),『北米日系企業の経営』同文舘出版, p.32。ただし, 平均値3.76を四捨五入して平均値3.8として表記した。

【引用文献】

(1) M.E. ポーター (2001), 土岐 坤・中辻萬治・服部照夫訳,『新訂競争の戦略』ダイヤモンド社。
(2) 財務省(2008),『財政金融統計月報』第680号。
(3) 原口俊道(2007),『アジアの経営戦略と日系企業』学文社, pp.33〜54。
(4) 岡本康雄編(1998),『日系企業 in 東アジア』有斐閣, pp.1〜42。
(5) 同上書, p.3。
(6) 同上書, p.16。
(7) 同上書, p.25。
(8) 同上書, pp.27〜28。
(9) 原口俊道(2007),『アジアの経営戦略と日系企業』学文社。

(10)同上書，pp.33〜54。
(11)同上書，pp.51。
(12)廖暁明・原口俊道主編(2010)，『東アジアの経済発展と社会保障問題研究(中文)』中国江西人民出版社，pp.22〜44。
(13)同上書，pp.22〜44。
(14)同上書，pp.42〜43。
(15)原口俊道(2007)，『アジアの経営戦略と日系企業』学文社，p.51。
(16)同上書，p.24。
(17)同上書，p.43。
(18)岡本康雄編(2000)，『北米日系企業の経営』同文舘出版，p.26。
(19)M.E.ポーター(2001)，土岐 坤・中辻萬治・服部照夫訳，『新訂競争の戦略』ダイヤモンド社，p.20。
(20)同上書，p.21。
(21)原口俊道(2007)，『アジアの経営戦略と日系企業』学文社，pp.45〜46。
(22)岡本康雄編(2000)，『北米日系企業の経営』同文舘出版，p.43。
(23)同上書，p.31。

【参考文献】

[1] 伊丹敬之(1981)，『経営戦略の論理』日本経済新聞社。
[2] 土屋守章編(1982)，『現代の企業戦略』有斐閣。
[3] 石井淳蔵・奥村昭博・加護野忠男・野中郁次郎(1985)，『経営戦略論』有斐閣。
[4] 原口俊道(1999)，『経営管理と国際経営』同文舘出版。
[5] グロービス・マネジメント・インスティテュート編(1999)，『MBA経営戦略』ダイヤモンド社。
[6] 黄一修(2000)，『台湾プラスチック原料産業における競争戦略―奇美実業の事例研究を中心として―』岡山大学大学院経済学研究科修士論文。
[7] M.E.ポーター・竹内弘高(2000)，『日本の競争戦略』ダイヤモンド社。
[8] 原口俊道(2000)，『東アジア地区の経営管理(中文)』中国上海人民出版社。
[9] 原口俊道・陸留弟・黄澤民主編(2001)，『中日経済・社会・文化比較研究(中文)』中国華東師範大学出版社。
[10] 唐海燕・原口俊道・国崎威宣主編(2002)，『国際化と現代企業(中文)』中国立信会計出版社。
[11] 青島矢一・加藤俊彦(2003)，『競争戦略論』東洋経済新報社。
[12] 蘇勇・原口俊道・国崎威宣主編(2004)，『企業国際経営策略(中文)』中国復旦大学

出版社。
- [13] 唐海燕・原口俊道・黄一修主編(2006),『中日対照 経済のグローバル化と企業戦略』中国立信会計出版社。
- [14] 中国国務院発展研究センター産業経済研究部主編 (2006),『2006 中国産業発展報告』中国・華夏出版社。
- [15] 岸川善光(2006),『経営戦略要論』同文舘出版。
- [16] 原口俊道(2007),『アジアの経営戦略と日系企業』学文社。
- [17] 井上善海・佐久間信夫編(2008),『よくわかる経営戦略論』ミネルヴァ書房。
- [18] 芮明杰・原口俊道・王明元主編(2008),『アジアの産業発展と企業発展戦略(中文)』中国復旦大学出版社。
- [19] 原口俊道・劉成基主編(2009),『東アジアの産業発展と企業管理(中文・繁体字)』台湾暉翔興業。
- [20] 廖暁明・原口俊道主編(2010),『東アジアの経済発展と社会保障問題研究(中文)』中国江西人民出版社。

(原口俊道)

第13章　ベトナム日系製造企業の経営現地化と現地供給企業との協調関係

【要約】
　近年,日本企業は進出先としてベトナムに高い関心を持ち始めている。特に,電機電子関連企業は,海外生産の中長期的な着地点としてベトナムを高く評価している。本研究は,ベトナムに直接投資をした日系製造企業を対象として,材料調達の現地化に関する現状を調査したものである。調査した結果によれば,第一に現地の人材は仕事の能力が不足しており,これが日系製造企業における材料調達の現地化に影響を与えている,第二にベトナムの日系製造企業は,現地供給企業との長期的な協調の意識と意欲がある,という二つを発見した。

【キーワード】：ベトナム日系製造企業,　経営現地化,　供給連鎖,　協調関係

1. はじめに

　世界経済と市場はグローバル化が進展している。各国の経済は,貿易,直接投資,および技術交流によって,過去に経験したことがないような,互いに結び付き,そして強く影響し合う構造になってきている。企業は単に顧客サービスだけではなく,水平分業による商品開発,生産や物流などの個別機能において,更に事業全体においても国境を越えた一体化が求められている。海外進出企業（多国籍企業）は,現地での事業活動を円滑に推進する手段として,原材料・部品の調達と研究開発の現地化を図っている。
　現在,海外における日系製造企業の三大集積地は中国沿海部,タイ,およ

びインドの3ヵ所である。中でも，近年，日本企業が進出先としてベトナムに高い関心を持ち始めているので，ベトナムは近い将来，中国，タイに続く主要な進出先として台頭するであろう。特に，電機電子関連企業は，海外生産の中長期的な着地点としてベトナムを高く評価している。2007年JBIC海外投資アンケート調査において，ベトナムは希望する事業展開先ランキングで最も高い評価を得ている。その理由は，低コストで良質の労働力があるからである。これは，低廉な人件費を活用してベトナムを労働集約型産業の生産拠点にしたいという日本企業の投資戦略が端的に表れたものと言えよう。

海外での事業展開は，投資側の経営方針と管理手法，投資の目的，経営資源の移転などに依存し，その現地化は多国籍企業のグローバル戦略や国際経営の課題として捉えられる。また，それは，本国親企業や進出企業自身の経営課題に限らず，進出先の投資環境，発展水準，外資政策などの外部要因にも影響される。

本章は，ベトナムに直接投資した日系製造企業を対象として，材料調達の現地化に関する現状を調査したものである。その目的は日系製造業とベトナム現地供給企業との協調関係[注-1]を明らかにするものである。そしてその研究結果は，ベトナムへの直接投資を行う日本企業にとって有意義なものとなると考える。

2．ベトナムの概要

外国企業からの直接投資を誘致する上でベトナム政府は，大きな役割を果たしている。ベトナム政府は，投資環境の改善に努力し，法律，交通，港湾，電機，情報通信，電力，水，人材の育成などの基本的インフラ事業への投資を強化している。ただ，都市間連接交通（南北高速道路）の整備についてみると，高速道路を整備しながら知識や経験を身につけているのが現状である。JICA作成の第2回ベトナム国道路官民研究会資料によると，ハノイからホーチミン間に既存の一般道路とは別に約2300kmの高速道路を建設している。資金については世銀および各国のODAを調達し，またBOT形式で国内の投資家の参加を募っている。図表13-1はベトナム高速道路整備の進展状況である[1]。

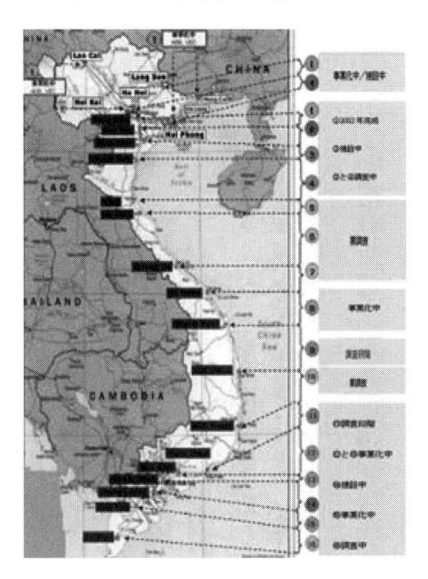

第 13 章　ベトナム日系製造企業の経営現地化と現地供給企業との協調関係　*197*

図表 13-1　ベトナム高速道路整備の進展

(出所) JICA の報告の第 2 回ベトナム
国道路官民研究会資料。

ベトナムは，1987 年に外国投資法を施行して，2007 年 WTO に正式加盟した。2008 年までに世界 81 の国と地域の企業が 9,500 件を超える投資プロジックトを行い，登記された投資額は 1,000 億ドルを超えた[2]。

日本の対ベトナム直接投資金額について，新規投資件数は 2000 年から年々増加し，2007 年には 1,304 百万ドルとなり，実行額累計 4,988 百万ドルとなった。2007 年の直接投資認可件数の内訳は製造業が 91 件，農林水業が 9 件，サービス業が 58 件であった。

近年，ベトナム経済は高度成長を維持して，2006 年の一人当たりの GDP は 720 ドルに達し，経済成長率は 8.2％となり，2007 年には 8.48％となった。図表 13-2 は，1991 年から 2007 年までのベトナムの実質 GDP 成長の推移を示したものである。

ベトナムの主な輸出品は原油と縫製品で，主な輸入品は機械設備，石油製品，鉄鋼などである。

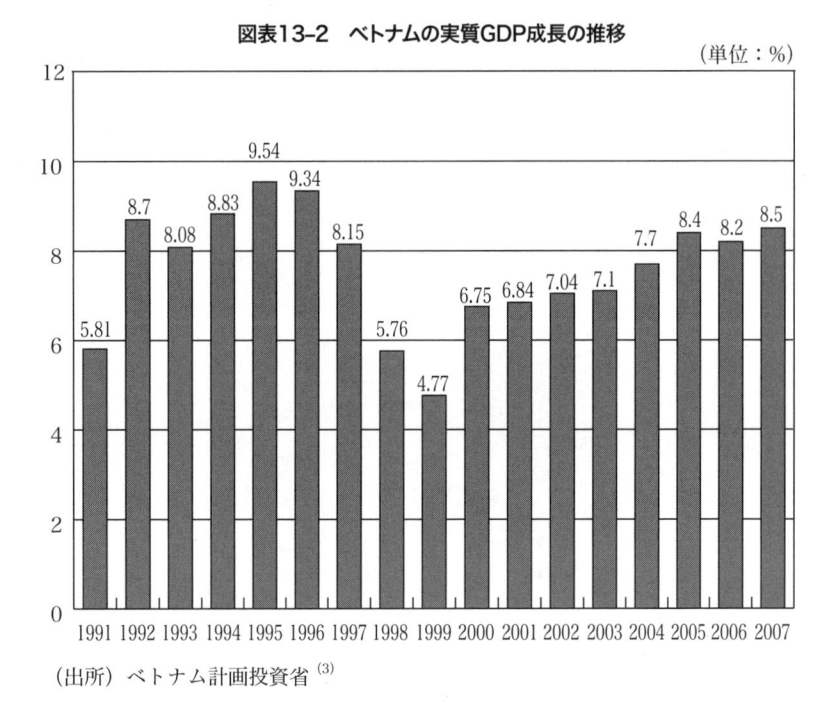

図表13-2 ベトナムの実質GDP成長の推移

(単位：%)

年	成長率
1991	5.81
1992	8.7
1993	8.08
1994	8.83
1995	9.54
1996	9.34
1997	8.15
1998	5.76
1999	4.77
2000	6.75
2001	6.84
2002	7.04
2003	7.1
2004	7.7
2005	8.4
2006	8.2
2007	8.5

(出所) ベトナム計画投資省 [3]

　ベトナムの人口は約8.6千万人で, 平均労働年齢は約30歳であり, 識字率は95％を超える。ベトナムの一般工の給料は87〜198 (ドル／月) で, 中間管理職の給料は約243〜483 (ドル／月) で, 社会保険料 (雇用者負担) 率は17％である。中国の深セン (一般工の給料は約123〜509 (ドル／月) で, 社会保険料44％である) と比べて, 安価である [4]。

　ベトナム政府は, 新素材と新エネルギーの開発, ハイテク製品, バイオテクノロジー, 情報通信技術, 加工機械などの分野における外国企業からの投資を奨励している。特にインフラ整備, 教育, 職業訓練, 医療, 農林水産品の生産加工などへの投資を積極的に招き入れている。前述の特別に優遇される分野への投資ほか, 工業団地, 輸出加工区, ハイテクパーク, および経済区への投資に対して, 企業所得税が当初4年間免税され, その後9年間税額の50％が控除される。

加門喜代和（2009）によると，ベトナムには政府によって認可された工業団地が全国に135ヵ所あり，そのうちインフラが整備され，すでに入居企業が操業している工業団地は79ヵ所存在している[5]。政府が工業団地を開発する場合は国が主体となって土地の権利関係を整理するので，これらの工業団地では操業まで迅速かつ確実に計画を実行できる便益がある。これでコストが多少高くても（ハノイ工業団地の費用はUS\$41.80～75.0/m^{2}で，ホーチミンはUS\$49.30/m^{2}であり，中国の上海のUS\$48～50/m^{2}と比べると少し高いが[6]），電気や水道等のインフラも整備されている工業団地を選択したほうが企業にとってメリットが大きい。

今や，ベトナムは，日本，シンガポール，台湾，韓国などの海外進出企業の主要な進出先である。

3. 先行研究の整理と研究課題の抽出

(1) 黒川和夫（2009）の組織行動購買論

経営戦略論における競争優位性に関連する購買に関して，「『自社と有力な協力企業』の枠組みについてみると，購買を通じて活用すべき協力企業の経営資源は，高価な設備や安価な労務，製品化技術力，QCD管理力などである。」と指摘している[7]。

(2) ビーモン（Beamon）のサプライ・チェーン・マネジメント

Beamon B.M.（1998）は，自社と供給企業との取引関係について三つの側面から整理している[8]。

① 受注生産：効率的な受注生産サプライ・チェーン・マネジメントを構築することが重要である。

② グローバルと単一国（地域）の違い：供給チェーンは世界性と地域性によって違う。

③ 需要の歪みと変動の拡大化：需要は短期的に大きく変動するが，一方，

それを供給する能力は短期的には変動させにくいのである。

(3) ヨシノとランガンの戦略的提携理論

従来の内部化理論のフレームワークは，市場取引と企業との境界線をどこに定めるかを主要な論点としていたため，提携の捉え方も企業間の垂直関係だった。したがって，伝統的な提携は，技術供与契約を締結して技術を与える者と受け取る者という構図を想定していた。1980年代以降，市場環境の変化に伴い，ライバル企業同志の戦略的な結び付きによる提携も頻繁に行われるようになった。ライバル企業との提携のような水平的関係は内部化理論をベースにしたものである。このような状況を踏まえ，Yoshino 他は，企業間の垂直統合と水平的関係を合わせて，「戦略的提携」という言葉を用いて企業間の関係を再定義している[9]。

① 2社もしくは複数の企業が提携後も独立性を保ちながら，共通の目標を追求するために協調すること
② パートナー間で提携の利益を分け合い，また，業務遂行を両者でコントロールすること
③ 技術や生産などの複数の戦略的エリアでパートナー同志が継続的に貢献すること

図表 13-3 はヨシノ＆ランガンが提言した「戦略の提携」モデルである。

図表13-3　ヨシノ＆ランガンの戦略の提携モデル

		Extent of Organized Interaction	
		Low	High
Potential Conflict	High	Pre-competitive Alliances	Competitive Alliances
	Low	Pro-competitive Alliances	Noncompetitive Alliances

(出所) Yoshino 他（1995）。

日系製造業によるベトナムの現地供給企業との戦略的提携は Pro-competitive Alliances である。企業間の関係は，垂直のバリューチェーンであり，互いに依存している。しかし，現地供給企業の協調関係の状況はどうか，また協調の過程に add-value が生じるかが不明である。

(4) 現地化に関する研究

原口俊道・戦俊（2008）は，中国国内の日系自動車部品製造業における経営の現地化に関する現状を分析して，「経営戦略」と「進出形態」が経営現地化への要因として影響が大きいと提唱している[10]。また，関満博・範建亭（2008）は，進出企業の現地化が中国における事業展開の成否を決定づけるほどの重要な要因であり，現地化に対するもう一歩の踏込みが求められていると主張している。日本企業の中国における事業展開に関わる現地化の問題を，①経営戦略，②生産・調達，③研究開発，④ヒトの現地化と人材戦略などの側面に分けて考察している[11]。荒幡耕作（2007）は，現地マネジメントの仕組み作りのためには，現地人に任せ，材料調達を現地化して，技術を現地に移転することであると指摘している[12]。

アジア諸国に進出した日系企業の現地化は，ある程度の進展がみられたが，いまだ遅れているとも言える。また，ものの現地化に関しては，現地材料調達と製品の域内販売の比率が未だ低い。更に資金と材料（特に専用性がある場合）の調達はまだ日本の親会社に強く依存している[13]。中村志保（2003）は，海外子会社からの視点で現地化の問題を考察し，日本的な経営管理システムや資源管理システムが現地に受け容れられておらず，大部分の日系海外子会社が資金調達と材料調達を日本の親会社に任せると説明している。また，人的資源管理については，海外子会社が個別に行うのではなく，多国籍企業全体として本社が統括して実施する必要があるということを指摘している[14]。

(5) 研究範囲と研究課題

先行研究を概観して指摘できることは，第一に日系製造企業のベトナム現地化，特に材料調達に関する研究は稀少であること，第二に多国籍企業の現地化（特に材料調達）の分野において戦略の提携とサプライ・チェーン・マネジメントの理論に関する実証研究がないことである。海外進出時において企業は，現地化の経営戦略，生産と技術の移転，材料の現地調達，人材の訓練などの経営管理面を考慮する必要がある。そこで，(3) において記述したとおり，ベト

ナム日系企業と現地供給企業との協調関係やその協調過程に add-value が生じるかを研究範囲とし，日系製造企業がどのように材料を現地調達しているかを調査して，その企業とベトナムの供給企業との協調関係を分析し，現地化経営（現地人材の雇用現状）を検証する。

4. 研究モデルと研究仮説

　市川匡四郎（2007）の報告[15]によれば，大部分のベトナムの日系製造企業が独資であり，加工輸出タイプである。そして，合弁の場合はベトナムの現地市場を狙う企業が多い。

　日系製造企業の「出資形態：独資，合弁」，「操業開始年月」，「日本側出資比率」と「企業の進出動機」は四つの企業の基本データとした。現地供給企業の設備，サービス，技術などが日系製造企業の現地調達化に強く関連しているので，日系製造企業と現地供給企業との協調関係が良好であるならば，現地材料の調達も円滑になると仮定した。

　先行研究に基づいて，「企業の基本データ」，「現地材料の調達―現地供給企

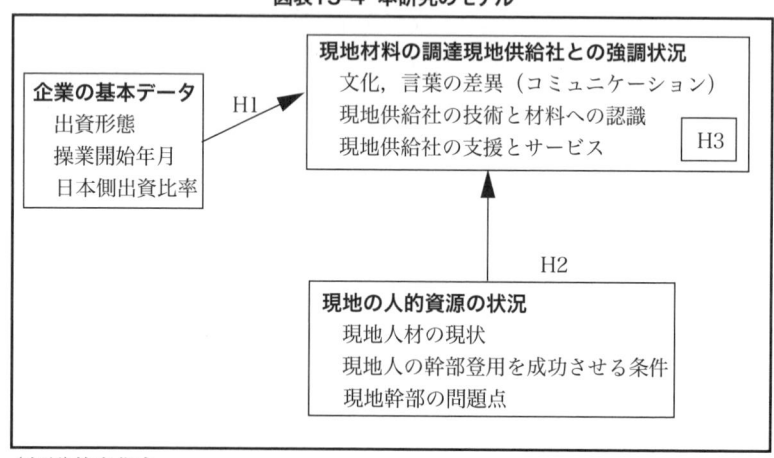

図表13-4 本研究のモデル

```
┌─────────────┐       ┌───────────────────────────────┐
│ 企業の基本データ │       │ 現地材料の調達現地供給社との強調状況 │
│  出資形態    │  H1  →│  文化，言葉の差異（コミュニケーション）│
│  操業開始年月 │       │  現地供給社の技術と材料への認識       │
│  日本側出資比率│       │  現地供給社の支援とサービス    │H3│
└─────────────┘       └───────────────────────────────┘
                                       ↑
                                       H2
                       ┌───────────────────────────────┐
                       │ 現地の人的資源の状況                │
                       │   現地人材の現状                │
                       │   現地人の幹部登用を成功させる条件 │
                       │   現地幹部の問題点               │
                       └───────────────────────────────┘
```

（出所）筆者作成。

業との協調状況」，および「現地の人的資源の状況」の現状を組み合わせて，本研究のモデルを創った（図表13-4）。

研究モデルに基づいて研究仮説を設けると次のとおりである。

H1：「企業の基本データ」は「現地材料の調達―現地供給企業との協調状況」に影響を及ぼす。（分散分析）

H2：「現地の人的資源の状況」は「現地材料の調達―現地供給企業との協調状況」に影響を及ぼす。（分散分析）

H3：ベトナムの日系製造企業は現地の供給企業と長期の協調関係を続けていく意識がある。このとき同時に，その要因を抽出する。（因子分析）

5. アンケート調査の結果

東洋経済データバンクシリーズ[16]の資料からベトナムの日系製造企業194社を抽出して，これらの企業に対して2009年8月にアンケート調査票を航空便で発送し，71社から有効回答を回収した（有効回収率：36.6％）。本研究の信頼性（Cronbach's Alpha）は0.845であり，その数値がCuieford（1965）基準の"信頼性の数値"である0.7～1.0の間に位置するので，高度信頼性があると認められる。

図表13-5から見ると，企業の大半は2001年以降にベトナムに投資したことがわかる。進出動機の第一位はグローバな経営戦略の一環[注-2]で33.8％を占め，第二位は低労働費用の活動，第三位は現地市場の確保であった。

日系製造企業とベトナム現地供給企業との協調状況に関する設問数は全部で27項目であり，その設問に対してすべて5段階で評価してもらった。その結果を図表13-6に整理した。

図表13-5　企業の基本データに関する記述統計表

項目	パーセント
操業開始年月	
Jan. 1991〜Dec. 1995	18.3%
Jan. 1996〜Dec. 2000	33.8%
Jan. 2001以降	47.9%
資本金	
Less than 50 million	1.4%
50 million 〜 100 million未満	2.8%
100 million 〜 500 million未満	38.0%
500 million 〜 1 billion未満	21.1%
1 billon 〜 5 billion未満	31.0%
More than 5 billion	5.7%
日本側の出資比率	
25%未満	0.0%
25%〜50%未満	7.0%
50%〜100%未満	26.8%
100%	66.2%
進出動機について	
現地政府の要請	2.8%
低労働費用の活用	23.2%
他の経営資源の活用	2.8%
現地市場の確保	16.9%
輸出拠点の確保	6.3%
日系同業他社のバランス	1.4%
グローバルな経営戦略の一環(材料調達から販売,サービスまで)	33.8%
その他	2.8%
無回答	9.9%
71社の出資形態	
独資（47社）	66.2%
合弁（24社）	33.8%

(出所)筆者作成。

図表13-6 現地材料の調達―現地供給企業との協調状況の記述統計表

項目	平均値	標準偏差
文化,言葉の差異(コミュニケーション)	3.85	0.92
現地供給企業からの支援とサービス	3.30	0.95
現地供給企業の技術と材料への認識	3.22	0.60
現地供給企業との協調過程からのメリット	3.31	0.52

(出所)筆者作成。

図表13-7は日系製造企業の現地人材の状況である。

図表13-7 現地の人的資源の状況の記述統計表

項目	パーセント
現地人材の現状(パーセントが高い項目だけ表示する)	
労務対策上の問題点	
・人件費の増大	33.10%
・労働力の定着	28.90%
現地人の幹部登用を成功させる条件(パーセントが高い項目だけ表示する)	
・日本の親会社の経営理念および方針を現地人の幹部候補に理解させること	27.50%
・職責と業績評価の明確化	19.00%
・優秀な現地人の採用	19.00%
現地幹部の問題点(13個項目の中に,パーセントが高い項目だけ表示する)	
・仕事の能力が不十分	19.70%
・いつ辞めるか不安がある	15.00%
・個人プレーが多い	12.70%
・仕事が残っていても残業しないで家に帰る	8.50%
・モラールが低い	6.60%
・愛社心が不足	4.70%

(出所)筆者作成。

(1) 仮説1の検証

H1:「企業の基本データ」は「現地材料の調達―現地供給企業との協調状況」に影響を及ぼす。

図表13-8 「企業の基本データ」における「現地材料の調達―現地供給企業との協調状況」分散分析表

項目	F値	p値
独資または合弁	1.667	0.201
操業開始年月	2.884	0.094
日本側出資比率	404.353	0.000*
進出動機	1.041	0.311

*は$p<0.05$である。
(出所)筆者作成。

SPSS12.0での分析結果から,企業が独資または合弁であるか,操業開始年月がいつか,進出動機が何かは「現地材料の調達―現地供給企業との協調状況」に影響を与えないことが実証できた。

分散分析の結果から,「日本側の出資比率」(従属変数)は「現地材料の調達―現地供給企業と協調状況」(独立変数)に影響を及ぼすことが実証できた。その理由は,分散分析の有意確率が0.05以下の場合従属変数と独立変数の間に有意性が認められる。

(2) 仮説2の検証

H2：「現地の人的資源の状況」は「現地材料の調達―現地供給企業との協調状況」に影響を及ぼす。

分析結果から,「現地の人的資源の状況」の「労務対策上の問題点」と「現地人の幹部登用を成功させる条件」は「現地材料の調達―現地供給企業との協調状況」に影響を与えないことが実証できた。

「現地の人的資源の状況」の「現地幹部の問題点」は実質データなので,主成分分析法（Principal Component Method）でそれぞれの共通因子を推定し加重し,累積寄与率67.20%で,抽出した因子は以下三つである。

　A. 仕事への能力不足（寄与率29.30%）

　B. 現地幹部がいつ辞めるか不安がある（寄与率22.30%）

　C. 仕事への責任感がない（寄与率15.60%）

第13章　ベトナム日系製造企業の経営現地化と現地供給企業との協調関係　207

　現地幹部の問題点は主成分分析で三つの要因を抽出した。その中に「仕事への能力不足」は現地幹部の一番の問題点であることが判明した。それから，分散分析を行った結果を図表13-9に示す。

図表13-9　「現地幹部の問題点」における「現地材料の調達―現地供給企業との協調状況」分散分析表

項目	平均値	F値	p値
文化, 言葉の差異(コミュニケーション)	3.85	1.797	0.140
現地供給企業からの支援とサービス	3.30	2.550	0.048*
現地供給企業の技術と材料への認識	3.22	0.806	0.526
現地供給企業との協調過程からのメリット	3.31	1.023	0.402

*は$p<0.05$である。
(出所)筆者作成。

　図表13-9は，「現地幹部の問題点」は「現地供給企業からの支援とサービス」に影響を及ぼす。分散分析のScheffe分析と因子の寄与率から見ると，「現地幹部の問題点」の中に，第一位は「仕事への能力不足」で，第二位は「現地幹部がいつ辞めるか不安がある」で，第三位は「仕事への責任心はない」である。この3つの現地幹部の問題点は「現地供給社からの支援とサービス」に影響を及ぼす項目であることが示している。この分析から，企業「内部」の人材に関する能力問題と素質の問題は，「外部」の供給企業からの支援とサービスに影響を与えることが判明する。企業は現地幹部の能力を上げる必要があることが分かる。現地幹部の能力を上げたら，企業の現地材料の調達―現地供給企業からの支援とサービスも改善できると判断される。

(3) 仮説3の検証

H3：ベトナムの日系製造企業は現地の供給企業と長期の協調関係を続けていく意識がある。このとき同時に，その要因を抽出する。

　ベトナムの日系製造企業は現地の供給企業と長期の協調関係を続けていく意識がある。その平均値は4.14で，標準偏差は0.86であった。

　仮説3の要因を探す前に，27個変数を主成分分析した。その結果，抽出した16個変数のKMO値は0.707であった。Kaiser (1974)はKMO値が0.70

図表13-10 仮説3の因子分析表(Alpha法)

変数	抽出の共通性	因子負荷量					寄与率%	累積寄与率%
		因子1	因子2	因子3	因子4	因子5		
25	0.725	0.838	0.012	0.110	-0.066	-0.077		
26	0.637	0.741	0.279	0.075	0.046	-0.046		
27	0.560	0.710	0.143	0.182	0.004	0.038	17.652	17.652
24	0.498	0.597	0.316	0.047	0.029	-0.197		
19	0.399	0.536	0.224	0.194	0.142	0.060		
9	0.674	0.263	0.734	0.044	0.195	0.160		
7	0.477	0.196	0.628	0.164	0.087	0.101	12.275	29.927
8	0.468	0.222	0.543	0.188	0.209	0.210		
20	0.865	0.083	0.424	0.822	-0.029	-0.045		
16	0.652	0.197	-0.014	0.770	0.003	0.143		
21	0.472	0.147	0.378	0.541	0.124	-0.008	12.044	41.971
23	0.453	0.362	-0.150	0.429	0.297	0.165		
4	0.722	-0.063	0.183	0.101	0.812	0.126		
3	0.698	0.129	0.186	-0.014	0.783	0.184	9.983	51.954
11	0.845	0.029	0.260	0.034	0.101	0.875	9.378	61.331
12	0.669	-0.221	0.077	0.127	0.307	0.710		

(出所)筆者作成。

以上の場合,因子分析ができることを意味している。因子分析結果を図表13-10に示した。

図表13-10に示すとおり,五つの因子を抽出することができ,それらの因子の意味は次のとおりである。

因子1:自社はコストダウンができる。(Cronbach's Alpha 値0.840):寄与率17.652%

因子2:供給企業の知識,資源を得られる。(Cronbach's Alpha 値0.779):寄与率12.275%

因子3:供給企業を信頼できる。(Cronbach's Alpha 値0.676):寄与率12.044%

因子4:自社は現地での営業活動を順調にすることができる。(Cronbach's Alpha 値0.767):寄与率9.983%

因子5:供給企業のブランド評価が高い。(Cronbach's Alpha 値0.810):寄与率9.378%

因子の2,3,5は供給企業との関係があり,因子の1,4は供給企業に対し

て強調できる自社のメリットである。

6. 結び

　本研究は，ベトナムの日系製造企業における経営の現地化（現地材料調達と現地の人的資源の状況）を明確にした。更に仮説について次のように実証した。
　仮説1：部分成立（「企業基本データの日本側出資比率」は「現地材料の調達－現地供給企業との協調状況」に影響を及ぼす。）
　仮説2：部分成立（現地の人的資源の状況→幹部の問題：「仕事への能力不足」は現地供給企業からの支援とサービスに影響を与える。）
　仮説3：ベトナムの日系製造企業は現地の供給企業と長期的な協調関係を続けていく意識がある。この要因を寄与率のパーセントで以下2点に整理する。
　　(1) 自社要因
　　　　①自社はコストダウンができる。
　　　　②自社は現地での営業活動を順調にすることができる。
　　(2) 供給企業要因
　　　　①供給企業の知識，資源を得られる。
　　　　②供給企業を信頼できる。
　　　　③供給企業のブランド評価が高い。

(1) 現地の人材は，仕事の能力が不足しており，これが日系製造企業における材料調達の現地化に影響を与える。特に現地供給企業からの支援とサービスの面に有意差がある。日系製造企業は，現地社員の教育訓練と昇進制度を現地社員に十分に理解させる必要がある。日本とベトナムには文化，歴史，言葉などの違いがあるので，日本に留学し帰国した現地人を現地幹部として登用して，日系製造企業と現地の従業員との架け橋を担わせるようにすべきである。

(2) ベトナムの日系製造企業は，現地供給企業との長期的な協調の意識と意欲があるので，協調の過程においてメリットを得ることができるはずである。しかし，現地供給企業は，技術能力を向上させ，原材料に対する認識を改善する必要がある。

本研究の対象はベトナムの日系製造企業とし，現地供給企業と日本親会社を対象外とした。今後の研究課題として，現地の販売市場に関する分野の調査を考えている。

【注釈】
(注－1)「協調的な関係」
　　　取引上の協調的な関係は，単価決定時だけでなく，パートナー企業の組織文化や戦略の選択などにも影響を与える。本研究では先行研究に倣い，"協調関係"を「二社以上の企業が戦略的提携を結ぶとともに互恵的な協力関係を作ることである」と定義した。そして協調関係があると，連携グループ内の企業は他社の資源を運用し，自社の核心価値を守って，競争力を向上させると仮定した。
(注－2)「グローバルな経営戦略の一環」
　　　多国籍企業の海外進出戦略がグローバル展開であることである。

【引用文献】
(1) JICA（2008）の報告の第2回ベトナム国道路官民研究会資料　pp.2～14
　　VEC: Vietnam Expressway Corporation（ベトナム高速道路公社）
　　VCNN: Vietnam National Cement Corporation（ベトナムセメント総公社）
　　BITEXCO: BinhMinh Import-Export Corporation（ビンミン輸出入公社）
　　TEDI: Transport Engineering Design Incorporated（政府系建設コンサルタント）
(2) ベトナム計画投資（2008），国際機関日本アセアンセンター主催。会場：愛知県産業貿易館本館5階特別会議室，テーマ：ベトナム投資セミナー，2008年3月13日。
(3) ベトナム計画投資省（2008），国際機関日本アセアンセンター。愛知県，財団法人愛知産業振興機構会議内容，2008年3月18日，p.20。
(4) 市川匡四郎（2009），「ベトナムへの日本の投資状況と課題」，計画投資省（MPI）外国投資庁（FIA）海外投資，2009年2月25日，pp.28-30。
(5) 加門喜代和（2009），「海外展開の視点―ベトナム工業団地の現況と中小企業が進出する上での留意点」，『中小企業国際化支援レポート』。

(6) 市川匡四郎（2007），「投資先として益々注目されるベトナム」，計画投資省（MPI）外国投資庁（FIA），海外投資，2007年10月23日，p.29。

(7) 黒川和夫（2009），「量産型ものづくり企業の競争優位性の源泉強化についての考察」，第28回東アジア産業経済-企業管理国際学術会議発表した。2009年1月11日，鹿児島国際大学。

(8) Beamon BM. (1998), Supply chain design and analysis: Models and Methods, *International Journal of Production Economics,* Vol. 55, pp. 281-294.

(9) Yoshino and Rangan (1995), Michael Y. and U. Srinivasa, *Strategic Alliance-An Entrepreneurial Approach to Globalization*, First Edition, Boston.

(10) 原口俊道＆戦俊（2008），「日資汽車零組件製造業在中國的當地化經營現狀分析—問卷調查法」，『亞東經濟國際學會研究叢書10—東亞產業發展與企業管理』，暉翔興業股份有限公司出版，台灣。

(11) 関満博＆範建亭（2008），『現地化する中国進出日本企業』株式会社デジタルパブリッシングサービス，東京。

(12) 荒幡耕作（2007），『現地化力—海外ビジネス成功の条件』春日出版社，pp.136～145。

(13) 朱炎（2001），「アジアにおける日本企業の経営グローバル化—経営現地化の進展と対応策」，『富士通総研（FRI）経済研究所研究レポート』。

(14) 中村志保（2003），「The localization of human resources in Japanese overseas subsidiaries-from the aspect of human resource management by headquarters」，『高松大學紀要』, vol. 43, pp.65～98。

(15) 市川匡四郎（2007），「投資先として益々注目されるベトナム」，計画投資省（MPI）外国投資庁（FIA）海外投資，2007年10月23日，p.10。

(16) 東洋経済データバンクシリーズの臨時増刊(2008)，『海外進出企業総覧2008年(国別編)』2008年5月2日発行。

【参考文献】

[1] Cuieford, J.P. (1965), *Fundamental Statistics in Psychology and Education*, 4th ed., McGraw Hill, N.Y.

[2] 陳正昌・程炳林・陳新豐・劉子鍵 合著（2007），『多變量分析方法四版-統計軟體應用』五南圖書出版股份有限公司，台灣 台中市。

[3] Hardoon, David R. and John Shawe-Taylor (2003), Kcca for different level precision in content-based image retrieval, In Submitted to Third International Workshop on Content-Based Multimedia Indexing, IRISA Rennes, France.

[4] 原口俊道 (1999),『経営管理と国際経営』同文舘, pp.221～232。
[5] 原口俊道 (2007),「第2章中国日系電機製造業の競争戦略と競争優位―タイ日系電機製造業との比較」『アジアの経営戦略と日系企業』学文社, pp.33～54。
[6] 原口俊道 (2008),「日本的経営の中国日系繊維製造業への移植―中国日系電機製造業との比較」鹿児島国際大学経済学部学会『鹿児島経済論集』第49巻第1号, pp.125～166。
[7] 信金中央金庫 (2006),「ベトナムの投資環境―最近の状況―」SCB総合研究所（アジア業務室), p.8。
[8] 三菱UFJリサーチ＆コンサルティング (2007),「加速する日本企業の対ベトナム投資」三菱UFJリサーチ＆コンサルティング調査部, 調査レポート06／74。
[9] 呉明隆 (2007),『SPSS操作與應用問卷統計分析實務』, 五南圖書出版股份有限公司, 台灣台中市。
[10] 俞進－原口俊道 (2006),「多国籍企業の在中国投資戦略の調整」唐海燕・原口俊道・黄一修主編『中日対照　経済のグローバル化と企業戦略』立信会計出版社, p.272。
[11] http://jica.go.jp　独立行政法人　国際協力機構。
[12] http://www.supply-chain.org　サプライ・チェーン・マネジメント。

(盧駿蔵)

第 14 章　BSC の導入と業績評価指標

【要旨】
　本章は，バランス・スコアカード (Balanced Scorecard, 以下BSC) における業績評価指標問題を取り上げ，BSC の効率的な運用・実施が企業の効果的な管理，業績向上に貢献できるのではないかということを検証することを課題としている。しかし，本来の問題意識として筆者は，1995 年以来会計を通じて，また 2005 年からは経営コンサルタントとして顧客企業の業績向上をさせるためにはどうすればよいのか自問することも多く，顧客企業からもどのようにすれば業績が伸びるのか質問されることも頻繁にあった。その中で常に考えていたのが，企業の業績を向上させる継続的なシステムがないだろうかということであった。その問いに対する解答の鍵は，BSC における業績評価指標にあると考えられる。本章では，企業において実際にどのような業績評価指標が選択され，どのように使用されているのかに関するヒアリング調査をもとに，BSC の四つの視点と業績評価指標の因果関係が非常に重要であることを述べ，BSC を採用した 2 社の事例を紹介する。

【キーワード】:BSC，業績評価指標，戦略マネジメントシステム，リアルタイム経営

1. はじめに

　バブル崩壊以後，企業倒産件数と負債総額はともに急速に増加した。東京商工リサーチによると，倒産件数は 1991 年に 1 万件を超え，負債総額は 8 兆円を超えた。1997 年には負債総額が 14 兆円強と初めて 10 兆円を超え，2008

年では倒産件数15,646件，負債総額が12兆円を超えている[1]。

経営環境が日々変化している中で，旧態依然とした仕組みや体制では，企業は競争社会では生き残ってはいけない。グローバル化，高度情報化，少子高齢化といった激変する経営環境の中で，企業はその規模の大小を問わず，中長期的な戦略的経営を求められている。

吉川武男等は「BSCは，1992年ハーバード・ビジネス・スクール教授であるキャプラン(Robert S. Kaplan)とKPMGの調査機関であったノーラン・ノートン社のCEOであったノートン(David P. Norton)による長年の研究成果として生まれた新しい戦略マネジメントシステムである」[2]とし，櫻井通晴は「管理会計の立場からこの長期低迷を脱出するためにはセグメンテーション(segmentation)，測定(measurement)および可視化(visibility)が必要である」[3]と述べ，「セグメンテーションは"どんぶり勘定"を排することで，問題の所在を究明するのに役立ち，可視化もまた経営上の問題点を明らかにするのに役立つ。経営上の問題を可視化するには，測定が必要である」[4]とし，「BSCは，現代において経営のパフォーマンスを測定し可視化するうえで最も適したシステムである」[5]と述べている。

また，櫻井通晴は「BSCは，誕生した当初からアメリカでは戦略実行の役割が認識されてはいたが，最初はROI(return on investment: 投資利益率)を中心とする短期志向的な指標に代えて非財務尺度を含む総合的な業績評価システムとしても提案された」[6]と述べている。

BSCが米国で誕生した理由は，財務会計指標のみを業績評価尺度として採用する伝統的マネジメントシステムが時代に合わなくなったことや，企業を取り巻く環境が変化したことであり，BSCの当初の主要な目的は，「業績評価システム」として提唱されたが，その後，戦略マップの開発により，後で強調されるようになった目的は，「戦略実現のシステム」であり，いくつかの事例を経験することにより，策定された戦略を確実に実現するための戦略的マネジメント・システムとしての役割が強調されるようになり，最近の日本ではそれに加えて戦略の策定や経営品質向上といった役割が強調されるようになってきている[7]。

2. BSC の概要

　BSC の基本モデルは，ビジョンと戦略が中心で，このビジョンと戦略が四つの視点(「財務的視点」，「顧客の視点」，「社内ビジネスプロセスの視点」，「学習と成長の視点」)で展開される。この四つの視点からそれぞれ業績評価基準を設定することにより，短期的利益と長期的利益のバランス，全社目標と部門目標のバランス，あるいは株主，顧客，従業員等の利害関係者間のバランスを維持しながら企業変革を推進することができる。また，この BSC を活用することにより，四つの視点間の因果関係と業績評価基準の構築により，財務指標と非財務指標のバランスを図りながら，企業全体を戦略志向経営へと導くことが可能となり，企業が掲げるビジョンに対して戦略を立案し，的確に戦略を遂行する業務活動であるかを検証することにより，戦略的マネジメントが可能となるシステムである(図表14-1参照)[8]。

図表14-1 バランス・スコアカードの基本モデル

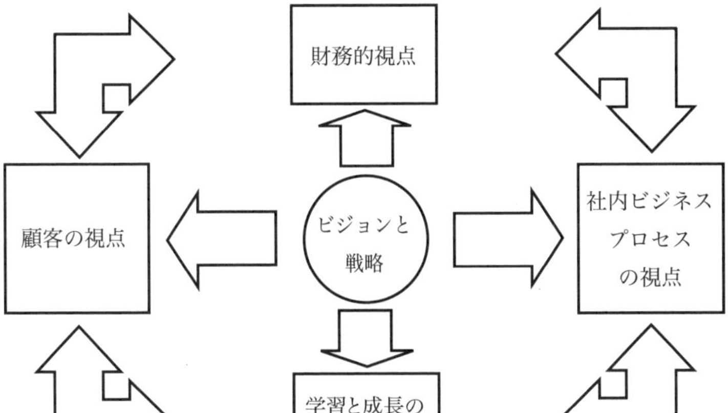

(出所)吉川武男+ベリングポイント著『バランス・スコアカード導入ハンドブック』東洋経済新報社, 2005年, p.2。

21世紀を生き抜く企業にとって，経営の効率化と企業価値の最大化が最重要課題であることに変わりはなく，経営の効率化には，徹底した品質管理と原価管理が必要であり，企業価値を最大化するためには，企業の戦略の策定と実行のシステム，報奨制度および業績評価システムもまた，企業価値創造に役立つものでなければならない。90年代以降，欧米では企業価値創造のための業績評価としてEVA(economic value added:経済的付加価値)が多くの主要企業に導入された。他方，多様なステークホルダー(stakeholder:利害関係者)を識別し，業績評価システムにステークホルダー・アプローチをとる評価システムがBSCであり，単なる評価システムではなく，戦略の策定と実行などの経営管理に役立つ戦略的マネジメントである[9]。

3. BSCの仕組み (四つの視点)

前述のとおり，BSCには「財務的視点」「顧客の視点」「社内ビジネスプロセスの視点」「学習と成長の視点」という四つの視点がある。これらの四つの視点があることにより，短期と長期の目標，期待される成果とその成果達成のための業績評価，客観的な尺度と主観的な尺度などにおいてバランスを取ることができる。財務の尺度は重要であるが，それだけではこの情報化時代において企業価値を高めることはできない。BSCでは，財務，顧客，社内ビジネスプロセス，学習と成長という四つの視点から，定量的な業績評価尺度で企業の業績を評価する[10]。

以下は，四つの視点のそれぞれの特徴を見てみる。
① 財務的視点：株主に対してどのように行動すべきか[11]。
「財務尺度は，過去の活動の経済的な成果を客観的に要約できる。そのため，BSCでも財務の視点を欠かすことはできない。これは，株主や債権者のためにどのように行動すべきかの視点である。典型的な業績評価尺度には，次のものがある。

例：経常利益　投資利益率(ROI)　残余利益　EVA　売上高利益率キャッシュ・フロー　売上高　売上高成長率」[12]

② 顧客の視点：顧客に対してどのように行動すべきか[13]。

「顧客と市場のセグメントを識別し，目標としているセグメントの業績を測定する。顧客には，固有の意味での顧客(外部顧客)だけでなく，企業の内部顧客(例：経理部にとって営業部や製造部)にまで拡張されることもある。

例：顧客満足度調査の結果　新規顧客の開拓　既存顧客のロイヤリティ(リピート率)　顧客収益性　目標とした市場セグメントのマーケット・シェア　価格指標新製品からの売上高比率　重要性の高い顧客シェア」[14]

③ 社内ビジネスプロセスの視点：どのようなビジネスプロセスに秀でるべきか[15]。

「顧客満足に最大のインパクトを与え，企業の財務目標を達成するための企業内部のビジネスプロセスに焦点がおかれる。経営者がいかにビジネスと業務の改善を行ったかが定量的に示される。下記のようなイノベーションやオペレーションに関するプロセスが対象になる。

例：特許権取得件数　開発効率　サイクルタイム　仕損じ発生率　納期落札率事故率　やり直し作業　生産性向上率　単位　原価　新製品導入率」[16]

④ 学習と成長の視点：どのように変化と改善ができる能力を維持するか[17]。

「すぐれた業績は，個々の従業員のスキルが高くなければ達成できない。企業の長期的な成長は従業員，システム，手続きの改善によって可能になる。

例：社員教育の数　離職率　資格の取得　提案件数　改善率指標　ITリテラシーのレベル　ITの活用率　特許取得件数　平均年齢」[18]

このように，BSCは，ビジョンや戦略を業績評価基準として四つの視点に具体化したものである。測定する尺度の数が多く見られるかもしれないが，四つの視点という枠組みで適切に構築されたBSCは，戦略達成に向けてすべての尺度が方向付けられている。また，繰り返して見直すことにより，企業変革

を進め，結果として業績を改善することができる[19]。

4. 戦略マップ

　戦略マップは，戦略を記述するための論理的で包括的なフレームワークであり，掲げた戦略のテーマごとに何をすべきかについての因果関係を表す働きをする。戦略マップをもつことによって，組織体の求める成果がどうしたら得られるかについての仮説が提供され，更に，すべての組織体の構成単位と従業員が戦略を理解し，戦略への方向性を共有できるツールであり，この戦略マップを策定すると，誰でも自社の戦略を全体的かつ体系的に検討でき，戦略マップ作成の過程において戦略の不備ないし問題点が分かり，経営者がその不備に対して早期に手を打つことができる[20]。

　Kaplan=Norton は BSC を 1992 年以来広範囲に導入してきたところ，ある一定のパターンがあることに気づき，共通のフレームワーク，戦略マップを誕生させている。この戦略マップは仮説を科学的に検証し，検証の結果から新しい戦略を構築することができる。その意味で，戦略マップは，これまでは科学的な検証が難しいとされていた一連の仮説を可視化することによって戦略を検証するためのツールであるといえる[21]。

　戦略マップが適切に構築されていれば，どのように戦略が成し遂げられるかについて理論的な関係を描くことができる。この戦略マップの作成過程で経営のトップが戦略策定の意義を発見したというケースや戦略を見直すことの重要性を認識したケースがあり，また異なった組織間のコミュニケーションにも非常に役立つこともあり，戦略策定の意義を認識させる上で非常に有効である[22]。

5. BSC の導入と業績評価指標

(1) なぜ BSC なのか

　「1. はじめに」で述べたように，筆者の本来の問題意識は，顧客企業の業績

を向上させる継続的なシステムはあるのか，あるとすればどのようなものであるのかということであった。本節では，なぜ企業がBSCを導入しょうとするのかについて述べる。

BSCに関する実施状況の調査[23]によれば，上場企業に対するアンケート調査の中で，45.92%がBSCを「知らない」と回答している。「知っている」と答えた企業について見てみると，「実施している」が7.55%，「今は実施していないが予定がある」が7.55%，「実施予定なし」が84.91%という回答状況である。

この実施率の低さの原因は，経営トップの不十分なコミュットメント，組織内でのBSCに対する理解不足，BSC導入目的の曖昧さ，プロジェクト能力を有する有能な従業員の不足などにある。しかし，筆者がBSCの導入を考えた最も大きな理由は，BSCのメカニズムにある。PDCAサイクルを循環させることにより組織自体が常に目標を意識するようになり，またコミュニケーション不足を解消させるようになるので，筆者はBSCが企業の業績向上に役立つ可能性が高いと判断し，企業に対してBSCの導入を推進することにした。

(2) BSC導入の目的

BSCの有効性を検証するためには，まず導入が行われなければできない。また，BSCの研究のためには，導入を成功させるための研究とBSC自体の効果を検証する研究が必要であると考えられる。しかし，導入をする企業は，実社会でビジネスを行っているのであるから，業績を阻害するような方向での導入研究はできるはずがない。

従って，先行研究により阻害要因を把握し，それらを避けることが重要であるし，促進要因については，更に促進させる方向での実施を計画することが重要である。

本研究においてBSCを企業に導入する目的は，導入に際して発生した事象について考察することであり，またBSCが企業の経営改善に役立つ可能性について探求することである。

(3) 業績評価指標

日本企業の伝統的な業績評価には，欧米企業と比べると大きな違いを発見することができ，その特徴をあげれば次の三つにまとめることができる[24]。

第1に，日本企業の業績評価は個別的な評価ではなく，総合的な評価が一般的で，業績評価基準が曖昧であること。

第2に，財務的な業績評価の基準は売上高，経常利益など成長指向型の絶対額が中心であり，投資利益率などの効率や効果性を評価する基準をもつ企業が少ないこと。

第3に，業績評価の結果を個人の給料にまで反映させている企業が少ないこと。

BSCにおける戦略目標を評価するための具体的なものさしとなるのが業績評価指標(Key Performance Indicators，以下KPI)である。過去の業績評価の考え方では，財務的な業績評価として捉えることが多く，企業経営にとっては長期展望に基づいた取り組みや活動が無かった。しかし，短期的な財務的な業績評価だけでは企業の持続的発展は難しい。業績評価指標は，ビジョン，戦略，およびBSCの四つの視点における戦略目標を実現するものでなければならず，そのために，短期的成果と長期的成果をうまくバランスさせるように，業績評価指標を設定することが重要になる。また，ビジョンと戦略からアクションプランまでの因果関係はもちろんのこと，業績評価指標同士の因果関係についても考慮することが必要となる。業績評価指標の設定によって目標が数値化されるので，戦略目標実現に向けての進捗状況が客観的，定量的に目に見えるようになる[25]。

6. ヒアリング調査による業績評価指標の検討

ヒアリング対象企業：鹿児島県内企業38社(内BSC導入企業3社)(製造業17社―内3社が導入，非製造業15社，サービス業5社，医療機関1社)。

鹿児島県内のヒアリング調査の対象は，上記のとおりであるが，BSCの導

入企業の3社はいずれも製造業であった。BSCに関して興味があるものの，時間と費用の問題において躊躇しているケースもあった。また，BSC導入企業においても明確なビジョンや戦略が欠けていることから，戦略目標の因果連鎖が十分に検討されていないこと，業績評価指標の定量化に苦慮していることなどが問題点として挙げられる。更に，導入企業の中には継続的な実施について検討していない企業もあった。

次に，BSCの四つの視点における業績評価指標についてヒアリングした結果，「財務の視点」のみを挙げるケースが多く，営業利益が29社(76.3%)，経常利益が22社(57.9%)，売上高が16社(42.1%)，顧客満足が3社(7.9%)(※( )内は複数回答のため合計値は100%とならない。)という結果であった。以前は売上高が非常に重視されていた時代があったが，現在では経営活動の成果として利益の重要性が広く認識されていることがこのヒアリング調査の結果から明らかとなった。しかし，現在でも売上規模のメリットが完全になくなったわけではなく，営業に関する部署の従業員にとっては，売上高が会社への貢献につながるということでモチベーション面的な部分では長所となっている。

「顧客の視点」に関する業績評価指標は近年の顧客志向の高まりとともに注目されるようになったが，顧客満足を表す適切な評価指標を得られにくく，利益との関連も不明確な点もあり，単に顧客満足度を示す指標を設定するだけではなく，顧客満足度を向上させる要因を指標に設定するというケースもあった。

「社内ビジネスプロセスの視点」と「学習と成長の視点」についての業績評価指標を積極的に活用し，相互の因果関係まで認識し，戦略を立てているケースが少なかった。

一方で，四つの視点だけではなく，企業独自の視点である「五つ目の視点」を設定しているケースもあった。

7. 筆者によるBSC導入の二つの実施例

(1) A社：建材卸業の事例

　A社は，建設資材卸業を営む会社で，従業員が15名程度である。バブル崩壊以降，過去に例を見ないような建設投資の縮小，売掛金の焦げ付きなどさまざまな経営課題を抱えていた。その中から，主要な経営課題を以下に幾つか挙げてみた。

　　・年々売上高が減少し，歯止めがかからない。
　　・売掛債権の回収期間が延びてきている。
　　・売掛債権の焦げ付きがある。
　　・事務部門は，手作業が多く合理化の必要がある。
　　・社長の急死により経営スタッフの人材が不足している。
　　・建材の卸業がメインであるが，一部施工もしており施工で赤字になることがある。

　A社の抱える経営課題は多岐にわたり，早急に解決をしなければならない課題ばかりであった。

　そのときの面談の内容は以下のとおりである。

　① 夫である前社長が突然の病死により，社長を引き継いだ妻より「会社を閉じたい」との相談があった。面談当日も，夫の急死による気落ちと，会社経営の不慣れさから，早く会社を閉じたいとの相談であった。話を充分に聞き，現時点ですぐに会社を閉じるという選択が不可能な状態でもあり，後日，BSCについて説明を行ったのが第一歩であった。

　② さまざまな問題があったが，大戦略として原点回帰(創業当時の精神で)を合い言葉に，戦略マップを作成し，BSCの四つの視点の因果関係を見据えながら業績評価指標を決定し，経営改善に取り組んだ。
　　　　財務の視点　粗利率15％の確保，施工部門の原価管理の徹底
　　　　顧客の視点　営業の補強(幹部社員の顧客訪問の徹底・新規拡大)

社内プロセス　管理会計システムの見直し(伝票処理の迅速化・ルールの作成)，売掛金管理の適正化

学習と成長　商品研修会，営業会議による人材育成

その結果,上記のような取り組みを主要取引先や金融機関にすることにより，前社長の急死による不安感が払拭され，新たに経営を任された幹部社員は「業績評価指標により自分の役目・役割がはっきり分かった」と述べている。

更に，システムの見直しにより売掛金管理のルール化・適正化を行い，運用したところ債権の焦げ付きが大幅に減少した。

(2) B社：建築業の実施例

B社は，家具建具工事を営む会社で，従業員が15名程度である。こちらも前社と同様にバブル崩壊以降，過去に例を見ないような建設投資・公共事業の縮小による売上高の減少，大口の売掛金の焦げ付きなどさまざまな経営課題を抱えていた。その中から，主要な経営課題を以下に幾つか挙げてみた。

- 年々売上高が減少している。
- 年々利益が減少している。
- 売掛債権の回収期間が延びてきている。
- 大口取引先の不渡りがある。
- 金融機関との関係は良好であるが，将来的には不安がある。
- 後継者問題と経営陣に加わるような人材が不足している。
- 自社工場において製造コストが掛かりすぎる。

B社の抱える経営課題は対象市場に対する戦略の見直し，新たなビジネスモデルの確立，物流の改革，人材の育成など多岐にわたり，こちらも早急に解決をしなければならない課題ばかりであった。

B社の面談の内容は以下のとおりである。

① 取引先の不渡りから「経営方針の作成と営業部門の見直しをしたい」との相談があった。創業以来の取引先で取引額も大きかったために会社としてはかなりの痛手であったが，BSCについての説明を行い，現

状の分析と方向性を探ることになった。
② 総論賛成，各論反対という従業員もおり，なかなか前に進めない状況ではあったが，社長の強いリーダーシップで第一歩を踏み出した。四つの視点の取り組みは，以下のとおりである。

　　　　財務の視点　　粗利率18%の確保
　　　　顧客の視点　　納品対応向上(納品時のクレーム0を目指す)
　　　　社内プロセス　管理会計システムの見直し(現場，部門管理の徹底)，
　　　　　　　　　　　売掛金管理の適正化，取引先の与信管理の徹底
　　　　学習と成長　　営業会議，工程会議の充実，後継者の育成
　　　　五つ目の視点　金融機関の視点を追加し，格付アップを意識した行動
　　　　　　　　　　　計画作成

　B社の特徴は，大口取引先の不渡りという現実からBSCの四つの視点に「金融機関の視点」という五つ目の視点を加え，格付けアップを意識した取り組みを行った。打つ手が早かったことと金融機関からの信頼が得られたことにより，危機を脱し，現在では後継者も育ってきている。また，新たなビジネスモデルとして同業者や仕入業者と合同会社を設立し，共同仕入，外注の共同化等を行い，実績を挙げている。

　更に，取引先の与信管理に対する業績評価指標を設けたことにより債権の焦げ付きが大幅に減少し，売掛回収についても向上している。

　経営者は「このシステムと巡り会えたことで運命が変わったみたいだ」「システムの見直しだけでリアルタイム経営が実感できた」などと語っていた。

8. 結び

　本章は，BSCにおける業績評価指標について検討した。結論から言えば，導入実施例およびヒアリング調査からは，業績評価指標は，ビジョン，戦略，およびBSCの四つの視点における戦略目標を実現するもので，短期的成果と長期的成果をうまくバランスさせるように，業績評価指標を設定することが重

要であることがわかった。また、ビジョンと戦略からアクションプランまでの因果関係はもちろんのこと、業績評価指標同士の因果関係についても考慮することが必要となる。業績評価指標の設定によって目標が数値化されるので、戦略目標実現に向けての進捗状況が客観的、定量的に目に見えるようになり、更にはBSCの四つの視点に企業独自の「五つ目の視点」を追加することにより、企業の経営改善に大いに役立つということが判明した。また、企業の目標が明確になることにより社内のコミュニケーションがとりやすくなるということも判明した。両社ともBSCを導入した背景には、社長の危機感や、変革をコミットメントする強いリーダーシップがあった。

しかし、両社ともBSCを導入したばかりの事例であり、今後も研究が継続されなければならない。更に残された課題は、BSCの継続的な実施により更なる企業発展を可能とする新たなシステムを構築することである。特に、財務的な成果だけでなく定量的な非財務的指標もまた評価の透明性や公平性において有用であると考えられる。更に、中小企業においては、BSCを用いて金融機関格付けを意識した視点を取り入れることにより資金の調達をスムーズに行える可能性があると考えられる。

企業が戦略目標に整合するようにどのような業績評価指標を組み合わせて採用するかが重要である。BSC導入における成功の鍵は、短期的な視点ではなく中長期的な視点で戦略を捉えるリーダーシップの存在にあると考える。

【引用文献】
(1) http://www.tsr～net.co.jp/news/status/index.html ㈱東京商工リサーチホームページ 全国企業倒産状況
(2) 吉川武男・ベリングポイント(2005),『バランス・スコアカード導入ハンドブック』東洋経済新報社, p.1。
(3) 櫻井通晴(2008),『バランスト・スコアカード—理論とケース・スタディ—(改訂版)』同文舘出版, p.5。
(4) 櫻井通晴(2008), 前掲(注3), p.5。
(5) 櫻井通晴(2008), 前掲(注3), p.5。

(6) 櫻井通晴(2008),　前掲(注3), p.9。
(7) 櫻井通晴(2008),　前掲(注3), p.9。
(8) 吉川武男・ベリングポイント(2005),　前掲(注2), pp.1～2。
(9) 櫻井通晴(2008),　前掲(注3), pp.19～20。
(10) 櫻井通晴(2008),　前掲(注3), pp.31～32。
(11) 吉川武男・ベリングポイント(2005),　前掲(注2), p.2。
(12) 櫻井通晴(2008),　前掲(注3), p.32。
(13) 吉川武男・ベリングポイント(2005),　前掲(注2), p.2。
(14) 櫻井通晴(2008),　前掲(注3), pp.32～33。
(15) 吉川武男・ベリングポイント(2005),　前掲(注2), p.2。
(16) 櫻井通晴(2008),　前掲(注3), p.33。
(17) 吉川武男・ベリングポイント(2005),　前掲(注2), p.2。
(18) 櫻井通晴(2008),　前掲(注3), p.33。
(19) 吉川武男・ベリングポイント(2005),　前掲(注2), p.5。
(20) 櫻井通晴(2008),　前掲(注3), pp.76～77。
(21) 櫻井通晴(2008),　前掲(注3), p.77。
(22) 櫻井通晴(2008),　前掲(注3), p.80。
(23) 日本大学商学部会計学研究所(2004),『会計学研究』第17号, p.152。
(24) 櫻井通晴(2008),　前掲(注3)　p.186。
(25) 吉川武男・ベリングポイント(2005),　前掲(注2), pp.174～207。

【参考文献】

[1] R. S. Kaplan and D. P. Norton(1996),*Balanced Scorecard: Translating Strategy Into Action*, Harvard Business School Press, 吉川武男訳(1997),『バランス・スコアカード』生産性出版。
[2] 櫻井通晴(2008),『バランスト・スコアカード(改訂版)―理論とケース・スタディ―』同文舘出版。
[3] 吉川武男・ベリングポイント(2005),『バランス・スコアカ～ド導入ハンドブック』東洋経済新報社。
[4] 浅田孝幸・頼誠・鈴木研一・中川優(2001),『管理会計・入門』有斐閣。
[5] 小林啓孝(1994),「戦略的管理会計論」『管理会計フロンティア』中央経済社。
[6] 吉川武男(2003),『バランス・スコアカ～ド構築』生産性出版。
[7] 星野雄太(1992),『企業戦略と会計情報システム』多賀出版。
[8] 藤田　均(2004),　*UNISYS TECHNOLOGY REVIEW*, 第82号。

[9]山田庫平編著(2002),『経営管理会計の基礎知識』東京経済情報出版。
[10]西山　茂(2001),『戦略管理会計』ダイヤモンド社。

（中山賢一）

第15章　BSCと報酬制度の連動方法

【要旨】

　BSCは，企業の戦略課題がどの程度，達成されたかを評価するためのツールである。企業の業績を財務の視点からだけでなく，企業の総合的な視点から戦略的な立場を加味して評価できるものである。近年，長期にわたる構造的不況と若年労働者の価値観の変化に伴って，誰もが納得できる報酬制度を EVA や BSC に見出され，報酬連動型システムが注目されるようになった。日本における BSC の導入に関する先行研究は経営成績や業績評価の観点からみた事例研究が大半で，報酬制度と BSC がどのように連動しているかという視点からの研究は，まだ不十分である。すなわち，スコアカードによる業績連動型の報酬制度を確立した後に，実際どのように運用され，どのような課題を抱えているのかについては必ずしも明らかになっていない。BSCと報酬制度の連動方法に関する事例研究を蓄積していくことが今後の研究課題である。

【キーワード】：BSC，戦略マップ，総合的評価，可視化，報酬連動型システム

1.　はじめに

　伝統的な財務による業績評価指標が短期的業績を高めるものであるので，業務改善や環境変化に対応した業務改革を行うときに誤った判断をしてしまう危険性がある。そこで，Kaplan=Norton はこの問題を解決するために BSC（バランスト・スコアカード Balanced Scorecard）を提案した。彼らは，BSC について明確に定義していない[1]が「BSC は企業の戦略的な目標がいかに達成され

たかを評価するためのツールである」と説明している[2]。BSC について吉川武男（2000）は「ビジョンを戦略に落とし込み，成長力と競争力を付け未来を切り開き，企業を成功に導く戦略的マネジメントシステムである」[3]としている。また桜井通晴（2000）は，BSC とは「戦略の実行を管理し，また企業の競争，市場および技術環境の変化に応答させて戦略自体を柔軟に変化させるためのフレームワーク」を提供するものである[4]としている。更に，桜井通晴（2001）は BSC の性格をステークホルダーズ（利害関係者）・アプローチの観点から着目して，「BSC は本質的にはステークホルダーズ・アプローチに立脚し，総合評価を志向し，BSC を使うことで，ビジョンや経営方針をわかりやすい言葉に置き換えて機能させることができる」と述べている[5]。

2. BSC の理論

　BSC の評価システムは，「財務」，「顧客」，「内部ビジネス・プロセス」，「学習と成長」という四つの視点から構成されている。これら四つの視点は，必要に応じて別の視点に変えることもできる[6]。

　①財務の視点（株主）
　　　財務尺度は過去の活動の経済的な成果を客観的に要約できる。そのため，BSC でも財務の視点は株主の視点を代弁するものとして欠かすことはできない[7]。
　②顧客の視点（外部の利害関係者）
　　　顧客と市場のセグメントを識別し，目標としているセグメントにおけるビジネス・ユニットの業績を測定する[8]。
　③内部ビジネス・プロセスの視点（経営者）
　　　顧客満足に最大のインパクトを与え，企業の財務目標を達成するための内部プロセスに焦点がおかれる。業務効率化に努力する経営者の立場を代弁する[9]。

④学習と成長の視点（従業員）

優れた業績は従業員のスキルが高くなければ達成できない。長期的な企業の成長を可能にするのは，人，システム，手続の改善によってである[10]。

戦略マップとはBSCにおいて四つの視点の間に構築した縦の因果連鎖，及び四つの視点ごとに設定される戦略目標，成果尺度，パフォーマンスドライバーなどの間に構築した横の因果連鎖を一連にしたものである[11]。

戦略には，株主価値，顧客管理，プロセス・マネジメント，品質，コア・ケイパビリティ，イノベーション，人的資源，IT，組織設計，学習といった概念がそれぞれ存在する。しかし，それらの実践にあたっては，各領域において様々に考慮されているが，戦略として包括的に明示する一貫した方法がなく，こうした問題点を解決してくれるのがマップである[12]。

また，戦略マップは「企業は長期的な企業価値の創造のための戦略を特徴的に示す限られた数の重要な変数を測定するよう心がけなければならない」という考えに基づいて，「組織がいかに価値を創造していくのかを明示し，伝達するシステム」であり，戦略マップは業績評価の一覧表から出発したBSCを，「戦略マネジメントシステム」として機能させる仕組みであると考えられている[13]。

Kaplan＝Nortonは企業価値という財務戦略上の目標を中心とした戦略遂行の流れ（戦略マップ）とその業績評価のための仕組み（BSC）を併用して運用する仕組みを提唱することで，戦略マネジメントシステムという企業経営の一形態を確立した。戦略マップとBSCは併用されることで，戦略マネジメントシステムを形成しており，両者は不可分で活用されるというのがKaplan=Nortonの提唱するBSCの理論であるとされている[14]。

そして，営利組織におけるBSC・戦略マップの基本的な考え方では，財務の視点（企業価値最大化）が戦略目標の第一にあげられ，各分野（視点）における個別の戦略を統合するプロセスを示すためには戦略マップを，その運用のためにはBSCを活用することになる[15]。

企業の戦略はその企業の存在する環境や要因によって様々である。それぞれの四つの視点が財務の視点に最終的に還元されるという戦略マップの考え方は，

企業経営における一つの考え方に過ぎず，四つの視点の応用可能性もある[16]。

3. BSCの特長

(1) 米国と日本における伝統的な評価方法とBSC

BSCの特長は，企業の業績を全社的な視点から総合的に表示できるので，財務だけでなく企業の総合的な視点から戦略的な立場を加味して業績を評価しうることである[17]。また，米国においてBSCは，企業に欠けているとされていた総合的な評価を戦略的な立場から可視的に表現しようとしたものであると説明されている[18]。一方，日本の評価方法においては，総合的な評価を行うという意味では従来日本が実践してきた実務とあまり異なるところがないとも言えるが，従来企業がとってきた総合的な評価はファジーで評価していないことに等しく，個人の業績を報酬に連動させることはなかった。これがBSCによれば四つの視点を数値化してパソコンレベルで計量化された総合的かつ客観的な評価が可能になり，短期的な業績の評価ではなく，長期的な視野に立った業績評価が経営者の立場から計量的になされる。また，組織体を戦略に方向づけるBSCは戦略実行のためのツールと考えられるに至っている。そこに，従来の日本企業の経営実践との決定的な違いがあると述べられ[19]，日本企業の伝統的な評価の欠点を補うものとして期待されている。

(2) BSCへの批判

BSCに対する批判として次の三つがあげられる[20]。
 i BSCに掲載されている四つの視点および指標は決して目新しいものではなく[21]，さまざまな指標の寄せ集めになってしまう危険性がある。
 ii 日本にはすでにBSCと類似のシステムとして方針管理が浸透しているし，目標管理（MBO　management by objectives）なども実践されてきた。したがって，改めてBSCというシステムを導入する必要が薄い。
 iii BSCが仮定する四つの視点があまりにも単純すぎて現実を写像しきれ

ていないことも考えられる。更に，四つの視点間の因果連鎖は，あまりにも仮定であって，それが正しいか否かについての検証がなされていない。

(3) 批判への回答

上にあげたBSCの批判に対して，次のように回答されている[22]。

i　BSCが単なる指標の寄せ集めではなく，戦略を遂行するための道筋を四つの視点に収斂させて議論した点を強調することでそれに対する回答とすることができる。BSCは達成すべき指標を並列的に集めたのではなく，財務，顧客，内部業務プロセス，学習と成長の視点に関する因果連鎖モデルを構築することによって企業自らがその道筋を明らかにする努力をはらうものであって，いわゆる総花的な「総合評価」とは全く異なる。

ii　日本では，財務的な目標と比較して非財務的な目標のウェイトが高くその内容も広範囲にわたっている。BSCも，財務的な目標や非財務的な目標をバランスよく配置している点では目標管理と同様であるが，さまざまな非財務的目標を最終的には財務的目標の達成のために因果関係をもって設定している点が目標管理と異なる。BSCの四つの視点やそこに含まれる諸目標は同列ではない。キャプランもMBOにおける目標は，限定的な職能別の考え方にとらわれて，それぞれの組織単位ごとに設定され，短期的で戦術的で財務偏重の部門目的に関連したものだとしている（Kaplan=Norton，2000，p.231）。

　方針管理では，例えば売上高といったひとつの目標を展開していくが，これに対してBSCでは四つの視点にわたって多面的な指標の間に因果連鎖を構築していくことが特徴となっており，両者の間には大きな相違点がある。

　BSCを利用した経営の本質は，最終的に因果連鎖構築に行きつくことになる。これは，第3の批判にもつながってくる。

iii　BSCに表された因果連鎖には四つの視点それぞれに設定する，戦略目標，成果尺度，パフォーマンスドライバーの間に構築する因果連鎖（横の

因果連鎖）がある（清水，1998）。これらの因果連鎖は戦略を示す仮説にすぎないが，その仮説は可能な限り現実を説明できなければならないし，一方で仮説である以上それが正しいか否かを常に検証する必要がある。戦略マップはこれらの批判点に対する回答を提供する。

このように考えると，日本企業における BSC 利用への可能性や意義が十分に存在するといえる。

4. 企業価値と BSC

(1) 業績評価システムの変容

近年，新たな業績評価システムが必要になり，それに伴って BSC の必要性が増大した。株主が経営者に企業価値や株主価値の最大化を求めるので，企業価値を最大化するためには，企業の業績評価システムや報酬制度もまた，企業価値創造に役立つものでなければならない[23]。90 年代以降，欧米では企業価値創造のために業績評価指標として EVA(economic value added 経済的付加価値) が多くの主要企業に導入された[24]。

これに対して桜井通晴（2001）は，BSC について多様なステークホルダーを識別し，業績評価システムにステークホルダーズ・アプローチをとる評価システムがあり，それが BSC であるとしている[25]。企業の業績評価システムは株主，顧客，従業員，サプライヤー，経営者などのステークホルダーが自らの企業への貢献度を正しく理解し，評価するのに役立つものでなければならない。しかし，日本の業績評価システムは一般に「長期的視点に立つ総合評価」のシステムだと世界主要国から絶賛されながらも，実体の評価はあいまいで，報酬制度に連動した論理的なシステムとはなっていなかった[26]。

(2) 報酬連動型のシステムが日本で多くの経営者の注目を集める理由

長期的不況と若年労働者の価値観の変化という厳しい経営環境のもとで，グローバル・スタンダードに沿った経営システムを求める企業経営者は，部

門，チーム，個人の業績を客観的で可視化でき，誰もが納得できる報酬制度をEVAやBSCに見出した。報酬連動型システムが注目される背景として以上のようなことがあげられる[27]。日本でも経営戦略においてBSCを導入している企業が増えつつある。

5. BSCと報酬制度の連動方法

　日本において，BSCを業績測定のシステムとしてだけではなく，成果給を算定する上での業績評価に利用することに対して企業の関心が高まっているのも事実である。それにも関らず，BSC導入事例の多くは，スコアカードに基づいてどのように業績と報酬を連動させているかという技術的な側面を記述するにとどまっており，スコアカードによる業績連動型の報酬制度を確立した後に，実際どのように運用され，どのような課題を抱えているのかについては必ずしも明らかになっていない[28]。

　BSCの導入についての先行研究を確認したところ，報酬制度とBSCがどうリンクしているのかという観点での研究はまだ不十分であるとの印象をうける。Meyerによると，BSCを報酬算定に活用する際には，正しい指標を選択すること，および，類似性のない指標群を全体的な業績評価に向けて合成するという二つの要件を満たす必要があるという[29]。BSC導入後について研究した数少ない事例研究によって，この指標選択の問題が明らかにされたという事実はあるが，その後の具体的な課題についての研究が不十分であるといえるだろう。また，BSCと報酬制度の連動において，従業員の行動や組織業績はどのような影響を受けるかというような観点からも事例研究を蓄積し，研究していく必要があり，今後の課題である。

6. 結び

　伝統的な財務による業績評価指標は短期的業績を高めるものであって，業務

改善や環境変化に対応した業務改革を行うとき誤った判断をしてしまう。この問題を解決するために，BSC は Kaplan = Norton によって提案された。今日，日本では BSC を業績測定のシステムとしてだけではなく，成果給を算定する上での業績評価に利用することに対して企業の関心が高まっている。だが，先行研究においては，経営成績や業績評価の観点からみた事例研究がほとんどで，報酬制度と BSC がどうリンクしているのかという観点での研究はまだ不十分であるとの印象をうける。BSC と報酬制度の連動において，従業員の行動や組織業績はどのような影響を受けるかというような観点からも事例研究を蓄積し，研究していく必要があり，今後の課題である。

【引用文献】

(1) 伊藤和憲・小酒井正和（2001），「バランスト・スコアカードに関するソフト評価」『企業会計』53 巻 2 号，p.61。
(2) 桜井通晴監訳（2001），『戦略バランスト・スコアカード』東洋経済新報社。
(3) 吉川武男（2000），「バランスト・スコアカードの基礎」『企業会計』52 巻 11 号，p.4。
(4) 桜井通晴（2000），「バランスト・スコアカードの生成・変革とその特徴」『産業経理』60 巻 2 号，p.2。
(5) 桜井通晴（2001），「企業価値創造に役立つ管理会計の役割」『企業会計』53 巻 2 号，p.19。
(6) 桜井通晴（2001），前掲（注 5），p.22。
(7) 桜井通晴（2001），前掲（注 5），p.22。
(8) 桜井通晴（2001），前掲（注 5），p.22。
(9) 桜井通晴（2001），前掲（注 5），p.22。
(10) 桜井通晴（2001），前掲（注 5），p.22。
(11) 長谷川恵一・清水孝（2001），「バランスト・スコアカード経営における戦略マップの意義」『企業会計』53 巻 2 号，p.44。
(12) 中嶋教夫（2009），「Kaplan,Norton によるバランスト・スコアカードの理論的展開について―業績評価ツールから戦略マップまで―」『産業経理』69 巻 1 号，p.120。
(13) 中嶋教夫（2009），前掲（注 12），pp.120〜121。
(14) 中嶋教夫（2009），前掲（注 12），p.121。

(15) 中嶋教夫（2009），前掲（注12），p.121。
(16) 中嶋教夫（2009），前掲（注12），p.122，桜井（2001），前掲（注5），p.23，長谷川 – 清水（2001），前掲（注11），p.47 も同意見。
(17) 桜井通晴（2001），前掲（注5），p.23。
(18) 桜井通晴（2001），前掲（注5），p.23。
(19) 桜井通晴（2001），前掲（注5），p.23。
(20) 長谷川恵一・清水孝（2001），前掲（注11），p.42。
(21) 小林啓孝（1998），「管理会計変貌の視点」『会計』153 巻 3 号，p.68。
(22) 長谷川恵一・清水孝，前掲（注11），p.42。
(23) 桜井通晴（2001），前掲（注5），p.18。
(24) 桜井通晴（2001），前掲（注5），p.18。
(25) 桜井通晴（2001），前掲（注5），p.18。
(26) 桜井通晴（2001），前掲（注5），p.18。
(27) 桜井通晴（2001），前掲（注5），p.18。
(28) 河合隆治・乙政佐吉（2007），「バランス・スコアカードによる業績連動型報酬制度の運用」『企業会計』59 巻 4 号，p.112。
(29) Meyer,M.W. (2001), *Rethinking Performance Measurement: Beyond the Balanced Score-card*, Cambridge University Press.

【参考文献】

[1] 吉川武男（2000），「バランスト・スコアカードの基礎」『企業会計』52 巻 11 号，p.4。
[2] 伊藤克容（2001），「花王（株）における企業価値経営」『企業会計』53 巻 2 号，p.35。
[3] 森沢徹（2001），「バランスト・スコアカードを活用した経営改革の実際」『企業会計』53 巻 2 号，p.50。
[4] 竹脇誠（2001），「業績給と成果主義を成功させるために」『企業診断』48 巻 9, 10, 11 号。
[5] 桜井通晴（2002），「バランスト・スコアカードの業績評価への役立ち」『産業経理』62 巻 2 号，p.4。
[6] 桜井通晴（2007），『キャプランとノートンの戦略バランスト・スコアカード』東洋経済新報社。
[7] 桜井通晴（2008），『バランスト・スコアカード—理論とケーススタディー（改訂版）』同文舘。

[8] 清水孝 (2009),「業績管理会計の現代的意義と体系」『産業経理』69巻2号, p.110。
[9] 桜井通晴 (2009),『管理会計 (第4版)』同文舘。

(國﨑歩)

(付録 I 国際分業を基礎とした国際貿易理論と国際直接投資理論の融合(英文))

The Integration of International Trade Theories with International Direct Investment Theories on the Basis of International Division of Labor

Abstract: Tracing back to the research in international trade theories and international direct investment theories, the paper, which draws heavily upon previous research, takes up the thread of international division of labor neglected by neoclassical economics, and develops it following X.K.Yang's approach. The paper intends to integrate research on international trade theories and international direct investment theories into the same analytical framework.

Key Words: Integration; International Trade Theories; International Direct Investment Theories; International Division of Labor

The traditional international trade theories and international direct investment theories were generally constructed and examined based upon two different analytical frameworks. However, with the globalization of the economy and the in-depth understanding of the international trade and international direct investment, it is recognized that international trade and international direct investment are virtually different choices of the same active entity. International trade and international direct investment differ in procedure and form. The international market system, the factors, ways of operation and even difficulties that should be considered when sales subsidiaries for export are established abroad, are very similar to those when productive subsidiaries for international direct investment are to be set up. By reviewing the development of international trade and international direct investment, it would not be too difficult to discover that both of them result from international division of labor. Therefore, theories concerning international division of labor can be utilized to explain the theories and practice of international trade and international direct investment.

1. Tradition and Current Status of the two types of the oretical studies

1.1 Incompatibility with the traditional theory

The assumptions on traditional international trade theories that the market is in perfect competition and constant returns to scale. What directly brings about international trade is the difference in price between different countries in the production of commodities, whereas the price difference results from difference in cost, and the difference in cost is the result of price difference in factor of production in different countries. The degree of production factor in abundance in various countries causes the difference in the price of production factor. The difference degree of production factor in abundance determines the comparative advantage or price advantage one country can employ in the production of a commodity. In this regard, a country will export commodities produced with the intensive use of production factors in abundant in the country, and import commodities produced with the intensive use of production factors in short supply in the country. Thus pattern of international trade is determined by the resource advantages in different countries. It is evident that no room for the development of international direct investment theory is left in the analytical framework of traditional international trade theories.

Emergence and development of foreign direct investment made by present multinational corporations contradict with the assumption on traditional international trade theories where perfectly free competition will bring about perfect market structure. The imperfection of the market, especially that of the technology and knowledge market is the major cause for the foreign direct investments by enterprises. With the imperfection of the market, it is possible for multinational corporations to utilize the efficiency of organization and the advantage they acquire in the respect of capital, labor, technology, knowledge and the like, and thus compete with local companies in the world market. The monopolistic advantage in market, production, economies of scale and etc.

enjoyed by multinational corporations necessitate the profitability of cross-border production. It is also the basis for the theoretical research of international direct investments. From this perspective, this analytical framework is completely incompatible with that for international trade theories.

1.2 Attempts to integrate the two theories

R.Vernon (1966), the American economist, made early attempts to integrate international trade and international direct investment into one analytical framework. He employed "product of cycle model" to analyze systematically the choice by companies among export, licensing and foreign direct investment, and further linked the stage of a product in the product cycle with the choice of location for production. Vernon divides the life cycle of a product into new product phase, matured product phase and standardized product phase. He maintained that at the new product phase export is the choice to meet demands in market abroad. At the matured product phase, the company should decide whether to make foreign direct investment in order to maintain the optimal economic benefit. At the standardized product phase, price competition results in the transition of production or assembly to developing countries where labor cost is relatively low. Countries where the product was initiated be come importers of the product from abroad.

W. Corden (1974), an Australian scholar based his analysis on the traditional international theory and abandoned the immobility of factors between two countries—one assumption in factor endowment theory put forward by E.F. Hecksher (1919) and B. Ohlin (1933). Meanwhile he introduced knowledge, a third factor into the analysis and allowed the international mobility of capital, labor and knowledge. To some extent, the extended international trade theory can be used to explain the practice in international direct investment.

J.H. Dunning (1976), a British expert in multinational corporation studies put forward the theory of eclectic paradigm of international production, most influential to international trade and international direct investments. Dunning employed the eclectic approach to explain international production activities. The theory can be illustrated with a simple equation: "ownership advantage + location advantage+ internalization advantage = foreign direct investment". In other words, with ownership advantage and internationalization advantage, a company can choose to export; when a company has only ownership advantage and the location advantage in other countries is not so identifiable, licensing trade is the best choice.

The depiction of international trade relationship with all international direct investments and the development of firms, and their internal relation by all these theories makes it possible to integrate international trade theories and international direct investment theories into one single analytical framework.

1.3 Current status of research on the Integration of the two theories

K. Kojima (1978), a Japanese scholar constructed international trade theory and international direct investment theory under the framework of international division of labor. This sheds light on research of the Integration of the two theories. Kojima's theory followed the basic approach below: beginning with traditional international trade theory and theory of international labor division, he first determined the relation between international direct investment and international trade under the basic framework of H-O Theorem. Then he utilized principles guiding international division of labor in the choice of appropriate industries for investment, and further concluded that from the benefit of the home country and the hosting country "marginal industry" is the optimal industry for international direct investment.

Represented by P.R. Krugman (1980) and A. Helpman (1983), "new trade theories" state: Countries participate in international division of labor not merely because of its factor endowment, and the appearance of international trade is not merely because of its comparative advantage. It is to a great extent driven by the increasing returns to scale. They attempted to explain patterns of international trade and the emergence of MNCs with the difference in factor endowment: inter-industry trade is mainly conducted between countries with greater difference in factor endowment; intra-industry trade is mainly between countries with similar factor endowment; if difference in factor endowment is too great to realize equalization of factor price, there comes the multinational corporation, and correspondingly trade within corporations.

付録 I　国際分業を基礎とした国際貿易理論と国際直接投資理論の融合（英文）　*243*

M.E. Porter (1985), professor in Business School of Harvard University, put forward the brand-new "theory of competitive advantage". The theory provides explanation for international trade and international direct investment from the participation of corporations in international competition---a micro perspective. The logical approach pursued by Porter is that: competitive advantage of a country relies on the competitive advantage of its industries; the latter further determines the competitive strategy of a corporation. Therefore, his analysis dwells in industries (medium level). He analyses business behavior (micro level) and then that of a country (macro level), which extends the research method for international trade and international direct investment. The theory of competitive advantage goes beyond the traditional theory of international trade and that of international direct investment. It approaches the reality in present international trade and international direct investment.

In the 1990s, the trend to integrate international direct investment theory into international trade theory is further strengthened. Many assumptions in international trade theories are extended or abandoned. Theoretical analysis is no longer confined on the level of industry or country. On the contrary, scholars make efforts to integrate theories of business behavior, theories of industrial organization and theory of international division of labor into one. International direct investment is not limited to the analysis of behavior of a single business; more analysis is conducted to investigate the relation between international direct investment and international trade based on the Integration of industrial or state behavior with the internationalization of multinational corporations. Thus, the analytical foundation and basic conclusion for the two tend to be similar with each other.

With respect to the research on the Integration of international direct investment theories and international trade theories, what Chinese scholars did was simply providing survey or comments on the researches available (Wang, Fujun and Wu, Xianming 1999). A view about the Integration of international direct investment theories and international trade theories under the comparative advantage has been put forward recently (Huang, He 2002). The writer set forth the trend in the Integration of international direct investment theories and international trade theories, and the way of integrate two theories under the comparative advantage. No new analytical framework is provided up to now.

2. Basis for the construction of a new analytical framework

2.1 Defects of current theoretical research

(1). Focus of theoretical research deviates. With respect to the appearance of comparative advantage, starting from D. Ricardo (1817), classical economics went astray from A. Smith's (1776) view that comparative advantage appeared endogenously based on the theory of international division of labor. Smith held the view that comparative advantages come out of division of labor and specialization, which is endogenous. Ricardo maintained that comparative advantage comes out of the resource allocation process, which is exogenous in nature. Because of the limitation in mathematical tools, Neoclassical economics represented by A. Marshall (1920) abandoned the core of classical economics (division of labor and specialization), and shifted its attention to issues concerning resource allocation.

(2). Assumptions on the theories do not match with reality. Assumptions such as perfectly competitive market, homogenized factors, information symmetry and zero transaction cost, conform to the ideal conditions for theoretical economic researchers. Also they can be used to set up clear and precise mathematical models and logical analytical frameworks. However, as assumptions on the theories, they cannot derive research results of any practical implication.

(3). Criteria adopted by the active entity for decision are lacking in variety. For example: Vernon used different stages in product cycle as criteria against which active entity choose international trade or international direct investment; Kojima taken the principles of comparative advantage as the criteria for judgments; Krugman, difference in factors endowment between countries; Porter, the principles of competitive advantage.

(4). The object of research is just one particular type of entity. For example, international trade theories take up the state as the basic analytical unit; international direct investment theories regard the firm as the basic analytical unit; M.E. Porter's theory of competitive advantage, the industry; and X.K. Yang' new classical economics, the individual.

2.2 Why should we pick up theory of international division of labor again?

Adam Smith, a founder of the classical economics, made it clear the statement from the first sentence in his representative works: An Inquiry into the Nature and Causes of the Wealth of Nations, "The greatest improvement in productive powers of labour, and the greater part of the skill, dexterity, and judgment with which it is any where directed, or applied, seen to have been the effects of the division of labour."[1] It is a fundamental principle for the researchers of economics up to now. With regard to labor division, Marxist economics bases itself on the foundation and function of labor division. It maintained that development of productivity is the basis and determining force of labor division. "Thanks to the application of machinery and of steam, the division of labour was able to assume such dimensions that large—scale industry, detached from the national soil, depends entirely on the world market, on international exchange, on an international division of labour." [2] International division of labor refers to the international specialization of production, so it can be stated that development of international trade and international direct investment brought about by international exchange and international division of labor is the result of division of labor. Theories of international trade and international direct investments consequently developed are two facets of the theory of division of labor and specialization. They are also the extension of microeconomics in international exchange and international trade. International trade and international direct investment is the natural result of the development of international division of labor. Further division of labor results in more specialized use of production factors. With transaction cost in the market increased, it is not economical for corporations to realize social division of labor through market. A new institutional arrangement, that is, multinational corporation (MNC) should be put forward instead. The appearance of MNCs and the fast development of international direct investment, to some extent, serve as a substitute for the transaction mechanism and international trade in the world market. In the process of substitution, a part of the international division of labor is transformed into that within MNCs. The development of MNCs greatly promotes international division of labor and international trade. Moreover, it influences the content, features and forms of international division of labor at present.

Concerning the researches on contemporary theory of international division of labor, three theoretical systems have been formulated with each focusing on different objects of research: one concentrates on theories of international division of labor organized and coordinated by market mechanism; one focuses on theories of international division of labor within corporations conveyed, organized and coordinated by MNCs; the third one is research represented by X.K. Yang's (1993), which upholds theory of international division of labor organized and coordinated by personal specialization, degree of roundabout production and the variety of products. Yang and others employ nonlinear programming (inframarginal analysis) and other no classical mathematical methods to formalize economic thoughts such as labor division and specialization, and thus set up new classical economic theories based on theory of division of labor. Yang's theory resets division of labor and specialization as focus for economic research. A variety of statements justified provided hints for further studies and limited the scope of optimization. Meanwhile within this analytical framework, microeconomics and macroeconomics integrate into one unity. This greatly extends the explanatory ability and scope of study of economic theories. Moreover, it unites branches of economics independent of each other before with an internally unified core (division of labor and specialization). New classical economic theory introduces the concept of transaction cost and transaction efficiency to explain the emergence of firms and international trade. Market and firm are two different forms to organize division of labor. Firm appears when transaction cost within the firm is lower than that in the market. Therefore, the difference in transaction cost is the major cause for the emergence of firms. Similarly, lowered transaction cost and improved transaction efficiency also result in the emergence of international trade. Following their approach, we can easily conclude: when transaction cost for product transaction in international trade is higher than the production expenses in international direct investment, the latter is preferable. MNCs come out of international division of labor; when division of labor can be more efficiently organized in the form of foreign direct investment rather than through the export of goods for intermediate production and final consumption, the former is preferable.

2.3 Features of distinction and innovations in the paper

(1). Theories concerning international trade and international direct investment are discussed within the same analytical framework, whereas the both are generally constructed and examined base on two different analytical frameworks before.
(2). Previous researches concentrates on one particular type of entity: individual, firm, industry, and state are treated separately, whereas the paper here aims to discuss these basic analytical units under the concept of "active entity".
(3). Previous researches basis on the sole criteria for decision, whereas the paper here according to the principles of competitive advantage, returns maximization, market structure equilibriums, and social welfare optimization to choose international trade or international direct investment.
(4). Concepts and assumptions in the theory are changed.
Perfection of market structure → imperfection of market structure, information symmetry → information asymmetry, monopolistic advantage → competitive advantage, economies of scale → transaction cost.
(5). Research methodologies are different.
Exogenous → endogenous, static → dynamic, equilibrium → no equilibrium, marginal analysis → inframarginal analysis, separated basic analytical unit → unified basic analytical unit.

3. Interpretation of a new theoretical analysis framework

The theoretical analysis framework is very similar to that for neoclassical economic analysis. The only difference is that it replaces the concept of "individual" in the original analysis with "active entity" (individual, firm, industry, and state). The first step is to analyze the current economic environment before the active entity makes decisions with relation to international trade and international direct investment. The second step is to analyze the maximization of active entity's interest with the help of optimal decision theory in mathematics. The third step, the possible results brought about by the interaction of the active entities maximum utility with the help of inframarginal analysis to discuss the international market structure and the institution of MNC. The fourth, welfare analysis related to the value of the active entity.

3.1 Decision from the perspective of competitive advantage

Competitive advantage can be defined as the integration of "organizational structure advantage" and "social resource advantage". By organizational structure advantage, we mean the advantage the active entity enjoys in the coordination of resources and capability to organize activities; it includes human resource structure and capital structure, technology and intellectual property rights, level of management and familiarity with the international practices, and so on. By social resource advantage, we refer to advantage in social resource and capability which can influence the allocation of earnings in the organization; it includes advantage in market, customers, social network, ability to get financial support, ability to gather information, and the like. Utilizing and strengthening the competitive advantage serve both as the cause and objective for the active entity to conduct international trade and international direct investment. It involves factors related to endogenous and exogenous functions. Therefore, we can provide explanation for decision in international trade, technology transfer through licensing and international direct investment in the respect of the competitive advantage enjoyed by behavioral subject (see table 1).

Table1. Integration of Competitive Advantage

	Organizational structure advantage	Social resource advantage
International trade	Indispensable	Not necessary
Technology transfer through licensing	Indispensable	Optional
International direct investment	Indispensable	Indispensable

3.2 decision from the perspective of returns

Issues active entities (state, industry, firm individual) need to make decisions are: with the total investment I available at present, should be conduct international trade or international direct investment? For the active entity, one of his objectives is to maximize the total expected profit, which can be illustrated with the following formula:

$$\text{Max } (NPV_F + NPV_T + NPV_D) \quad (1)$$

In this formula, NPV_F is discounted expected profit (net present value) obtained through direct investment in the hosting country which is amounted to I_F in discount value; NPV_T represents discounted expected profit (net present value) from gains in trade obtained through export to the hosting country which is amounted to I_T in discount value; NPV_D stands for discounted expected profit (net present value) obtained through investment of funds remaining amounted to $I-I_F-I_T$ in mother country. It is equivalent in form to the flow of net present value (equal net annual return) equal in value to the net present value:

$$\text{Max } [r_F I_F + r_T I_T + r_D (I-I_F-I_T)] \quad (2)$$

In formula 2, r_F is internal rate of return for international direct investment; r_T is internal rate of return for international trade; r_D is internal rate of return obtainable in market of home country.

Active entities decide to conduct international trade or to make international direct investment from the perspective of the target function.

(1). If $r_F < r_T$ and $r_D < r_T$, in other words, if internal rate of return for international direct investment is lower than internal rate of return for international trade, and internal rate of return in domestic market is lower than that for international trade, international trade is preferred.

(2). If $r_T < r_D$ and $r_F < r_D$, Domestic production and selling is preferred.

(3). If $r_T < r_F$ and $r_D < r_F$, international direct investment is preferred.

(4). If $r_D < r_T$ or $r_D < r_F$, the choice between international trade and international direct investment can be illustrated by the formula below:

$$\frac{dr_D}{dI_F} = 0 \; ; \quad \frac{dr_D}{dI_T} = 0 \; ; \quad \frac{d^2 r_F}{dI_F^2} < 0 \; ; \quad \frac{d^2 r_T}{dI_T^2} < 0 \quad (3)$$

When $r_F \geq r_D$ and $r_T \geq r_D$, formula (2) can be varied with following formula :
$$\text{Max}[r_D I + (r_F - r_D) I_F + (r_T - r_D) I_T] \quad (4)$$
Against formula (4), decisions concerning the choice between international trade and international direct investment can be made with regard to returns.

3.3 decision from the perspective of inframarginal analysis

We consider an economy of international market consisting of country 1 and country 2, each with M_i (i=1,2) active entities. The active entities within the countries are assumed to be identical. There is one final good and one intermediate good (or service) in the economy. The intermediate goods and self-provided amounts of the final goods are X and Y respectively. The quantities of the two goods purchased in the market are X^d and Y^d respectively. The quantities of the two goods sold in the market are X^s and Y^s respectively. In order to produce the final good, the intermediate good is a necessary input. The production functions for an active entity in country i (i=1,2) are

$$X_1 + X_1^s = \alpha_{1X} L_{1X} \quad Y_1 + Y_1^s = \alpha_{1Y} L_{1Y}$$
$$X_2 + X_2^s = \alpha_{2X} L_{2X} \quad Y_2 + Y_2^s = \alpha_{2Y} L_{2Y}$$

Where the parameter α is represents the degree of economies of specialization in producing the intermediate good and the final good. X_i^s and Y_i^s are quantities of goods X_i and Y_i sold, L_{ix} and L_{iy} are the proportions of labor devoted to the production of goods X_i and Y_i, and $L_{ix} + L_{iy} = 1$ $L_{ij} \in [0, 1]$ j=x,y (i=1,2). The output levels of the intermediate good and final good are $X_i + t X_i^s$ and $Y_i + k Y_i^s$ (i=1,2). The utility function for all active entities is

$$U_i = (X_i + t X_i^d)^\beta (Y_i + k Y_i^d)^{1-\beta} \ (\ i=1,2)$$

Where the parameter β is related to taste of consumption, k is transaction efficiency coefficient of the final goods, and t is the transaction efficiency coefficient of the intermediate goods.

Each active entity in country i (i=1,2) needs to decide what and how to produce for self-consumption, to sell and buy from the international market, or makes a decision about which goods to produce in the other country. The active entity in the country i has 6 choice variables: $X_i, X_i^s, X_i^d, Y_i, Y_i^s, Y_i^d > 0$ (i=1,2) respectively. We refer to each active entity's choice on what and how to produce, buy and sell as a configuration. There are $2^6 = 64$ combinations of zero and non-zero values of the 6 variables, and therefore 64 possible configurations. The combination of configurations of the M_i (i=1,2) active entities in the economy is defined as a market structure.

Since the active entities' optimum decisions are not continuous across configurations, we introduce the concept of "corner equilibrium." A corner equilibrium is defined by two conditions: ① for a given structure, each active entity's maximizes utility at a set of prices; and ② the set of prices clears the market.

First solving the active entities' decision problems to obtain the supply and demand functions for goods X and Y, and then using the market-clearing condition to find the corner equilibrium price solve the corner equilibrium for each structure.

There are 4 types of structures as explained below (see figure 1).

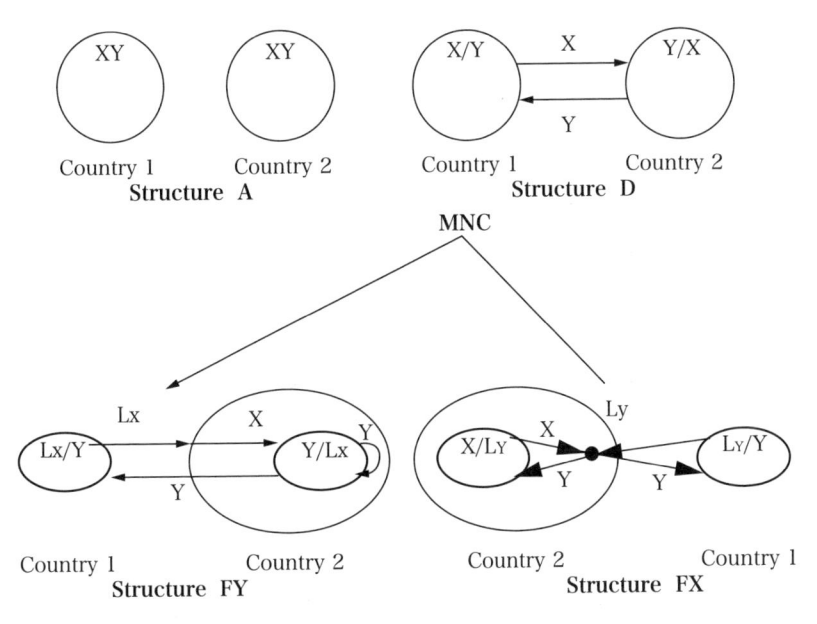

Fig. 1. Market Structures and the Institution of MNC

(1). Structure A

This is configuration XY, where active entities in country 1 and country 2 produce both goods for self-consumption. This configuration is defined by $X_i, Y_i > 0$, $X_i^s = Y_i^s = X_i^d = Y_i^d = 0$ (i=1,2). [3] The decision problem for active entities in country 1 is

$$\text{Max } U_1(A) = (X_1)^\beta (Y_1)^{1-\beta}$$
$$X_1, Y_1, L_{1x}, L_{1Y}$$
s.t. $X_1 = \alpha_{1X} L_{1X}$, $Y_1 = \alpha_{1Y} L_{1Y}$, $L_{1X} + L_{1Y} = 1$.

The first-order condition imply: $X_1 = \beta \alpha_{1X}$, $Y_1 = (1-\beta) \alpha_{1Y}$,

$$U_1(A) = (\beta \alpha_{1X})^\beta [(1-\beta) \alpha_{1Y}]^{1-\beta}$$

The decision problem for active entities in country 2 is solved using the same approach:

$X_2 = \beta \alpha_{2X}$, $Y_2 = (1-\beta) \alpha_{2Y}$,

$$U_2(A) = (\beta \alpha_{2x})^\beta [(1-\beta) \alpha_{2Y}]^{1-\beta}$$

Here the active entity maximum utility $U_1(A)$ and $U_2(A)$ are per-capita real income in country 1 and country 2 as well as the maximum per-capita output level of the final goods in autarky.

(2). Structure D

This is configuration X/Y, where active entities in country 1 produce only intermediate goods X and sells X in exchange for final goods Y in country 2; and configuration Y/X, where an active entity in country 2 imports intermediate goods X from country 1 and uses them to produce final goods Y, then sells Y to country 1. In other words, active entities of country 1 and country 2 make a choice to conduct international trade each other. Configurations X/Y and Y/X are defined by $X_i, X_i^s, Y_i^d > 0$, $X_i^d = Y_i = Y_i^s = 0$ and $Y_i, Y_i^s, X_i^d > 0$, $Y_i^d = X_i = X_i^s = 0$ (i=1,2) respectively. The decision problem for active entities in country 1 is

$$\text{Max } U_1(D) = (X_1)^\beta (k Y_1^d)^{1-\beta}$$
$$X_1, X_1^s, Y_1^d$$
s.t. $X_1 + X_1^s = \alpha_{1X} L_{1X}$, $Y_1^d = p X_1^s$, $L_{1X} + L_{1Y} = 1$.

The first-order condition imply: $P = \beta M_2 \alpha_{2Y} / M_1 \alpha_{1X} (1-\beta)$, $X_1 = \beta \alpha_{1X}$, $Y_1^d = [\beta M_2 \alpha_{2Y} / M_1 \alpha_{1X} (1-\beta)] X_1^s$, $\beta \neq 1$.

Where P is the price of the intermediate good X in terms of the final good Y.
From the market clearing condition: $M_1 X_1^s = M_2 X_2^d$, we obtain
$L_{1x} = (k \beta M_2 \alpha_{2Y} / M_1 \alpha_{1Y}) + \beta$, $U_1(D) = [\beta k M_2 \alpha_{2Y} / M_1 \alpha_{1Y} (1-\beta)]^{1-\beta} U_1(A)$.

The decision problem for active entities in country 2 is solved using the same approach.

$$U_2(D) = [kM_1 \alpha_{1X} (1-\beta) / \beta M_2 \alpha_{2x}]^\beta U_2(A)$$

付録 I　国際分業を基礎とした国際貿易理論と国際直接投資理論の融合（英文）　253

$U_1(D)$ and $U_2(D)$ are the per-capita real income of country 1 and country 2 in structure D.
If transaction efficiency is lower in the other country's market for intermediate goods and final goods than that of in the market for labor used to produce these goods, then the multinational corporation (MNC) will emerge from the endogenous evolution of the international division of labor.

(3). Structure FY

This is configuration Lx/Y, where an active entity in country 1 sells his labor and becomes a worker employed producing the intermediate goods in the MNC of country 2, and buys the final goods form country 2. This is configuration Y/Lx, where an active entity in country 2, buys labor for producing the intermediate goods in it's MNC, returns the intermediate goods to home country and uses them to produce final goods, then sells the final goods for country 1. In other words, where an active entity in country 1 chooses international trade, and an active entity in country 2 chooses intra-firm trade, international trade, and international direct investment and builds a MNC in country 1 to produces intermediate goods. The decision problem for active entities in country 1 is

$$\text{Max } U_1(FY) = (vN)^\alpha - N/q$$
$$N$$

$$\text{s.t. } Y_1 + Y_1^s = \alpha \, _{1Y}L_{1Y}, \quad N = q X_1^s, \quad q = (t/v)^\alpha P, \quad v \neq 0$$

Where v is the transaction efficiency coefficient of labor hired to produce the intermediate good, N is the number of workers hired to produce the intermediate goods by an active entity of country 2, q is the price of the intermediate good in terms of labor.

Manipulating the market clearing condition and equalization condition yields the corner equilibrium in structure FY is given by[4]

$$U_1(FY) = (v/t)^\alpha U_1(D), \quad t \neq 0$$

The decision problem for active entities in country 2 is solved using the same approach.

$$U_2(FY) = (v/k)^\alpha U_2(D), \quad k \neq 0$$

$U_1(FY)$ and $U_2(FY)$ are the per-capita real income of country 1 and country 2 in structure FY.

(4). Structure FX

This is configuration L_Y/Y, where an active entity in country 1 sells his labor and become a worker employed producing the final goods in the MNC of country 2, buys the final goods that made in the MNC; and configuration X/ L_Y, where an active entity in country 2, produces the intermediate goods, exports them to country 1 and buys labor in country 1 for producing the final goods in it's MNC, which uses it's intermediate goods, then sells the final goods in the markets of country 1 and country 2. In other words, where an active entity in country 1 neither chooses international trade nor international direct investment, and an active entity in country 2 chooses intra-firm trade, international direct investment and builds a MNC in country 1 to produces final goods, and sells the final goods in the markets of country 1 and country 2. Manipulating the market clearing condition and equalization condition yields the corner equilibrium in structure FX is given by: $q' = p(t/r)^\alpha k^{2\alpha-1}$, $r \neq 0$, $N = q'Y_i^s$ (i=1,2),

$$U_1(FX) = (r)^\alpha k^{1-2\alpha} U_1(D),$$
$$U_2(FX) = (r/t)^\alpha k^{1-2\alpha} U_2(D), \quad t \neq 0.$$

Where r is the transaction efficiency coefficient of labor hired to produce the final good, q' is the price of the final good in terms of the labor, and N is the number of workers hired to produce the final goods by an active entity in country 2. $U_1(FX)$ and $U_2(FX)$ are the per-capita real income of country 1 and country 2 in structure FX.

The corner equilibrium with the maximum per-capita real income is the general equilibrium because all corner equilibrium satisfies all conditions for equilibrium, except that active entities' utilities are not maximized with respect to the choice of configurations across structures. Thus, propositions below imply.

(1) The active entities in country 1 and country 2 choose autarky respectively. The general equilibrium is the corner equilibrium in structure A if transaction efficiency of labor and goods, and the degree of economies of specialization are sufficiently small.

(2) The active entities in country 1 and country 2 make decision to sell and buy the producer from the other country's market and to conduct international trade. The general equilibrium is the corner equilibrium in the structure D if transaction efficiency of the two goods and the degree of economies of specialization are sufficiently large and the transaction efficiency for the intermediate good and the final good is higher than that for labor.

(3) The active entity in country 1 chooses to conduct primary products processing and international trade, and the active entity in country 2 chooses intra-firm

trade, international trade, and international direct investment and builds a MNC in country 1 to produces intermediate goods. The general equilibrium is the corner equilibrium in the structure FY if transaction efficiency for the final goods and the degree of economies of specialization are sufficiently large, and the transaction efficiency for the labor used to produce the intermediate good in country 1 is great compared to that for the intermediate good and that for labor used to produce the final good in country 1.

(4) The active entity in country 1 neither chooses international trade nor international direct investment, and an active entity in country 2 chooses intra-firm trade, international direct investment and builds a MNC in country 1 to produces final goods, and sells the final goods in the markets of country 1 and country 2. The general equilibrium is the corner equilibrium in the structure FX if the degree of economies of specialization are sufficiently large and the transaction efficiency for the labor used to produce the final good in country 1 is great compared to that for the final good and that for labor used to produce intermediate good in country 1.

3.4 decision from the perspective of welfare analysis

When choices are made between international trade and international direct investment, active entities usually reach their own value judgments over policy interference in home country and hosting country. Standard for such judgment is generally the national or social welfare of the country. Usually they will choose policies, which minimize the interference cost or maximize the national welfare, and these are named optimal policies. Let's take as two examples: (1) Free trade policy, that is, zero interference or no interference policy. No matter whether it is viewed from the perspective of national welfare of the country or all the countries participating in trade, free trade policy can be considered "Pareto's efficiency". With free trade policy, active entities make decisions to conduct international trade. (2) High tariff policy, this kind of policy hinders and constrains the international movement of commodity (and production factors), reduces benefit that can be possibly obtained through international trade voluntarily conducted. In this regard, active entities choose international direct investment to evade high tariff barriers.

Duality theory in applied mathematics and operational methods can be employed to construct optimization model in which active entities make attempts to maximize value or social welfare, to minimize resources consumption under the condition of the utility function is concave (Confined by the length here, details of the model will be provided in another paper). We can conclude from the model that: (1) The dual variable corresponding to constraint condition for the personal income in the social welfare maximization model is the Lagrange multiplier in classic economic analysis (marginal utility of monetary income). The dual variable corresponding to constraint conditions for product market is the "tax-subsidy" policy effect in the product market. The pairing variable corresponding to constraint conditions for transferred payment is the comprehensive evaluation over the marginal social utility of the currency in the economic system. (2) When the national economic system consumes resources to obtain a certain level of social welfare, in other words, in transformation process of "resource-product-social welfare", there is always virtual loss of the resources. This is in conformity with the virtual loss principle of energy in the energy transformation process in physics. (3) It can be proved with negative proposition that social welfare maximization point is where Pareto optimization can be achieved.

4. Significance and implications

(1). The research in this paper is an integration of the investigations in this realm by scholars before and the trend in international economics development at present. The aim of the paper is to investigate the links between international trade and international direct investment, thereby discover the mutuality features between the two, the commonly shared theoretical basis, and further present economic analysis with features of their own. Meanwhile, the paper intends to establish the framework for dynamic theoretical analysis to achieve systematic interpretation over the choice of active entities when conducting export, import and international direct investment. The international division of labor, which is long neglected by neoclassical economics, will function as the theoretical basis for the analysis above.

(2). The basic assumptions in new analysis framework are as follows: ① imperfection exists in market structure; ② transaction cost exists in international exchange;

付録 I　国際分業を基礎とした国際貿易理論と国際直接投資理論の融合（英文）　257

③ uncertainty exists in the economic environment of the active entities; ④ the active entity's initiative and creativity are endless; ⑤ information is asymmetry.

(3). Significance of the theoretical study lies in the fact that theoretical studies for international trade and international direct investment are all examined under different analytical framework; whereas utilizing inframarginal analytical method in new classical economics represented by X.K.Yang and others to study the dynamic mechanism for international trade and international direct investment, this paper attempts to put them into one theoretical analysis framework. Basic analytical units such as individual, firm, industry and country were treated separately. This paper unifies these units into the concept of "active entity". Criteria that active entities employed in decision lack variety before, the paper here introduces the principles of competitive advantage, returns maximization, market structure equilibrium and social welfare optimization as criteria for decision. Consequently, dated views should be changed to make trials in this methodological innovation. It is widely held that decision in international trade concerns only foreign trade companies and the government. Decision in international direct investment involves only MNCs. This view should be adjusted. Theoretical patterns in economics should be organically linked with decision of the corporation. Studies on business behavior should also be conducted with the assistance of economic theories and methods. Although fairness and equality in world trade and investment become more popular when more countries join the WTO, to every active entity, whether they should choose international trade or international direct investment, is mainly determined by the integration and improvement of its own competitive advantage, comparison between cost and return, evaluation of market structure equilibrium and their views about social welfare maximization. All these would entail the theoretical researchers to provide an approach and the corresponding feasibility study for those involved in practice.

(4). In terms of the practical implication, the in-depth analysis and systematic theoretical research have great significance to the multinational operation and the participation in international competition of the country and its corporations. It can thoroughly change the way of thinking, and guidance to the formulation of medium and long term development strategies by managers at different levels. With the rising average income in China and the greater demand of the consumers for differentiated products, in the past ten years, the world major MNCs have already included China in their global strategic arrangement into the world industry division system. This will greatly promote the intra-firm trade between China and developed countries, and large-scale investment for production based on specialization. All this requires timely and precise response of the country in the respect of foreign trade and investment policy. We should understand clearly that the integrated pattern of trade-investment-production-trade would become the mainstream for international trade and international direct investment in future economic development. With the help of MNCs, one can develop international trade and international direct investment, participate in international division of labor and enlarge the scale of international trade and investment and form the positive interaction between "trade-investment". This will become the widely adopted strategic choice of the developed countries and the developing countries. Only by making beforehand adjustment in development strategy can we realize the benign cycle in which international trade and international direct investment interact positively with each other in equilibrium, and the country can remain competitive in international competition.

(5). New international division of labor evolved out of economic globalization brings changes to the role that individual, firm, industry, and state play in this environment. As important components of international economics, international trade theories and international direct investment theories will enlarge themselves in terms of research scale and scope with the development of economic globalization, and the assumptions for their theoretical research will also vary accordingly. The two types of theories will be integrated into one under the same theoretical analysis framework.

Note

1. Smith, Adam, *The Wealth of Nation*, the Modern Library, Published by Random House Inc., New York, (1937): 3.
2. Marx, Karl and Frederick Engels, *Collected Works Volume 6 Marx and Engels 1845-1848*, Progress Publishers Moscow (1976): 187.
3. A detail expounder can be found in Wenli Cheng, Jeffrey Sachs, and Xiaokai Yang (2000), " An Inframarginal Analysis of the Ricardian Model," *Review of*

International Economics,8(2): 209-213.
4. The inference attributable to X. Yang and Y.-K. NG, *Specialization and Economic Organization*, North-Holland (1993).

Reference

[1] Anderson, S.P. and Palma, A. (2000), From Local to Global Competition, *European Economic Review*, Vol.44.
[2] Barton ,J. (1986), *International Trade & Investment : Regulating International Business*, Little Brown and Company.
[3] Basingstorke, H. (1996), *Foreign Direct Investment in a Changing Global Economy*, Macmillan Press Ltd..
[4] Buchholz, T.G. (1989), *New Ideas From Dead Economists - An Introduction to Modern Economic Thought*, A Plume/ Penguin Books Inc. USA.
[5] Buckley, P.J. and Casson, M.C. (1998), Models of the Multinational Enterprise, *Journal of International Business Studies*, 29(1).
[6] Cheng, W., Sachs, J. and Yang , X.K. (2000), An Inframarginal Analysis of Ricardian Model, *Review of International Economics*, 8(2): pp.208-220.
[7] Coase, R. (1991), The Nature of the Firm: Origin, Meaning, Influence, in Williamson, O. and Winter, S.(eds.), *The Nature of the Firm*, New York: Oxford University Press.
[8] Corden, W.M .(1974), The Theory of International Trade, in Dunning, J. H.(eds), *Economic Analysis and the Multinational Enterprise*, London: George Allen & Unwin: pp.184-210.
[9] Dicken, P. (1992), *Global Shift : Internationalization of Economic Activity*, Second Edition, Paul Chapman Publishing Ltd..
[10] Huang, He (2002), Research on the Integration of international direct investment theories and international trade theories under the comparative advantage, *International Economics and Trade Research*, No.2, pp.11-14.
[11] Kojima, K. (1996), *Trade, Investment and Pacific Economic Integration: Selected Essays of Kiyoshi Kojima*, Tokyo: Bunshindo Publishing Company.
[12] Krugman, P. R. (1997), *International Economics: Theory and Policy*, Maurice Obstfeld, Fourth Edition.
[13] Krugman, P. R. (1990), *Rethinking International Trade*, The MIT Press.

[14] Krugman, P. R. (1984), Industrial Organization and International Trade, in Schmalensee, R.and Willig,R.(eds),*Handbook of Industrial Organization*, Vol.2, Amsterdam: North-Hollang.

[15] Kuemmerle, W. (1999), The Drivers Foreign Direct Investment into Research Development : An Empirical Investigation, *Journal of International Business Studies*, 30(1).

[16] Lipsey, R. E. and Weiss, M. Y. (1981), Foreign Production and Exports in Manufacturing Industries, *Review of Economic and Statistics*, 66(2): pp.304~308.

[17] Liu and Scott (1998), *Foreign Direct Investment and the Multinational Enterprise - Using Signaling Theory*, Macmillan Press Ltd..

[18] Poter, M. E. (1990), *The Competitive Advantage of Nations*, New York : Free Press.

[19] Wang, Fujun (1999), The theoretical Integration of international direct investment and international trade, *International Economics and Trade Research*, No.1, pp.7~9.

[20] Wu, Xianming (1999), The development trend in the Integration of international direct investment theories and international trade theories, *Economics Tendency*, No.6, pp.51~55.

[21] Yang, X. (2001), *Economics: New classical versus neoclassical frameworks*, Blackwell Publish Inc.

(俞 进)

(付録 II 企業競争優位と核心能力の理論 (英文))

Enterprise Competitive Advantage and Core Competence Theory

Abstract: The core competence theory proposes that to mention stem from competitive advantage of enterprises, in particular the analysis of sustainable competitive advantage. What is a fountainhead of the competitive advantage of enterprises, and how to maintain a sustainable competitive advantage of an enterprise, etc. are crucial issues for researchers to study while they concentrate on the issues of enterprise theories and strategic management in economics. Although the meaning of the enterprise theories and the enterprise business strategy theory are different, they catch the same goal where the fountainhead of competitive advantage for enterprises that relates the core competence theory.

The core competence of an enterprise is formed by competitive advantage of enterprises through integration and increases. The core competence and competitive advantage of enterprises are homologous. Looking from the connotation of the core competence concept, firstly, it comes from a variety of the internal resources and capabilities in enterprise; secondly, it comes from the external environment. Although the internal situations of an enterprise have decided by its intrinsic superiority, the intrinsic superiority transfers from core competence that must be depended on a closed integration with the external environment. Competitive advantage of enterprises reflects on the product markets strategy in order to cost down or to the other diversity strategies directly. However, these are only the external expression or the results on competitive advantage of enterprises. The foundation and origin still lay on the strategic resources that are owned or controlled by enterprises. Business strategic resources cannot be transferred directly to gain competitive advantages. They need to pass through some intermediate links and process where the core competences and the core products are. Therefore, the formations of competitive advantage of enterprises are consolidated to develop the core competences. Series of the powerful core competences can be used to evaluate the competitive advantage of

enterprises and they concern about the development situation of the enterprises.
Keywords: business strategy, competitive advantage, sustainable competitive advantage, core competence

1. Preface

The commercial competition has its own characteristics in every era, and there are some theories can be used to explain on how to carry out an effective competition for enterprises. From the late 19th century, theories about competition of enterprise have been developed and catalogued into four characteristics: the manufacturing competition, the marketing competition, the strategic competition and the enterprise culture. Competitive advantage is that an enterprise in competitive market environment, depends on its resources, capabilities, products and brands, etc., to cost down to gain the capability of outstanding achievement in the same industry, or to earn the capability of surpasses average rate of profit in the same industry in order to create more values (benefits). Competitive advantage is the foundation for enterprises obtaining remarkable management achievements. Understanding their own competitive advantages to formulate an effective enterprise competitive strategy are momentous issues for the strategy superintendent who undertakes bringing the enterprise to be persistent existence and success.

From the view of competitive advantage of enterprises, the factors that cause advantage or disadvantage can be single or intractable. Factors like environment, organizations and individuals could be endogenous, exogenous, and they can be emerged into external and internal management of an enterprise. Also, the factors affect the business strategy (competition or cooperation) and innovation (organizational structure, management system, culture, technology, individual. etc). Many factors can be main factors to affect the competitive advantage of enterprises, and they are inseparable with the concrete inside and outside environmental conditions. The relevance among them are not only varies because of the complex environment but also relate with enterprises natures different types directly.

Competitive advantage has various shapes, while we analyze competitive advantage by the cross section, it might be helpful for us to understand the essence of it and the relations between cause and effect. Competitive advantage changes over time, while we analyze competitive advantage by the longitudinal sequence, it might be helpful for us to observe its function in business operations, such as the production, interaction, renewal, vicissitude of an enterprise. Therefore, under the globalization of international competitions, enterprise strategic superintendents need to understand all kinds of causes about competitive advantage clearly and comprehensively; they should learn to grasp the relations of complex interactions among various causes in order to maintain a necessary balance among them. In this way, the enterprise may enjoy a broad range of different characteristics of competitive advantages.

2. The enterprise business strategy and competitive advantage

One of defects in classical enterprise business strategy theory is it neglects to analyze the competitive environment of enterprises. American scholar Michael E. Porter (1980) introduced an analytical paradigm of structure (S) - - conduct (C) - - performance (P) in the industrial organization theory to research about enterprise business strategy. It can be used to explain competitive advantage of enterprises, emphasizing on monopoly, the barriers of industrial entry and exit and industry-related factors on the role of competitive advantage. He proposes theory of competitive strategy and competitive advantage on the basis of the industry (market) structure analysis as follows.

First, the structure of an industry is not only concerned about competitive situation within the industry but also has related the strategy of enterprises. And then, it can be used to evaluate the performance of enterprises. An enterprise can be successful or get its competitive advantage might because it located in an attractive industry with relative potential market competitive. The former decides the average profit capability and the level as well as sustainability in overall industry, and the latter affects the profit capability and level in enterprise. The former is the most important and fundamental factor to decide the latter.

Second, the height of industrial attraction is mainly decided by five aspect competitive strengths of enterprises - entry threat, substitution threats, the buyer's negotiate capability; the supplier's negotiate capability and the existing competition from its competitors. M. E. Porter based on the analysis of competitive factors, proposed three kind of basic competitive strategy in choice pattern: low-cost strategy, diversity strategy and focus strategy.

Third, M. E. Porter proposes an analysis method of value chain, namely the business operation and management that can be broken down into some basic activities and auxiliary activities. Through inexpensive strategy or completed strategy, enterprise can manage and operate more splendidly than its competitors in order to win its competitive advantage. By this analysis method, enterprise can build a defensive marketing position in an industry to develop its lasting competitive advantage.

Therefore, the essence of business strategy for enterprise is how to make a choice of position, once it enters an attractive industry to set up a defensive marketing position. The task of enterprise business strategy is to build and manipulate the entry barriers, combat and block the entry of potential competitors to protect its marketing position, thus, competitive advantage can be lasting. M. E. Porter identifies that competitive advantage is very concrete and specific. It implies the same of competitive advantage and the rate of profit, and the same of the lasting competitive advantage and lasting the rate of profit. In other words, competitive advantage is treated as the result of industrial position to regard, and competitive advantage itself should become the goal that enterprise pursues.

In his book *Competitive Advantage*, M. E. Porter's conducts that competitive advantage is: "competitive advantage grows fundamentally out of value a firm is able to create for its buyers that exceeds the firm's cost of creating it. Value is what buyers are willing to pay, and superior value stems from offering lower prices than competitors for equivalent benefits or providing unique benefits that more than offset a higher price"[1]. This definition emphasizes that the basis on the market and buyers, and the value for its buyers. Enterprises have the resources and capabilities that make them to get some kind of competitive advantages in the competition; generally they must have the following two characteristics: first is scarcity, only scarcity resources have possibility to transform as competitive advantage of enterprise, if these resources and capabilities are universal existence; they are very difficult to constitute competitive advantages. Second is relevance, only when these resources and capabilities are connected with the key success factors in the industry, they may transfer the competitive advantages.

M. E. Porter researches on enterprise competitive advantage based on enterprise product cost and its product particularity. Indeed, Porter's theoretical model can explain the causes of many enterprises competitive advantage on a point of time relative success. However, it does not seem valid to explain the causes of enterprise endurance competitive advantage because even if enterprises are in the same industry and face the same level of five competitive forces, their market performance may had very big differences. Porter believes that competitive advantage is core of enterprise performance in the competitive market. However some developed countries underwent several dozens years vigorous economic expansion and prosperity, many enterprises have been crazy chasing for the profit growth in the process of diversified international business, so they have been lost their competitive advantages gradually. If enterprises want to maintain a long time operating performance that surpass in the industrial average level, the fundamental basis has sustainable competitive advantage. How to gain competitive advantage and make it sustainable has became an actual issue for the modern business strategy.

Sustainable competitive advantage includes two meanings. First, enterprises have kinds of continuity in concrete competitive advantage. While the environment is a stable, base on relatively solid foundation, enterprises can adopt a long-term vigorous defensive measure, and then they are possible to maintain and continue their competitive advantage in a long time. Second, enterprises have to develop their competitive advantage in a period of considerable length. Some formality competitive advantages will disappear sooner or later, or even they may evolve into a competitive disadvantage or an obstacle, enterprises can create new competitive advantage in a period of development to replace and make up the competitive advantages. And then, enterprises may still maintain competitive advantages and to gain sustainable competitive advantage. To understand sustainable competitive advantage, enterprises must start from the following three aspects. Firstly, accumulate their competitive advantages and competitive strength in the past development period. Secondly, obtain its competitive advantage in the process of game with their competitors. Lately, adjust their competitive strategies to maintain their competitive advantages.

3. The definitions and characteristics of enterprise core competence

As an important category of the domain on research and practice of enterprise business strategy, many scholars have their definitions of enterprise core competence from different perspectives.

3.1 C. K. Prahalad and G. Hamel's definition

The term of "core competence" comes from public awareness in C.K.Prahalad and Gary Hamel's landmark article in the Harvard Business Review in 1990, *The Core Competence of the Corporation*. "In the long run, competitiveness derives form an ability to build, at lower cost and more speedily than competitors, the core competence that spawn unanticipated products. The real sources of advantage are to be found in management's ability to consolidate corporate-wide technologies and production skills into competencies that empower individual businesses to adapt quickly to changing opportunities"[2]. Therefore, the core competence is combination of series of complementary skills and knowledge within an organization; this kind of combination can help the enterprise develop its unique competitive advantage. It emphasizes on the coordination.

Prahalad and Hamel use each integral part of a tree to describe core products, end products and the core competence: "the diversified corporation is a large tree. The trunk and major limbs are core products, the smaller branches are business unites; the leaves, flowers, and fruit are end products. The root system that provides nourishment, sustenance, and stability is the core competence". They also point out that "core competencies are the collective learning in the organization, especially how to coordinate diverse production skill and integrate multiple streams of technologies"[3]. Prahalad and Hamel once again repeat the concept of "core competence" in their collaborator *Competing for the Future*

-- *Breakthrough Strategies For Seizing Control of Your Industry and Creating the Markets of Tomorrow* in 1994. They define "a core competence is a bundle of skills and the technologies that enables a company to provide a particular benefit to customers"[4]. This definition is still in the form of production skills and technical knowledge that can be used to describe the enterprise capabilities. Enterprises emphasize on skills and technologies in order to bring the specific benefits for customers. "Core competencies are the soul of the company and as such they must be an integral part of the process of general management."[5]

3.2 Foss's definition

Denmark Copenhagen Business School Professor Nicolai J. Foss advanced a new point in his article *The Emerging Competence Perspective* in 1996. "By "competence", we understand a typically idiosyncratic knowledge capital that allows its holder to perform activities -- in particular, to solve problems -- in certain ways, and typically do this more efficiently than others. Because of its skill-like character, competence has a large tacit component, and is asymmetrically distributed".[6] "In this book (*Towards a Competence Theory of the Firm*), we use the term "the competence-based perspective" or, even simpler, "the competence perspective" as the common denominator for these different, though closely related, influences. This is because all the above theories are agreed on ascribing primary strategic importance to those firm-specific assets that are knowledge-related and intangible, often tacit, hard to trade and shared among the agents of the firm. The assets that conform to these characteristics are what we understand as "competences"."[7] He deems the competence perspective "it contributes a much needed analysis of the environments of firms, and brings in the dimensions of technological competition, learning, disequilibrium, and path-dependent."[8] As for "competence" that is causes the enterprise compared to competitors conduct more effective capability in the definition enterprise strategic space.

3.3 Quinn, Baruch and Zien's definition

American scholar Jams B. Quinn, Jordan J. Baruch and Karen A. Zien point out: "to develop a core competency, a company needs to select those few (two to three) activities most important to customers where it has or can achieve best-in-world capabilities. These are its core competencies, where it can create unique value for customers."[9] In their book Innovation Explodes - - Realizes Growth Strategy through Intelligence and Software. They think that the core competencies have following characteristics: (1) a few critical activities; (2) determined by skill or knowledge sets, nor products; (3) elements important to customers in the long run; (4) where the company can leverage its unique intellect in the value chain; (5) flexible long-term skill platform; (6) where the company can dominate.

3.4 Allee's definition

American scholar, Verna Allee has continued to use Prahalad and Hammel's definition of the core competence in her book, *the knowledge evolution: Expanding Organizational Intelligence*, but she points out that the core competencies also include core performance capabilities and core knowledge competencies. "Core performance capabilities are those processes and functions that enable a company to deliver high-quality products and services with speed, efficiency, and high customer service". "Core knowledge competencies, on the other hand, are those domains of expertise, knowledge and technical knowledge that are unique to a particular type of business. They form the content or subject matter of the enterprise" [10]. Core competence is those unique characteristics that enable an enterprise to generate innovative products continually and to extend market capability. Enterprises undertake the development of core competence as a way of shaping long-term capability for future competitive advantage.

We may see from the above scholars' definitions of core competence. They have different formulations for the concept of core competence, and there are differences to the definitions of core competence.

In summary, we believe that core competence might define as follows.

Enterprises take the intelligence resources as the foundation and the technical process as a core, and they think the organizational learning and accumulation to obtain sustainable competitive advantage under the conditions of market competition. They can quickly bring unique value for the customers.

Corresponds with the above definition, core competence can be divided into the following several aspects:

(1). Core technologies capability: It refers to enterprise provided its products or services with the distinctive function through own unique technology to the market, and created the skill of a remarkable distinctive value for the consumers. As an internal core of enterprise capability that is a transformation capability of the technological resource to technical superiority, namely the advanced research instrument, quantity and quality of research and development personnel, the important patent technology, and then, they are turned into the capabilities in products innovation, process innovation and manufacturing.

(2). Strategic management capability: It refers to this kind of capability: foundation, gain, accumulation, integration, transformation, coordination, conformity, disposes and application of various knowledge, resources or skills, and can reorganize, dispose them again, transform them into enterprise own resources, skills or products, thus enables enterprise to effectively deal with or take advantage of the market opportunity which changes unceasingly.

(3). Organization and coordination capability: It refers to the capabilities that urge enterprise to organize and transfer all key elements of production to produce faster and more effectively, and to produce products of quality or provide the first-rate services. They mainly include skills of product quality, production cycle and stock management as well as the capability that through the enterprise organization to promote production efficiency.

(4). Marketing foundation capability: It refers to the capabilities that urge enterprise to approach in consumers or market, and transform technological advantages into market competitive advantages. It include capabilities of discovering and cultivating the customers, discovering market and creating market, enterprise brand development, marketing process, control and management of sales networks and channels, after-sales service and technical support and so on.

Core competence has certain characteristics, mainly includes:

(1) Value-added. Core competence has many economic values, may help enterprise to do better than its competitors in creation value and reduced cost aspect, can raise its income. Similarly, they can also provide more unique values for the customers; only then these skills that meet customers' demand or service may call they as the core competence.

(2) Unique. Core competence has obvious enterprise's characteristics, other

enterprises cannot or very difficultly to obtain the similar core competence through own development as well as through the market transaction way. This is because core competence and enterprise's organization factor are closely related, these are products of the business management and the enterprise's culture, and thus the enterprise core competence has their accumulation and path dependence.

(3) Development. In the enterprise capability system, core competence has an overflow effect. The enterprise may grow a series of new products or services around its core competence, thus carries on the development of related market. Through the innovation to gain continuing competitive advantage, and creating a new point of added value unceasingly.

(4) Dynamic. Generally, core competence has the high relevance with variables of industrial tendency in a certain period, management pattern as well as enterprise resources and so on. Along with each other related change, the dynamic development evolution of core competence is objective necessity. Therefore, enterprise should carry on some adjustment and strengthener unceasingly in its core competence, to keep pace with the times, and maintain the lasting competitive advantage.

(5) Inseparability. Core competence has highly compounded with enterprise's organizational structure, they fit in with the system that produced from enterprise's organizational structure. This kind of properties carrier often reflected on the human resources, simultaneously they go beyond the staffs' individual capability. Therefore, they are different with enterprise's real assets, and they are difficulty separated from the main part of enterprise.

(6) Not exchange. Because the carrier of core competence is each essential factor in the organization, also is the livelihood and development basis of enterprise, therefore, they are unable to carry on business equally likely other element of production through the market transaction way.

(7) Comprehensive. Core competence is the organic integration of enterprise resources, capabilities and environment, although external performance of core competence possibly is a prominent factor or link of the resources, capabilities, and environment and so on, also possibly is an integration of these factors or links.

4. Major points and significances of enterprise core competence theory

One of the characteristics of core competence of enterprises is that it has extraordinary strategic significances for enterprises to make long-term management development. It surmounts the concrete products and services, as well as all business units in the enterprise interior. It sublimates competition among enterprises into resistance to the overall strength of enterprises directly. It can increase the competitive status of enterprise in the relative produce market. The construction of core competence is more rely on the accumulation of knowledge and experiences rather than a great leap forward as a result of invention. It is difficult to shock or compress in a short time. The core competence is competitive strength of enterprises in the external market, and foundation of competitive advantage of enterprises is an expression form of core competence.

The major points of core competence of enterprises theory are introduced as follows.

(1) The most essential thing of enterprise connotation is a "capability" system; capability is the basic unit of analysis to enterprises. The theoretical research should stipulate enterprises connotation by the most basic homogeneity thing, this homogeneity thing is could produce "enterprise capability" of the intelligence capital. The reason that an enterprise has its competitive advantage is because it has "core competence". The key of business strategy lies in to foster and develop an enterprise's core competence. The formation of core competence must be through that the accumulation and integration process of enterprises interior resources, knowledge and technology, etc. Therefore, to foster and develop its core competence, an enterprise should analyze its own resources, knowledge and capability conditions firstly. Compared with the external conditions of enterprises, the internal conditions of enterprises play a decisive role in the marketing competitive advantage. The accumulation of enterprises' internal capabilities, resources and knowledge are the keys that enterprises obtain the excess profit and maintains their competitive advantages.

(2) The core competence is the main resources or the property of enterprise. They are both the organizational capital and social capital. The enterprise's strategic employment of a resource is decided by the way of integration, coordination and configuration between these enterprise's unique resources and the resources that obtain from outside, namely the differences in enterprise creates the value capability with the same resources. It indicates the difference between the value of resources exchange and the value of resource use in the strategic elements market, the value of resources use is decided by the capability that enterprise utilizes some resources to create the value. A way of enterprise's coordinated deployment in resources determine that it can obtain competitive advantage from the specific resources, and it can rely on the possession or controlling strategic resources to build its own core competence, then integrate its core competence to create its core product. Enterprises transfer their core competence into core products that can prevent the spread of core competence, moreover strengthened and enhancement the marketing influence of core competence. Enterprises may produce the final product and service based on the core product to meet the needs of existing and potential market, thereby to create sustainable competitive advantage. Of course, enterprises can skip the intermediate links with its core competence to create directly a sustainable competitive advantage.

(3) The core competence can be used to decide the breadth and depth of enterprise management scope; the powerful core competence can be used to decide the field of enterprise effective strategic activity. The enterprise is an open system; it needs a variety of resources from outside input, as well as the channel in market strategy. Although enterprises in the same industry have mutual competition for obtain the key resources and occupation of market, they may also cooperate to the other parties in order to create new resource and new market. This kind of way may bring competition and cooperation among enterprises become interdependent process; it can not a war of life or death, but a process of implementing win-win strategy.

(4) The most critical factors are cultivation of core competence and capabilities' integrated use in the process that enterprise to obtain and maintain its competitive advantage, business strategy is just playing the potential of intellectual capital that enterprises apply them into the activities of new

development areas completely. The learning capabilities of enterprises in cognition and organization are the driving force in the change of enterprise strategy, which not only determine an enterprise's resource endowments but also determine the industrial resource endowments. The difference of enterprise in the achieving goal and the coordinating resources deployment capability aspect causes some enterprises to be possible through the utilization with the other enterprise similar resources to create the entirely different unique capability. However, an enterprise that has unique valuable resources also may not to be able to establish its unique core competence. Therefore, the function of enterpriser's cognitive capability is very important in the process of utilizing enterprise's resources consciously. The difference of organizational capability in the process of coordinating resources allocation is the primary cause to produce the difference of core competence.

(5) The core competence of enterprises is the source of enterprise long-term competitive advantage. It is an enterprise long-term fundamental business strategy to cultivate and develop unceasingly core competence. The important basis of enterprise business strategy lies in the special property of enterprise, namely the property with the knowledge-related, invisible but making everyone feel, hardly ever trading and inalienable property among various departments. The core of enterprise strategy does not lie in product, technology, market and its structure, but rather members of enterprise organization who have the knowledge, the integration of these knowledge with the concrete conditions of enterprise often will produce original product and service that any other enterprise unable to imitate them, the original product and service are the most effective weapon in the future marketing competition. It is a strategic priority target to identify and develop this kind of core competence which the competitors unable to imitate, and to apply positively it in all business activities.

The significances of core competence theory lie in:

Fist, core competence is defined. We discovery that an enterprise has one kind of special intelligence capital through "core competence", this capital may guarantee that enterprise's production and operating activities particularly enable enterprise to more effectively deal with various practical problems with its own particular way in the production and operating activities.

Second, core competence is the sources of competitive advantage. Because space of competitive advantage in the narrow along with the market expansion, the competition has been aggravated by economic globalization, making enterprise's traditional competitive advantages have been disappeared unceasingly. But only core competence is constituted by the knowledge property that exists in the enterprise interior, cannot duplicate easily for other enterprises, and cannot obtain from the market. The knowledge property becomes the most important source of competitive advantage just for the elevation on the marketing level of other property. This kind of enterprise core competence is valuable, which may help enterprise do it better than its competitors in creating value and reducing costs. The core competence is heterogeneous that enables enterprise to utilize different types of resources more effectively than its competitors; Core competence cannot be duplicated completely and substituted.

Third, core competence may determine the boundary of enterprise. Because the boundary of an enterprise has been decided that what the enterprise can do, how big of the scale is, and which industries should be occupied. Enterprises extend their boundary in three different directions: vertical, horizontal and overall. Vertical boundary of enterprise refers to activities which enterprise is engaged in itself, as well as the scope of activities that it carries on the purchasing from the specialized companies in the market; Horizontal boundary of enterprises refers to the scale of produce market, which the enterprise serves for it. Overall boundary of enterprise is referred to the collection of a range of different businesses in its competition.

5. Conclusion

The core competence theory is no doubt in interpretation about the source of sustainable competitive advantage which has strong persuasive. Simultaneously, it has also been transcend in the limitations of the industry. It is made up by the deficiency of competitive advantage theory which emphasizes on the analytic attention of enterprise competitive power, and it should focus on the inter-enterprise with the basic reason of enterprises competitive advantage and business performance difference that lie in the difference of their core competence. This theory has broken the traditional opinion that "enterprise black box theory", and it constitutes one kind of new unified model of the enterprise strategy research. In practice, this theory brings a very tremendous influence for enterprise to think; the practical experiences of many companies also confirm the main points of this theory. However, we should clearly realize that this theory is still quite immature, there are still many problems need to be solve for further researches. The main problems include as follows.

(1) Most of researchers are from their own different points of view to obtain their different definitions that cause vague concepts of the related enterprise core competence. And the connotation limits are not very clear. Also they lack the feasibility and practicality that bring some difficulties for the theoretical understanding and their application.

(2) Most of researches stress on the management science that they lack synthetic studies and system researches of integration with other disciplines; thus, the depth of researches are not enough which can not form an unified theoretical system that only stay in a fragmented state. They contain many internal disharmonies and are inconsistent.

(3) This theory overemphasizes on enterprises intrinsic growth and the interior research. It stresses the accumulation and utilizes its internal capability to create competitive advantage of enterprises; however, it is relatively weak attention to the exterior.

(4) Many analyses and researches that concern about this theory only stay in a current level of theoretical analysis. They are insufficient and the integration with enterprise strategic management and business practice need to give some concrete feasibility opinions in the methodology to instruct enterprises carry on the effective management about the determination, training, application and evaluation of core competence.

In recently, Prahalad and Hamel's core competence theoretical model (P-H model) has been criticized by some scholars. They thought that P-H model has not indicated the reciprocal relationship among various elements in causes enterprise high innovation, moreover their theoretical model too static state because their latent hypothesis which the speed of the technologic transform was constant (R. G. McGrath et al.1996)[11]. Georgy Stalk, Philip Evans and Lawrence E. Sulman (1992) thought: "Hamel and Prahalad attribute Honda's success to its underlying competence in engines and power trains; it alone cannot explain the speed with which the company has successfully moved into a wide range of businesses over the past 20 years." "But whereas core competence emphasizes technological and production expertises at specific points along the value chain, capabilities are more broadly based, encompassing the entire value chain. In this respect, capabilities are visible to the customer in a way that core competencies rarely are."[12]

The core competence theory is a new business strategy theory introduced in the 1990s, and it is still in the process of further development and improvement at present. However, this theory combines the research results of the economics and management science in the enterprise business strategy to open a new research approach. It focuses on understanding and analysis of enterprise from the interior; it strives to look for the most basic condition of enterprise survival and development; it points that how to maintain a source of sustainable competitive advantage while we analyze an enterprise; it challenges to the modern enterprise theory occupied the dominant position for several dozens years. The largest differences of management concept among them lies in: the core competence theory demands enterprises more focus attention on the business from the environmental adaptability to strengthen on fostering its own quality, and from paying attention on the overall management shift to concentrate its energy on completing the management in certain of the key links.

Core competence theory gives us the follows enlightenments. First, core competence is a new concept and new idea with a rich connotation; it exists in the various subsystems of enterprise technology, resources, knowledge, culture, organization, management and so on. Future theoretical researches should shift from a single subsystem to the entire enterprise system which been organic combined by different subsystems. Next, management science and economics are two pillars on studying core competence, and the two theories and other disciplines can be combined organically to analyze systematically related definition notion, the influencing factor and formation mechanism; therefore, more deeply clarify and reveal the connotation and extension of this theory. We should be awarded clearly that there are quite long process that the core competence of enterprises from an initial concept to form a real theoretical system, from theoretical research phase to a practical application stage.

Note

[1] Porter, M. E. (1985), *Competitive Advantage*, New York: The Free Press, p.3.
[2] Prahalad, C. K. and Hamel, G. (1990), *The Core Competence of the Corporation*, Harvard Business Review, May-June, p.81.
[3] Prahalad, C. K. and Hamel, G. (1990), *The Core Competence of the Corporation*, Harvard Business Review, May-June, p.82.
[4] Hamel,G. and Prahalad, C. K. (1994), *Competing for the Future -- Breakthrough Strategies For Seizing Control of Your Industry and Creating the Markets of Tomorrow*, Boston: Massachusetts, Harvard Business School Press, p.198.
[5] Hamel,G. and Prahalad, C. K. (1994), *Competing for the Future -- Breakthrough Strategies For Seizing Control of Your Industry and Creating the Markets of Tomorrow*, Boston: Massachusetts, Harvard Business School Press, p.225.
[6] Edited by Nicolai J. Foss and Christian Knudsen (1996), *Towards a Competence Theory of the Firm*, London: Routledge, p.1.
[7] Edited by Nicolai J. Foss and Christian Knudsen (1996), *Towards a Competence Theory of the Firm*, London: Routledge, p.2.
[8] Edited by Nicolai J. Foss and Christian Knudsen (1996), *Towards a Competence Theory of the Firm*, London: Routledge, p.195.
[9] Jams B. Quinn, Jordan J. Baruch and Karen A. Zien (1997), *Innovation Explosion - - Realizes Growth Strategy through Intelligence and Software*, New York: The Free Press, p.194.
[10] Verna Allee (1997), *The Knowledge Evolution: Expanding Organizational Intelligence*, Butterworth-Heinemann, p.21.
[11] McGrath,R.G. et al. (1996), *Innovation, Competitive Advantage and Rent: a Model and Test*, Management Science, 42(3), p.400.
[12] Georgy Stalk, Philip Evans and Lawrence E. Sulman (1992), Competing on Capabilities: the New Rules of Corporate Strategy, *Harvard Business Review*, March-April, p.66.

Reference

[1] Allee, V. (1997), *The Knowledge Evolution: Expanding Organizational*

Intelligence, Butterworth-Heinemann.

[2] Coombs, R. (1996), *Core Competencies and the Strategic Management of R&D*, R&D Management, 26 (4).

[3] Foss, N. J. and Christian Knudsen, C. (1996), *Towards a Competence Theory of the Firm*, London: Routledge

[4] Hamel, G. (1994),The Concept of Core Competence, in G. Hemal and A. Heene eds., *Competence-based Competition*, West Sussex: Wiley.

[5] Hamel, G. and Prahalad, C. K. (1994) , *Competing for the Future -- Breakthrough Strategies For Seizing Control of Your Industry and Creating the Markets of Tomorrow*, Boston: Massachusetts, Harvard Business School Press.

[6] McGrath, R. G. et al. (1996), *Innovation, Competitive Advantage and Rent: a Model and Test*, Management Science, 42(3).

[7] Porter, M. E. (1985), *Competitive Advantage*, New York: Free Press.

[8] Prahalad, C. K. and Hamel, G. (1990), *The Core Competence of the Corporation*, Harvard Business Review, May-June.

[9] Quinn, J. B., Baruch, J. J. and Zien, K. A. (1997), *Innovation Explosion - - Realizes Growth Strategy through Intelligence and Software*, New York: The Free Press.

[10] Stalk,G., Evans,P. and Sulman,L.E. (1992), Competing on Capabilities: the New Rules of Corporate Strategy, *Harvard Business Review*, March-April.

[11] Ulrick, J. and Lake, D. (1991), *Organizational Capability*, New York: Wiley.

[12] Gan Hua-ming (2002), *Business Strategy*, Beijing: Chinese International Broadcast Press.

[13] Huang Jian-gang (2004), *Dynamic Management of Core Competence*, Beijing: Economics Management Press.

[14] Huang Kai (2004), *Strategic Management - - Competition and Innovation*, Beijing: Oil industry Press.

[15] Liu Shou-ying (2002), *45 Strategists Discussed how to Establish Core Competence*, Beijing: Chinese Development Press.

[16] Meng Wei-dong, Zhang Wei-guo, and Long Yong (2004), *Strategic Management: Set up Continually Competitive Advantage*, Beijing: Science Press.

[17] Qi Peng-hu (2005), *Enterprise Competitive Advantage*, Beijing: Chinese Finance Economy Press.

[18] Shao Yi-ming, and Cai Qi-ming (2005), *Enterprise Strategy Management* (the second edition), Shanghai: Lixing Accountant Press.

[19] Wang Jin-feng, and Bai Yan-zhuang (2003), *In Pursuit of Remarkable Enterprise: Forge a Plan of Core Competence*, Beijing: Chinese Economy Press.

[20] Yue Chuan-bo (2003), *New Competitive Advantage*, Hangzhou: Zhejiang People's Publishing House.

（原口俊道　俞　进）

亜東経済国際学会の概要

設立 1989年に東アジアの経済・経営に関心のある研究者・実務家によって結成される。現在，日本，中国，台湾地区，韓国などの会員から構成される。

活動 毎年海外の学会や大学と共催で国際学術会議を開催し，その研究成果は国内外の著名な出版社から亜東経済国際学会研究叢書として出版している。

第1回　1989年　亜東経済国際学会（台湾中華工商研究所，台湾東海大学）
第2回　1990年　亜東経済国際学会（日本大牟田ガーデンホテル，九州帝京短大）
第3回　1990年　亜東経済国際学会（中国東北財経大学，中国人民大学）
第4回　1991年　The Eastern Economies International Academy IV（CHINESE UNIVERSITY OF HONG KONG）
第5回　1992年　国際財経学術研討会（中国上海財経大学と共催）
第6回　1993年　中外合資企業経営国際学術研討会（中国復旦大学・上海管理教育学会と共催）
第7回　1993年　国際工商管理学術研討会（中国杭州大学と共催）
第8回　1995年　中日工商管理学術研討会（中国地質大学武漢人文管理学院と共催）
第9回　1995年　中国三資企業発展與管理問題国際討論会（中国復旦大学と共催）
第10回　1996年　亜東経済学術研討会（中国華東師範大学国際金融系と共催）
第11回　1997年「中国対外開放與中日経済関係」学術研討会（中国上海対外貿易学院と共催）
第12回　1998年　亜洲経済問題研討会（中国華東師範大学経済系と共催）
第13回　1998年　亜東経済国際学会'98年会（中国青島大学国際商学院と共催）
第14回　1999年　亜洲経済研討会（中国上海財経大学国際工商管理学院と共催）
第15回　2000年　中日経済，社会，文化学術研討会（中国上海財経大学国際工商管理学院と共催）
第16回　2000年　社会與経済学術研討会（中国厦門大学社会科学部と共催）
第17回　2001年　亜東経済與社会学術研討会（台湾中国文化大学と共催）
第18回　2001年　東亜経済與社会学術研討会（中国青島大学国際商学院と共催）
第19回　2001年　21世紀産業経営管理国際学術研討会（台湾国立高雄応用科技大学と共催）
第20回　2002年　韓日国際経済・社会学術研討会（韓国高神大学校と共催）

第21回　2002年　国際化與現代企業学術研討会（中国華東師範大学商学院と共催）
第22回　2003年　企業的国際化経営和管理策略国際学術研討会（中国復旦大学管理学院企業管理系と共催）
第23回　2004年　中日社会與管理国際学術研討会（中国広西大学社会科学興管理学院と共催）
第24回　2005年　経済全球化與企業戦略国際学術研討会（中国上海立信会計学院・台湾中華工商研究院と共催）
第25回　2006年　全球化時代的経済與社会国際学術研討会（台湾国立雲林科技大学管理学院・中国上海立信会計学院と共催）
第26回　2007年　亜洲産業発展與企業戦略国際学術研討会（中国復旦大学管理学院産業経済学系・鹿児島国際大学・台湾高雄応用科技大学と共催）
第27回　2008年　東亜経済管理與社会保障国際学術研討会（中国南昌大学と共催）
第28回　2009年　東アジア産業経済・企業管理国際学術会議（鹿児島国際大学）
第29回　2009年　亜洲産業競争力與企業経営管理国際学術研討会（台湾南開技術学院・中国復旦大学管理学院産業経済学系と共催）
第30回　2010年　学会創立20周年記念大会・東亜企業管理発展戦略国際学術会議（鹿児島国際大学）
第31回　2010年　21世紀産業経営管理国際学術研討会（台湾国立高雄応用科技大学管理学院と共催）
第32回　2010年　東アジアの産業発展・企業管理国際学術会議（中国復旦大学管理学院産業経済学系・台湾高雄応用科技大学と共催）（鹿児島国際大学）
第33回　2011年　東北亜福祉経済共同體国際学術研討会（韓国釜山長善綜合福祉共同體・韓国東北亜福祉経済共同體フォーラム・日本中国社会福祉研究会と共催）（韓国釜山市長善綜合福祉共同體大講堂）
第34回　2011年　劉成基博士傘寿記念大会・東アジアの産業と企業国際学術会議（鹿児島国際大学）

亜東経済国際学会研究叢書の出版

第1冊　1992年『企業経営の国際化』（日本・ぎょうせい）
第2冊　1994年『東亜企業経営（中文）』（中国・復旦大学出版社）
　　　　1995年『東アジアの企業経営（上）』（中国・上海訳文出版社）
　　　　1995年『東アジアも企業経営（下）』（中国・上海訳文出版社）
第3冊　1997年『中国三資企業研究（中文）』（中国・復旦大学出版社）
第4冊　1999年『中国対外開放與中日経済関係（中文）』（中国・上海人民出版社）

第 5 冊　2002 年『国際化與現代企業（中文）』（中国・立信会計出版社）
第 6 冊　2004 年『企業国際経営策略（中文）』（中国・復旦大学出版社）
第 7 冊　2006 年『中日対照 経済全球化與企業戦略』（中国・立信会計出版社）
第 8 冊　2008 年『亜洲産業発展與企業発展戦略（中文）』（中国・復旦大学出版社）
第 9 冊　2010 年『東亜経済発展與社会保障問題研究（中文）』（中国・江西人民出版社）
第 10 冊　2009 年『東亜産業発展與企業管理（中文・繁体字）』（台湾・暉翔興業出版）
第 11 冊　2010 年『亜洲産業経営管理（中文・繁体字）』（台湾・暉翔興業出版）
第 12 冊　2011 年 亜東経済国際学会創立 20 周年記念論文集『アジアの産業発展と企業経営戦略』（日本・五絃舎）

学会役員・理事

会　長　原口俊道（日本・鹿児島国際大学大学院経済学研究科博士後期課程教授・商学博士）
副会長　劉成基（台湾・台湾支部長・首席研究員・経済学博士）
副会長　兪　進（中国・上海支部長・首席研究員・経済学博士）
理　事　國崎威宣（日本・日本経済大学経済学部教授）
理　事　蘇　勇（中国・復旦大学博士生導師・教授・経済学博士）
理　事　王明元（台湾・国立高雄応用科技大学副教授・経済学博士）
理　事　許雲鷹（中国・上海財経大学副研究員）
理　事　羅　敏（中国・広西大学専任講師・経済学博士）
理　事　黄一修（台湾・中華工商研究院院長・経済学博士）
理　事　黄惇勝（台湾・北台科学技術学院副教授・経済学博士）
理　事　太田能史（日本・鹿児島国際大学大学院経済学研究科非常勤講師・経済学博士）
理　事　三好慎一郎（日本・宮崎大学非常勤講師・経済学博士）
理　事　黒川和夫（日本・鹿児島国際大学大学院経済学研究科非常勤講師・経済学博士）
理　事　劉水生（台湾・台湾海洋技術学院兼任講師・経済学博士）
理　事　林雅文（台湾・弘光科技大学助理教授・経済学博士）
理　事　温中敏（日本・太田総合経営研究所研究員・経済学博士）
理　事　藤田紀美枝（日本・前日本橋学館大学准教授）
理　事　中山賢一（日本・中山賢一経営士事務所所長）
理　事　張慧珍（台湾・国立屏東科技大学副教授・経済学博士）
理　事　洪　斌（中国・上饒師範大学経済学系講師）
理　事　盧駿葳（台湾・亜東経済国際学会台湾支部研究員・経済学博士）
理　事　李建霖（台湾・亜東経済国際学会台湾支部研究員）

日本事務局　〒891-0197 鹿児島市坂之上 8 丁目 34 番 1 号
　　　　　　鹿児島国際大学大学院経済学研究科 原口俊道研究室内
　　　　　　Email:haraguchi@eco.iuk.ac.jp
　　　　　　電話・FAX 099-263-0668
上海支部　　電話・FAX 86-21-64011549
台湾支部　　電話・FAX 886-2-2633-7986

索　引

(あ行)

アジア日系企業　171,176
FDI　19,21,26,31
OJT　65,67
岡本康雄　171

(か行)

海外事業展開の四つのモード　157
外国直接投資　19
外食企業　153,159
外食企業のグローバル化　159
外食企業のグローバル化発展戦略　160
外部経済理論　23
環境経営の重視　122
環境対策　117
環境対策の内容　123
環境対策への取り組み姿勢　123
環境問題への認識　122
観光産業　65,70,75
企業価値　234
企業内教育訓練　73
企業内研修　72
企業内研修インストラクター　74
企業の強み　133,138
企業の強みの棚卸プロセス　139
技術集約型産業の崛起　47
供給連鎖　195
業績評価システム　234

業績評価指標　213,220,224
競争状況の認識　181
競争上の利点　134
競争戦略　169,171,176,181
競争優位　169,171,176,184
競争優位性の源泉　133,143,148,150
競争優位の水準　186
競争優位の内容　184
協調関係　195,209
クズネッツの法則　53,55
グローバル市場志向戦略　127,129
グローバル化　153
グローバル化発展　154,156
グローバル化発展戦略　153
経営現地化　195,201,209
経営戦略　128,172,178
経営戦略策定　133
経営戦略論　143
経営戦略論の発展　133
経済のグローバル化　41
景徳鎮セラミックス産業　87,90,92
景徳鎮セラミックス産業の問題点　87
現地市場志向戦略　127,129
現地事業戦略　180
合弁　169
高齢化　79
顧客満足　53,62

(さ行)

- サービス企業　153
- サービス業　153,154,155
- サービス業のグローバル化　158
- サービス産業　54,55,75
- サービスの付加価値創造　65
- サプライ・チェーン・マネジメント　199
- 産業クラスター　19,20,21,26,31
- 産業構造の変化　58
- 産業の外的要因　92
- 事業システム　143
- 資源ベース　136
- 市場シェア　135
- シナジー効果　134
- 資本集約型産業の発展　46
- 収益率を規定する五つの競争要因　183
- 従業員のロイヤリティ　53
- 主要な競争相手　182
- 少子高齢化　77
- 情報産業の崛起　48
- シルバー　77
- シルバー産業　77,78,81
- 新競争理論　25
- 製造業者の問題点　88
- 世界の産業経済　42
- 世界の産業発展　41
- 戦略的事業システム　145
- 戦略的提携理論　200
- 戦略の基本原理　158
- 戦略マップ　218,229,231
- 戦略マネジメントシステム　213
- 組織行動購買論　199

(た行)

- 第2.5次産業　53,57
- 多国籍企業　19
- 知識資産　137
- 中国日系貨物運輸業　120
- 中国日系合弁繊維製造業　110
- 中国日系自動車部品製造業　120
- 中国日系繊維製造業の競争優位　175
- 中国日系繊維製造業の経営戦略　175
- 中国日系電機製造業の競争優位　174
- 中国日系独資繊維製造業　110
- 中国の沿海地区日系企業　101
- 中国の環境問題　117,118,122
- 中国の内陸地区日系企業　101
- 中国の日系企業　100
- 中国の日系繊維製造業　104,109
- 中国の日系電機製造業　102,105,109
- 中小サービス産業　60
- 長期雇用　95,113
- 適する経営のタイプ　105
- 伝統的な評価方法　232
- 独資　169
- 取引費用理論　25

(な行)

- 日系貨物運輸業　117,127
- 日系企業の中国拠点の人事制度　108
- 日系合弁貨物運輸業　127
- 日系自動車部品製造業　117,127
- 日系独資貨物運輸業　127
- 日本的経営　95
- 日本的経営に対する評価　105
- 日本的経営の移植　95,100
- 日本的経営の中国移植問題　96

索　引　287

日本的経営の中国日系繊維製造業
　　への移植　　104
日本の産業発展　　41,44
ニューシルバー　　77,80,82
人間関係の親密度　　143

　　　　　（は行）

バランス・スコアカード　　213,215
BSC　　213,215,229
BSCと報酬制度の連動　　235
BSCの仕組み　　216
BSCの導入　　218
BSCの特長　　232
BSCの理論　　230
BSCへの批判　　232
東アジア日系企業の競争優位　　172
ベトナム日系製造企業　　195,209
ベトナム日系製造業　　177

ベトナムの概要　　196
報酬連動型システム　　229,234
ポーター, M. E.　　169
ポジショニング　　135
ホスピタリティ　　65,66

　　　　　（や行）

優良な買い手企業　　147,148
有力な協力企業　　147,150

　　　　　（ら行）

ライフスタイル　　77,79,80,82
立地経済理論　　24
リテンション　　65,68,69
流通企業の問題点　　90
労働契約法　　95,113
労働集約型産業の復興　　45

執筆者一覧
(※印は編著者を示す)

※原口俊道(日本・鹿児島国際大学大学院経済学研究科博士後期課程教授,亜東経済国際学会会長,商学博士)第1章,第2章,第7章,第8章,第12章,付録II担当

　俞　进(中国・独立研究員,亜東経済国際学会副会長・同上海支部長,経済学博士)第1章,付録I,付録II担当

※國﨑威宣(日本・日本経済大学経済学部教授)第2章担当

　劉成基(台湾・中華工商研究院総院長,亜東経済国際学会副会長・同台湾支部長,経済学博士)第3章,第4章担当

　劉水生(台湾・台北海洋技術学院兼任講師,経済学博士)第3章,第4章担当

　林雅文(台湾・弘光科技大学助理教授,経済学博士)第5章担当

　洪　斌(中国・上饒師範学院経済管理学院講師)第6章担当

　劉京松(中国・亜東経済国際学会上海支部研究員)第8章担当

※黒川和夫(日本・鹿児島国際大学大学院経済学研究科非常勤講師,経済学博士)第9章,第10章担当

　張慧珍(台湾・国立屏東科技大学管理学院副教授,経済学博士)第11章担当

　盧駿葳(台湾・亜東経済国際学会台湾支部研究員,経済学博士)第13章担当

　中山賢一(日本・中山賢一経営士事務所所長)第14章担当

　國﨑歩(日本・日本薬科大学薬学部非常勤講師)第15章担当

編者紹介

原口俊道（はらぐち・としみち）
  1949年　鹿児島市に生まれる。
  1979年　福岡大学大学院商学研究科博士課程後期満期退学。
  1995年　中国復旦大学経済管理研究所訪問教授。
  1996年　博士（商学）。
  1998年　中国華東師範大学顧問教授。
  2000年8月　文部科学省大学設置審大学院経済学研究科教授Ｄの丸合（経営管理特殊研究，地域経済政策研究演習）。
  現在　鹿児島国際大学大学院経済学研究科博士後期課程教授・亜東経済国際学会会長

(著書)
『動機づけ‐衛生理論の国際比較―東アジアにおける実証的研究を中心として―』同文舘出版，1995年。
『経営管理と国際経営』同文舘出版，1999年。
『東亜地区的経営管理（中文）』中国上海人民出版社，2000年。
『アジアの経営戦略と日系企業』学文社，2007年。

國﨑威宣（くにさき・たけのぶ）
  1942年　大牟田市に生まれる。
  1971年　明治大学大学院政治経済学研究科博士前期課程修了。
  現在　日本経済大学経済学部教授（「国際経済論」担当）

(著書)
『中国対外開放與中日経済関係（中文）』（主編）中国上海人民出版社，1999年。
『国際化與現代企業（中文）』（主編）中国立信会計出版社，2002年。
『企業国際経営策略（中文）』（主編）中国復旦大学出版社，2004年。

黒川和夫（くろかわ・かずお）
  1948年　東京都に生まれる。
  1973年　早稲田大学大学院理工学研究科修士課程修了。
  2009年　博士（経済学）。
  現在　鹿児島国際大学大学院経済学研究科非常勤講師（「経営戦略」担当）

(著書)
『提案営業の要領と実務』同文舘出版，2000年。
『ビジネス・プレゼンテーションの要領と技術』同文舘出版，2004年。
『販売促進の要領と技術』（共著）同文舘出版，2004年。

アジアの産業発展と企業経営戦略
亜東経済国際学会研究叢書⑫
亜東経済国際学会創立20周年記念論文集

2011年8月10日　　第1版第1刷発行

編　者：原口俊道・國﨑威宣・黒川和夫
発行者：長谷雅春
発行所：株式会社五絃舎
　　　　〒173-0025　東京都板橋区熊野町46-7-402
　　　　電話・ファックス：03-3957-5587
　　　　URL:http://www.ggn.co.jp

組版：Office Five Strings
印刷・製本：モリモト印刷
Printed in Japan　　　ISBN978-4-86434-006-9
検印省略　ⓒ　2011
乱丁本・落丁本はお取り替えいたします。
本書より無断転載を禁ず。